KB244655

시험 성적 확실히 올려주는

시험 성적 확실히 올려주는
쌍둥이 형제의 3Step 학습법

초판1쇄 인쇄 2009년 6월 22일   초판3쇄 발행 2009년 7월 24일

지은이 박현준 · 박현성   펴낸이 신민식

출판8분사 편집장 장치혁
책임편집 도은주 디자인 조은덕
마케팅 권대관 이희태 임태순 정주열
제작 이재승 송현주

펴낸곳 (주)위즈덤하우스   출판등록 2000년 5월 23일 제13-1071호
주소 경기도 고양시 일산동구 장항동 846번지 센트럴프라자 609호
전화 031)936-4000   팩스 031)903-3891
홈페이지 www.wisdomhouse.co.kr
종이 화인페이퍼 출력 플러스안 인쇄 · 제본 (주)현문

ⓒ 박현준 · 박현성, 2009
값 12,000원   ISBN 978-89-91731-39-4 13000

* 잘못된 책은 바꿔드립니다.
* 이 책의 전부 또는 일부 내용을 재사용하려면
사전에 저작권자와 (주)위즈덤하우스의 동의를 받아야 합니다.

국립중앙도서관 출판시도서목록(CIP)

쌍둥이 형제의 3Step학습법 / 박현준, 박현성 지음.
-- 고양 : 위즈덤하우스, 2009
  p. ; cm

 ISBN 978-89-91731-39-4 13000 : ₩12000

학습법 [學習法]

373.4-KDC4
371.394-DDC21   CIP2009001767

시험 성적 확실히 올려주는

쌍둥이 형제의
3Step
학습법

박현준 • 박현성 지음

'어떻게 하면 공부를 잘할 수 있을까?'
'어떻게 하면 성적을 올릴 수 있을까?'

학생이면 누구나 하는 고민이다. 공부 잘하는 친구들을 보면 "대체 똑같은 밥 먹고 사는데, 너희는 어쩜 그렇게 공부를 잘하는 거야!"라고 외치고 싶을 때도 종종 있을 것이다. 우리 형제도 그랬다. 과학고에 입학해 2년 만에 우수한 성적으로 조기 졸업하고 카이스트 전기전자공학부와 경영대학원을 거쳐 서울대학교 치의학대학원 재학 등 엘리트 코스를 밟은 우리 형제의 이야기를 들으면, 머리가 특출나게 뛰어나거나 집안이 넉넉해 사교육을 많이 받았을 것이라고 생각하는 사람이 많다.

하지만 우리 형제도 처음부터 공부를 잘하지는 않았을뿐더러 머리가 좋은 것은 결코 아니었으며, 문제집 한 권을 사서 서로 돌려봐야 할 만큼 집안 형편 또한 넉넉지 못했다. 그런데도 우리가 요즘 말로 '엄친아'로 불리는 우등생이 될 수 있었던 것은 올바른 공부 습관과 공부와 성적에 대한 욕심 그리고 '3Step 학습법' 덕분이다.

3Step 학습법은 '시험 3주 전에, 3권의 문제집으로, 3번 반복하는, 시험을 위한 학습법'이다. 이 학습법은 우리가 쌍둥이라는 특별한 환경 때문에 만들어졌다. 쌍둥이인 우리 형제는 늘 같은 학교에 다녔기 때문에 자습서나 문제집 등의 참고서를 두 권씩 사야 했다. 그러나 모든 과목의 참고서를 두 권씩 사기가 부담스러워 참고서 한 권을 사서 둘이 나누어 보았다. 나중에 볼 사람을 생각해서 답을 지면 아래 공백에 표시하면 한 문제집을 여러 번 볼 수 있었다. 이런 식으로 공부를 하다가 다른 출판사의 참고서를 한 권 사서 돌려보며 공부하였고, 취약한 과목은 한 권 더 사서 공부하던 것이 3Step 학습법의 시작이다.

　특히 엄마는 우리가 초등학교 때 학원이나 선행 학습과 같은 사교육에 길들여지기보다는 학교를 마치면 곧바로 그날 배운 것을 복습하는 습관을 들이도록 이끌어주셨다. 엄마의 교육 덕분에 우리는 초등학교 때까지 우수한 성적을 유지할 수 있었다. 그러나 공부에 관한 한 너무 자신감이 앞섰던 탓일까? 중학생이 되고 첫 시험을 앞둔 우리는 시험을 만만하게 여기는 큰 실수를 저지르고 말았다. 그 결과 중학교 첫 시험에서 상상할 수 없었던 성적을 받았고, 시험에 대한 분석을 통해 우리는 좋은 성적을 받으려면 적어도 3주 동안의 시험 준비 기간이 필요하다는 점을 깨달았다.

　이러한 몇 가지 원칙에 따라 공부를 하다 보니 우리는 더 이상 시험이 두렵지 않았고, 고액 과외를 받는 친구들보다 좋은 성적을 받을 수 있었다. 특히 선행 학습을 한 번도 하지 않고 과학고에 입학해서는 학습 부진아 소리를 들으며 외계인 취급을 받았지만, 3Step 학습법으로 공부한 결과 2년 만에 전교 1등과 3등으로 조기 졸업을 할 수 있었다.

　3Step 학습법은 별다른 노력 없이 어느 날 갑자기 기적처럼 시험을 잘 보도록 하는 요령이 아니라, 공부하는 방법을 알려주는 학습법이다. 기본적인 공부 방법을 바탕으로 시험에서 높은 점수를 얻으려면 어떻게 공부해야 하는지를 알려주고 있으므로, 누구나 3Step 학습법을 충실하게 이행하면 공부를 잘 할 수 있으며 '올백'이라는 시험 점수도 얼마든지 가능하다.

　실제로 3Step 학습법에 따라 공부해서 좋은 성적을 거둔 학생이 많다. 반에서 10등 안에도 들지 못했던 아이가 원하는 특목고에 합격한 예도 있고, 각종 경시대회에서 입상한 경우도 많다. 우리가 알려주는 학습법이 마술을 부린 것이 아니라 학생들이 3Step 학습법에 따라 제대로 공부했기 때문이다.

· · ·

고액 과외를 받거나 유명 학원의 강의를 들으며 공부하는 친구들을 보면서 부러워하는 학생들, 넉넉지 못한 형편 때문에 자신의 꿈을 포기하려고 하는 학생들에게 우리 형제의 이야기를 들려주고 싶다. 그들에게 비싼 돈 들이지 않고 공부할 수 있는 3Step 학습법을 알려줌으로써 희망을 전해주고 싶다.

2009년 6월에 현준 · 현성 형제가

Contents

만년 중간치기 길동이도 특목고 가는 3Step 학습법

Part 3

우등생이 되기 위해 꼭 필요한 21가지 공부 습관

공부라는 날개를 달고

꿈을 향해 날아라

학원도 없고, 같이 놀 친구도 많지 않고, 그저 눈에 늘어오는 건 산과 밭이딘 시골. 우리가 어린 시절의 대부분을 보냈던 세상은 바로 그런 곳이었다. 경제적으로 풍요롭진 않았어도 우린 그곳에서 마음껏 뛰놀며 행복했다. 곤충, 식물, 꽃 등 조금만 눈을 돌려도 호기심을 자극하는 것들이 가득했고, 무엇이든 함께할 수 있는 서로의 반쪽이 있었기 때문이다.

어린 쌍둥이의 낙원이었던,
학원 없는 그곳!

"엄마! 우리 또 이사 가는 거예요? 이번에는 어디로 가요?"

어릴 적부터 우리 가족은 이사를 자주 다녔다. 초등학교에 들어가기 전까지는 너무 어려서 이사를 몇 번이나 했는지 기억이 가물가물하다. 기억이 나는 것은 조치원부터다. 조치원을 시작으로 우리 가족은 거의 매년 대전, 부산, 화천, 춘천, 논산 등 전국을 순례하다시피 했다. 초등학교 6년을 다니는 동안 전학을 다섯 번이나 하고 여섯 군데 초등학교를 다녔으니, 얼마나 자주 이사를 다녔는지 충분히 짐작할 수 있을 것이다.

기껏 정들 만하면 또다시 낯선 곳으로 이사를 가야 했던 어린 시절, 가끔은 이사를 가고 싶지 않다는 마음이 들기도 했지만 선택의 여지가 없었다. 육군 장교였던 아버지가 다른 곳으로 발령을 받으면 우리도 어쩔 수 없이 함께 이사를 가야만 했다.

아버지를 따라 이사 간 곳은 대부분 군부대 근처였다. 군부대는 주로 사람이 많이 살고 있는 마을에서 뚝 떨어진 외딴 곳에 있다. 당연히 주변에 마땅한 학원이나 유치원이 있을 리 만무했다. 집에서 한참을 걸어야 나오는 읍내도 사정은 별반 다르지 않았다. 기껏 해야 주산학원과 미술학원 정도가 있을 뿐, 도시처럼 학교 공부를 보충해주는 학원은 없었다. 설령 있었다 해도 군인 월급으로는 하나도 아닌 두 아이를 유치원이나 학원에 보내기는 어려웠을 것이다.

학원도 없고, 같이 놀 친구도 많지 않고, 그저 눈에 들어오는 건 산과 밭이던 시골. 우리가 어린 시절의 대부분을 보냈던 세상은 바로 그런 곳이었다. 경제적으로 풍요롭진 않았어도 우리는 그곳에서 마음껏 뛰놀며 행복했다. 곤충, 식물, 꽃 등 조금만 눈을 돌려도 호기심을 자극하는 것들이 가득했고, 무엇이든 함께할 수 있는 서로의 반쪽이 있었기 때문이다.

여섯 살 쌍둥이, 속옷 바람으로 전력질주하다

우리 가족이 살던 곳은 대부분 시골이었는데, 그 중에서도 제일 깡촌은 강원도 화천의 명월리이다. 조금만 더 가면 휴전선이 보이는, 일명 '전방' 이라 부르는 곳이다. 워낙 오지라 이사를 갈 때 고생을 많이 해서인지 20여 년 전인 여섯 살 때 일이지만 그때의 모습이 지금도 눈에 선하다.

우리나라 전체가 그렇지만 강원도에는 유난히 높고 험한 산이 많다. 명월리로 가는 길목에도 여지없이 산이 가로막고 있었다. 보기만 해도 아찔한 산을 뱅글뱅글 돌면서 한참을 갔다. 이삿짐을 잔뜩 실은 트럭 뒤의 비좁은 공간에 쪼그려 앉은 우리 형제는 마치 롤러코스터를 탈 때처럼 아찔한 기분을 느끼며 불안해했다.

구불구불 산 정상을 향해 올라가다 다시 내려오기를 여러 차례 반복하고 나서야 읍내처럼 보이는 작은 마을에 도착했다. 이제 다 왔나 싶었는데 트럭은 멈추질 않고 계속 달렸다. 포장도 안 된 울퉁불퉁한 길이라 엉덩이가 계속 들썩였다. 얼마나 길이 험한지 우리가 키우던 금붕어를 넣어둔 빨간 양동이의 물이 흔들리면서 넘치던 광경이 아직도 생생하다.

갖은 고생을 하며 도착한 명월리라는 곳은 그야말로 시골 깡촌이었다. 마을이라고 부르기도 민망할 정도로 작은 마을. 그 마을 삼거리 가운데 거의 잡초밭에 가까운 잔디밭이 있었고, 그 앞에 조그마한 '점방'이 있었다. 점방은 시골에만 있는 고유한 것으로 구멍가게보다 작은 가게 정도로 이해하면 된다. 점방 건너편에 경사가 40도 정도 되는 시멘트 언덕이 있었고, 언덕 위에는 우리가 입학할 명월초등학교가 있었다.

명월초등학교로 올라가는 언덕 아래에 작은 집이 있었는데, 우리 가족은 바로 그곳에서 살았다. 방 두 개에 화장실이 하나인 작은 집.

그때만 해도 시골에는 화장실이 집 안에 있지 않고 밖에 따로 있는 경우가 많았는데, 우리 집 화장실은 멀어도 너무 멀었다. 때문에 아침마다 화장실에 가려면 전쟁 아닌 전쟁을 치러야 했다.

두리번두리번 주위를 살핀 뒤 "하나, 둘, 셋!"을 외침과 동시에 냅다 뛴다. 돌덩이를 점프해서 넘고, 물웅덩이를 피해 100미터 전력 질주하여 도착한 곳은 바로 일명 똥 푸는 재래식 화장실. 잠시 뒤 다시 한 번 눈치를 보면서 집으로 뛰어온다.

"어때, 형들이나 누나들 지금도 학교 가고 있어? 사람 많아? 밖에 춥지?"

"응, 아직 학교 가는 시간인가 봐. 사람이 많이 지나다녀서 뜸해질 때까지 기다리느라 너무 추웠어. 동생아, 10분만 참고 나가. 밖에 정말 춥더라."

우리 형제는 추운 겨울이건, 더운 여름이건 흰색 러닝셔츠와 팬티 한 장만 걸치고 아침마다 부지런히 뛰어야 했다. 화장실이 집에서 멀리 떨어져 있기 때문이기도 하지만, 그보다는 하필이면 화장실 가는 길이 학교로 올라가는 언덕길에서 너무나도 잘 보였기 때문이다. 학교에 가는 형이나 누나들에게 들키지 않으려면 있는 힘껏 달릴 수밖에 없었다. 하지만 그런 노력에도 속옷 바람으로 뛰어다니던 여섯 살 쌍둥이를 모르는 명월초등학교 학생은 없었던 것 같다.

고작해야 5미터? 더 멀어도 10미터 남짓한 그 길이 당시에는 너무나도 멀게 느껴졌다. 추운 겨울이건, 더운 여름이건 아침마다 속옷 바람으로 뛰어보지 않은 사람은 그 기분을 절대 모를 것이다.

집에서 멀찌감치 떨어진 화장실. 그것도 밑이 뻥 뚫린 컴컴한 재래식 화장실은 우리 형제의 우애를 다지는 데 일조했다. 귀신이 나올 것처럼 무시무시한 그 화장실을 밤에 혼자 가는 일은 상상도 할 수 없었다. 그래서 낮에 서로 치고받고 싸웠어도 밤에 화장실 갈 일이 생기면 냉큼 사과하고, 언제 그랬냐는 듯이 사이좋게 손을 잡고 화장실에 가곤 했다.

우리 형제는 서로 경쟁하면서도 의지하며 도움을 주고받는, 둘도 없는 친구이자 삶의 동반자이다. 이런 관계가 본격적으로 돈독해지고 단단해진 것은 그 시절 어두운 밤마다 서로 의지하며 화장실을 가면서부터가 아닐까?

한 살 일찍 들어간 초등학교, 그곳에서 만난 엄마 같은 선생님

동네가 좁고 마을 주민이 얼마 안 되다 보니 서로 모르는 사람이 없었다. 모두 한가족처럼 터놓고 지내는 그 동네에 노란 개나리가 피기 시작한 어느 날, 낯선 아주머니 한 분이 우리에게 나가와 이름을 물었다.

"어머, 너희 키가 크구나. 몇 살이니? 이름은 뭐니?"

"저희는 박쌍기, 박쌍재이고 일곱 살이에요."

낯선 사람을 조심해야 한다는 엄마 말을 까맣게 잊어버리고, 우리는 그 동네에서는 볼 수 없는 세련된 아주머니가 묻는 말에 신이 나서 대답했다.

"그런데 어머니는 집에 계시니?"

우리는 엄마를 불렀고, 엄마는 그분과 잠시 이런저런 이야기를 나누셨다. 며칠 뒤 집 위에 있는 명월초등학교에서 입학을 고려해보라는 통보가 왔다. 당시 일곱 살이던 우리는 5월생이어서 원칙적으로 조기 입학이 불가능했는데 말이다. 나중에 알고 보니 우리에게 나이를 물었던 아주머니는 1학년을 맡은 선생님이셨다. 선생님은 우리와 대화를 나눠본 뒤 1학년 과정을 공부하는 데 무리가 없을 것 같다고 판단하셨단다. 산골이라 변변한 교육기관도 없으니 학교에 보내는 것이 좋지 않겠느냐고 엄마에게 권했던 것이다. 표면적인 이유는 그랬지만 실상은 학생 수가 모자라 보충할 인원이 필요했던 것이 아닐까 싶기도 하다.

진짜 이유가 무엇이든 상관없다. 엉겁결에 한 살 일찍 들어간 초등학교는 우리 형제에게 또 다른 재미있는 놀이터나 다름없었으니까 말이다. 학교에 간다는 것도 신이 나는데, 놀랍게도 1학년을 맡은 담임 선생님이 그때 우리 이름을 물어봤던 세련된 그 아주머니였다.

"여러분 안녕하세요. 제 이름은 김명자예요. 우리 학교 명월의 명 자랑 같은 글자이지요. 오늘 무슨 옷을 입고 올까 생각하다가 녹색 옷을 입고 왔어요. 빨간색은 여러분 눈이 아플 것 같고 검은색은 너무 우울하잖아요. 그래서 녹색을 입고 왔지요. 그럼 첫 시간이니까 교과서를 나누어줄게요. 아! 쌍둥이는 입학 등록을 늦게 해 교과서가 아직 안 나왔으니 나중에 받아가세요."

초등학교에 입학하면서 김명자 선생님을 만난 것은 행운이었다.

시골에서는 보기 힘든 세련된 긴 파마머리도 인상적이었지만, 그보다는 엄마처럼 따뜻한 마음으로 학생들을 보살펴주고 틈만 나면 산과 들로 우리를 데려가 마음껏 그림을 그리거나 자연을 체험할 수 있도록 배려해주었던 모습이 더 기억에 남는다. 그런 선생님을 우리 형제는 무척 좋아하고 따랐다. 선생님께 칭찬받고 싶어 무엇이든 열심히 하려고 노력했던 것 같다. 아마 이런 좋은 기억들 덕분에 그 이후에도 항상 선생님들을 좋아하고 존경하며 공부할 수 있었던 것 같다.

모든 선생님이 그렇겠지만 김명자 선생님이 학생들을 사랑하는 마음은 각별했다. 비가 많이 쏟아지던 어느 날이었다. 원래 미술 시간에는 야외 수업을 했는데, 비가 그칠 줄을 모르고 퍼붓자 우리는 자꾸 창밖을 내다보며 안절부절못했다. 그런데 거짓말처럼 비가 그쳤고, 우리 반 아홉 명 전원은 늘 그랬던 것처럼 미술 수업을 하기 위해 밖으로 나갔다. 비가 오면서 파인 운동장에는 물이 고여 웅덩이를 이루고 있었지만, 어느새 하늘은 맑게 개어 햇빛이 쨍쨍했다.

"앗, 개구리다!"

어디선가 개구리를 발견했다는 소리가 들렸고 모두들 운동장의 물웅덩이로 뛰어갔다.

"형! 빨리 와봐. 여기 개구리 정말 많아. 우글우글한데!"

역시나 동생은 벌써 물웅덩이 근처에서 개구리를 잡으며 놀고 있었다. 짓궂은 남자아이는 개구리를 잡아서 여자아이들에게 들이밀며 놀리기도 했다.

'에이 모르겠다. 나도 개구리나 잡으러 가야지.'

갈등 끝에 그리던 그림은 접어두고 개구리가 뛰어다니는 운동장을 향해 뛰었다.

"야, 기다려~ 나도 지금 갈게!!"

얼마나 뛰었을까? 갑자기 발이 미끄러지면서 물웅덩이에 철퍼덕 넘어졌다. 차디찬 흙탕물이 옷 속으로 스며들었다. 머리도 얼굴도 온통 진흙투성이가 되어버렸다. 형이 만신창이가 되었는데도 동생은 개구리를 쫓아다니는지 보이지도 않았다. 모처럼 흰색 바지를 빼입고 나왔는데 흙탕물이 묻어 엉망진창이 되었다. 개구리고 뭐고 다 싫었다. 운동화에도 진흙이 잔뜩 스며들어 걷기도 힘들 것 같았다. 결국 난 울음을 터트렸다.

"형! 왜 그래? 왜 넘어졌어?"

한참 뒤에야 동생이 허겁지겁 뛰어왔다.

'짜식이 일찍 좀 올 것이지. 형이 넘어졌는데 개구리나 잡고 있고 말이야.'

원망스러운 눈길로 동생을 쳐다봤다. 반 아이들도 모두 내게 몰려왔다. 그래 봐야 여덟 명이지만 친구들은 무슨 일이 났는지 걱정 어린 눈빛으로 나를 바라보며 울지 말라고 다독여주었다. 사나이 체면이 말이 아니었지만 당시에는 창피한 생각도 들지 않고 그냥 눈물만 쏟아졌다.

"무슨 일이니? 아니, 쌍기야 왜 그래? 넘어졌어? 에구 어쩌다가 그랬니. 자, 선생님 따라와. 나머지 친구들은 개구리 잡지 말고 그림 그리세요. 알았지요?"

크게 혼날까 걱정하고 있던 나를 선생님은 숙직실로 데려갔다. 그러고는 진흙 범벅인 옷을 벗기고 깨끗이 씻겨주셨다. 그때 어쩌나 눈물이 나던지……. 선생님이 고마워서였는지 아니면 아프고 부끄러워서 그랬는지 씻는 내내 많이 울었다. 그런 나를 달래며 선생님은 계속 씻겨주었고, 더럽혀진 옷 대신 선생님의 작은 파란색 체육복을 입혀주었다. 엉망진창이 된 옷을 담은 비닐봉지를 들고 학교 아래 집으로 터벅터벅 걸어가면서 선생님이 너무나 고맙다는 생각이 들었다. 우리 집이 1분도 채 안 걸리는 곳에 있는데도 손수 씻겨준 선생님! 지금 와서 돌이켜보면 정말로 학생들을 사랑했던 분이라는 생각이 든다.

선생님도 좋았지만 학교도 그림처럼 아름다웠다. 우리에게 학교는 공부를 하는 곳이라기보다는 즐겁게 뛰어놀 수 있는 놀이터에 가까웠다. 봄에는 학교를 뱅 둘러싼 개나리가 노란 꽃을 활짝 피웠고, 학교로 올라가는 언덕에는 철쭉과 진달래가 만발했다. 여름에는 학교 앞 냇가에서 멱을 감기도 했고, 가을에는 학교 근처에서 도토리도 줍고 잣나무의 잣을 따먹기도 했다. 하얀 눈이 온 마을을 뒤덮은 겨울은 더욱 좋았다. 빈 비료 포대 하나만 있으면 학교로 올라가는 언덕에서 눈썰매를 탈 수 있었고, 눈사람을 만들고 눈싸움도 하면서 추운 줄 모르고 놀았다.

산골의 작은 학교는 그 자체가 체험 학습장이었다. 1학년은 학생 수가 아홉 명에 불과해 함께 움직이기도 수월했다. 그래서인지 담임 선생님은 교실에서의 수업만 고집하지 않았다. 날씨가 좋으면 미술과 체육은 당연히 야외에서 수업했고, 때로 운동장에 있는 큰 호두나무

그늘 아래 옹기종기 모여 국어책을 읽으며 공부했다. 정해진 시간표가 있기는 했지만 그때그때 날씨나 상황에 따라 수업 시간표와 장소를 바꾸어가면서 수업을 했다.

우리 형제에게 아름답고 즐거운 추억을 선물해주었을뿐더러, 학교는 참 즐겁고 재미있는 곳이라는 인식을 심어준 그 명월초등학교는 우리가 전학 간 뒤 문을 닫았다고 한다. 한 반에 열 명도 채 안 되는 학생으로는 유지하기가 어려워서 그랬을 텐데 참으로 아쉽다. 우리 형제와 형, 누나들이 뛰어놀던 운동장은 지금쯤 잡초들만 무성한 들판이 되어 있을지도 모르겠다. 그래도 여전히 비가 오면 개구리들이 운동장을 뛰어다니겠지?

엄마의 유일한 잔소리, "숙제하고 놀아라."

지금은 많이 달라졌지만 우리 형제가 어릴 때만 해도 아이들의 생활과 교육은 주로 엄마의 몫이었다. 특히 우리 집은 아버지가 군인이어서 훈련이 있거나 비상이 걸리면 며칠씩 집에 들어오지 못하는 경우도 많아 엄마의 역할이 더욱 컸다.

엄마는 우리에게 공부하라는 말을 별로 하지 않았다. 공부하라는 소리보다는 "형제간에 우애 있게 지내야 한다"는 말씀을 더 많이 했다. 아버지도 마찬가지였다. 무엇보다 우애를 중시하는 부모님 밑에서 교육을 받은 덕분에 우리 형제는 늘 사이가 좋았다. 두 시간 차이로 태어났으니 다른 쌍둥이에 비해 상대적으로 태어난 시간이 많이 차이 난다면 나는 것이겠지만, 그래도 형과 아우를 결정하는 시간으로는 턱없이 짧다는 생각이다. 그러나 형제간의 우애와 질서를 중시하는 부모님의 교육에 따라 우리는 어릴 적부터 줄곧 형, 동생으로 부르며 자랐다.

학교에 들어가기 전까지는 마냥 뛰어놀기만 했다. 초등학교에 입학하고 졸업할 때까지도 엄마는 여전히 공부하라는 잔소리를 별로 하지 않았기에 우리는 마음껏 놀면서 생활할 수 있었다. 다만 학교에 들어가면서부터는 매일 수업이 끝나고 집에 오면 손발을 씻고 꼭 복습을 해야 했다. 그날 배운 것을 복습하고, 매달 나오는 《이달학습》을 풀라고 하는 것이 엄마가 우리에게 내준 유일한 숙제였다. 그때부터 매일 하루도 빠짐없이 복습하는 습관이 생겼다.

마냥 놀기만 했던 터라 처음에는 엄마가 내준 숙제를 꼬박꼬박하는 것이 지루하고 어려웠다.

'오늘은 뭐 배웠더라……. 어? 여기는 배우지도 않았는데, 엄마가 여기까지 풀어놓으라고 접어놓으셨네. 너무해 정말…….'

엄마는 항상 그날 풀 분량을 정해주었다. 그것도 학교에서 돌아오자마자 바로 푸는 것이 원칙이었다. 늘 인자하고 따뜻한 엄마였지만 이 원칙 앞에서만큼은 엄격했다. 그러니 빨리 재미있게 놀기 위해서라도 엄마가 내준 숙제를 하는 편이 나았다. 사실 복습하고 문제를 푸는 데는 그리 시간이 많이 걸리지 않았다. 약 한 시간 정도면 다 끝낼 수 있었다. 숙제만 하고 나면 나머지는 몽땅 우리만의 시간이었다.

숙제를 끝내기가 무섭게 바로 개울가나 산으로 뛰어나가 정신없이 놀았다.

처음에는 복습 시간이 너무 길게만 느껴졌는데, 시간이 흐르면서 지루하게 느껴지지만은 않았다. 복습 시간은 우리 형제의 또 다른 놀이 시간으로 점차 변해갔다. 그날 배운 것을 퀴즈를 풀 듯이 서로 물어보고 맞혀보기도 하면서 서로에게 설명하는 재미가 쏠쏠했다.

그 시절 시골 학교에서는 매달 '월말고사'라는 시험을 보았다. 매일 복습을 하던 우리에게 월말고사는 그리 큰 부담이 아니었다. 시험 때가 다가오면 매일 풀던 《이달학습》 외에 《완전학습》이라는 책을 보고 또 보았다. 시험 전날에는 서로 공부한 것에 대해 물어보면서 제대로 이해하고 있는지 확인하는 것으로 시험 준비를 마쳤다. 평소 복습을 꾸준히 해왔기 때문에 그 정도만으로도 항상 좋은 성적을 받을 수 있었다.

월말고사에서 90점이 넘으면 학교에서 상장을 주었다. 우리 형제는 매달 그 상장을 받았는데, 상장을 받고 집으로 달려가면 부모님이 함박웃음을 지으며 칭찬해주곤 했다. 칭찬은 고래도 춤추게 한다고 했던가! 부모님이 칭찬을 해주면 기분이 날아갈 듯이 좋아 다음번에도 꼭 시험을 잘 봐서 상장을 받아야겠다는 마음을 먹었던 것 같다. 물론 부상으로 받았던 공책 한 권도 우리 형제에게는 아주 소중했다. 부모님의 칭찬과 공책 한 권을 받는 재미에 빠져 공부 욕심을 키웠던 것 같다.

자연아 놀자,

책아 놀자~ 엄마는 우리가 어릴 때부터 책을 많이 사주었다. 늘 손만 뻗으면 닿을 수 있는 거리에 책을 두어 우리 형제가 언제든 책을 볼 수 있도록 했다. 집안 형편이 썩 넉넉하지 않았는데도 엄마는 책을 사는 데만큼은 돈을 아끼지 않았다. 군인인 아버지를 따라 이사 갔던 곳이 대부분 시골이라 주변에 변변한 서점이 없어 주로 방문판매를 통해 책을 샀다. 한국 위인전집, 세계 위인전집, 과학책 시리즈, 한국 및 세계 동화책 모음 등 당시 유행하던 책들은 거의 대부분 우리 집 책장에 꽂혀 있었다.

이사를 할 때마다 이삿짐을 나르는 아저씨들이 볼멘소리를 하던 기억이 난다.

"무슨 집이 책이 이렇게 많아요. 순 애들 책이네."

엄마는 특별히 책을 많이 읽으라는 잔소리는 하지 않았다. 책을 많이 사주면 놀다 자연스럽게 책을 보게 될 것이라 생각했고, 엄마의 그런 생각은 맞아떨어졌다. 동네를 돌아다니며 놀다가 지치면 집에 들어와 나란히 앉아 이런저런 책을 꺼내 읽었다. 책들은 다 재미있었지만 우리가 특히 좋아한 책은 과학책이었다. 그때는 몰랐지만 지금 생각해보면 우리 집에 있던 과학책들은 물리, 화학, 생물, 지구과학 등 다양한 내용을 담고 있었다. 아이들 책이어서 사진이 많았고, 눈으로 관찰할 수 있는 생물과 지구과학에 관한 내용이 대부분이었다. 복잡한 글보다는 보기만 해도 흥미로운 사진이 많아 우리의 관심을 끌었던 것 같다.

과학책과 우리가 살던 시골은 환상적인 시너지 효과를 냈다. 우리 형제는 우리의 놀이터인 산과 들에서 자신도 모르는 사이에 과학책에 나왔던 생물과 광물을 찾기 시작했고, 과학책이나 과학 비디오에서 본 것은 꼭 실습해보았다. 자연 관찰이 따로 없었다.

노란 개나리가 뒷동산에 별사탕처럼 콕콕 박혀 있던 시골의 봄날, 우리는 똑같은 옷에 똑같은 운동화를 신고 작은 앞마당에서 열심히 땅을 파며 제법 진지한 실습을 했다.

"형, 이렇게 개나리를 땅에 심으면 정말 나무가 될까?"

"그럼, 너도 어제 봤잖아. 자연과학 비디오에서 분명히 개나리 가지를 꺾어서 심으면 나무가 된다고 그랬잖아. 열심히 파기나 해."

"그런데 왜 형은 가만히 있고 나만 땅을 파야 해? 형은 왜 놀아?"

"나는 어떻게 개나리를 심어야 할지 고민 중이야."

어린 시절의 그런 경험들은 훗날 과학도의 꿈을 키우는 데 큰 영향을 주었다.

위인전도 곧잘 읽었다. 우리가 가장 좋아한 위인은 김유신과 이순신 장군 그리고 링컨 대통령과 슈바이처이다. 수많은 적 앞에서도 굴복하지 않았던 김유신 장군과 숱한 억압 속에서도 나라를 위해 목숨을 아끼지 않고 왜구를 물리쳤던 이순신 장군의 이야기는 어린 우리들의 마음을 흔들어놓기에 충분했다.

우리 둘은 좋아하는 위인이 비슷하면서도 미묘하게 달랐다.

"형은 어떤 위인이 좋아? 나는 이순신 장군이 좋더라. 거북선을 만들고 일본을 무찔렀잖아. 그렇게 주위에서 괴롭혔는데도 백의종군하면서 끝까지 나라를 위해 목숨을 바쳤대. 외국인 중에는 링컨 대통령이 좋아. 지독하게 어려운 환경에서도 훌륭한 사람이 되었잖아. 게다가 흑인들을 위해 노예제도도 없애고 말이야. 나도 훌륭한 사람이 되고 싶어."

"그래? 나는 김유신 장군이 더 존경스럽던데. 삼국을 통일했잖아. 그리고 자신의 잘못된 점을 바로잡으려고 아끼던 백마도 베어버렸대. 이런 건 본받아야 해. 동생아, 너도 똑바로 살아라. 네가 잘못되는 걸 보면 이 형이 얼마나 마음 아프겠니. 엄마 속 좀 그만 썩이고."

"형이나 잘하세요. 그런데 자기 말을 죽이는 건 너무 심하지 않나? 어쨌든 외국인 중에는 누가 제일 존경할 만한 것 같아?"

"음…… 외국인 중에는 슈바이처가 제일 존경스러워. 가난하고 불쌍한 사람을 위해 일생을 보냈잖아. 아픈 사람을 치료해주는 일 참 멋지지 않니? 우리 할머니도 아프신데……."

이렇게 위인전을 읽고 나면 어떤 인물이 존경스러운지, 어떤 점이 본받을 만한지 등을 이야기하며 시간을 보냈다. 때로 누가 더 많은 책을 읽었는지 자랑을 하기도 했다.

"형, 장영실이 만든 시계가 뭔지 알아? 측우기야. 모르지? 책 좀 읽어."

"동생아, 그건 측우기가 아니라 자격루이거든! 자랑하려면 제대로 좀 할래?"

책에서 읽은 내용을 바탕으로 서로에게 질문을 던지고 대답하며 자신의 지식을 과시했다. 어찌 보면 어린 쌍둥이의 유치한 놀이처럼 여겨질 수도 있지만 이러한 문답식 놀이는 이후 '3Step'이라는, 우리만의 공부법을 만드는 데 일조했다.

앗, 문제집 속에 이런 비밀이 숨어 있었구나! 　　　초등학교에 입학해 한 학기 정도 지났을 즈음이었다. 우리에게 학교는 또 다른 놀이터였으므로 학교를 다니는 것 자체는 매우 즐거웠지만 집에 돌아와서 복습을 하고 문제집을 푸는 일은 썩 즐겁지만은 않았다.

그날도 여느 때와 마찬가지로 문제집을 풀고 있었다. 운동기구 그림이 나오고 그것의 이름을 맞히는 문제를 풀고 있었는데, 그 중 한 문제를 도저히 풀 수가 없었다. 그 문제만 풀면 나가서 놀 수 있는데, 야속하게도 아무리 생각해도 도통 실마리를 찾기가 어려웠다.

"동생아, 근데 이게 뭐야? 이 사다리같이 생긴 거. 사진 보고 이름 묻는 체육 문제 말이야."

"응? 이게 뭐지? 우리 학교에도 있는 것 같던데……."

"엄마는 아실 텐데 말이야."

"그러게 형! 엄마는 항상 정답을 알고 계셔. 엄마는 예쁜데 머리도 엄청 좋은가 봐."

"아~ 답답하다. 어, 저기 우리 학교 형이 지나가고 있네. 가서 물어보자."

마침 학교 형이 언덕길을 내려와 우리 집 앞을 지나가고 있었다.

시험 성적 확실히 올려주는 쌍둥이 형제의 3step 학습법

쏜살같이 문제집을 들고 고학년 형에게 달려갔다. 전교생이 모두 합해봤자 60여 명밖에 안 되는 학교여서 학년이 달라도 서로 모르는 사람이 없었다.

"형, 이게 뭐야?"

"글쎄, 나도 모르겠는데. 뒤에 해답지를 봐."

해답지? 해답지라니? 처음 듣는 그 단어가 한동안 귓가에 윙 맴돌았다.

'아! 그렇게 좋은 것이 있었다니!!!'

그때 우리 형제는 처음으로 알았다. 모든 문제집에는 해답지가 있다는 사실을. 그 후 복습하는 속도는 몰라보게 빨라졌다. 보통 한 시간 정도 걸렸던 복습을 10분 만에 뚝딱 끝낼 수 있었다. 그날 정해진 분량을 끝내면 그 이후 시간은 모두 우리만의 자유 시간이기에 서로의 암묵적인 동의 아래 해답지를 활용했다. 산수 같은 경우에는 약간의 계산 흔적을 남기는 치밀함도 보였다.

그러던 어느 날, 변함없이 들과 산을 누비다 해질녘에 집으로 돌아왔는데 엄마가 우리를 불렀다.

"쌍기야, 쌍재야! 이리 좀 와보렴. 오늘 공부할 분량은 다 끝내고 놀다 온 거지?"

"그럼요. 오늘 배운 읽기랑 산수랑 다 했어요. 그치 형?"

"네, 동생이 모르는 것이 있어서 제가 가르쳐주기도 했어요."

"응, 그렇구나. 그러면 어디 이거 한번 풀어볼까? 오랜만에 엄마랑 같이 문제 좀 풀어보자. 어디 보자. 이 부분은 한 개밖에 안 틀렸네?

이거 다시 한 번 풀어볼래?"

이게 무슨 소리인가. 다시 한 번 풀어보라니? 당연히 못 풀 것이 뻔했다.

"아, 이 문제가 바로 제가 동생한테 가르쳐준 거예요. 제가 풀어볼게요."

"무슨 소리니 쌍기야, 그러면 더 잘 풀겠네. 어디 한번 쌍재가 풀어보도록 해봐."

한참을 머뭇머뭇거렸다. 열심히 답만 옮겨 적었으니 무슨 문제인지도 모르겠고, 어떻게 푸는지는 더더욱 알 수가 없었다. 결국에는 엄마에게 모든 비밀을 털어놓고야 말았다. 엄마는 우리 둘을 앉혀놓고 차분하게 말씀하셨다. 큰 잘못을 저질렀음을 깨닫고 주눅이 들어서인지 유난히도 시계 소리가 찰칵찰칵 크게 들렸다.

"쌍기야, 쌍재야. 엄마가 며칠 전부터 이상하다 생각했어. 한 시간씩 공부하던 애들이 10분 만에 다 끝내고 놀러 나가면 이상하게 생각하지 않는 부모가 어디 있겠니? 사람은 거짓말을 하면 안 된단다. 해답지를 보고 답을 적는 것도 거짓말하는 거야. 알았지?"

"네, 잘못했어요. 그러니까 손 좀 내리면 안 될까요?"

"무슨 소리야! 아버지 올 때까지 손들고 있어!"

그렇게 우리 형제는 아버지가 오실 때까지 손들고 무릎을 꿇고 앉아 벌을 받았다. 당연히 해답지는 곧바로 엄마에게 빼앗겼고, 우리만의 비밀스러우면서도 짜릿했던 시간도 그렇게 끝나버리고 말았다. 그때는 엄마에게 들켜 아쉽기만 했는데, 지금 생각해보면 일찌감치 들

시험 성적 확실히 올려주는 쌍둥이 형제의 3step 학습법

킨 게 다행이라는 생각이 든다. 초등학교 1학년 때 그런 큰 사건(?)을 겪으면서 다시는 해답지를 보며 문제를 푸는 요령 따위를 피지 않았고, 덕분에 착실하게 공부하는 습관이 몸에 밸 수 있었던 것 같다.

우주소년단이 되어 과학에 빠지다

나는 치과 의사를, 동생은 훌륭한 경영자가 되기를 희망하지만 우리 형제는 오랫동안 과학도를 꿈꾸며 공부했다. 과학고에 이어 카이스트를 선택한 것도 그런 이유 때문이다.

처음 과학에 관심을 갖게 해준 것은 엄마가 사준 과학책들이었다. 사진이 많아 책을 보는 것만으로도 즐거웠지만, 책에서 본 것을 바로 산과 들로 나가 확인할 수 있는 자연과 함께하면서 과학에 대한 호기심이 더욱 솟아났다.

하지만 우리를 과학의 세계에 한걸음 더 가까이 데려다준 것은 우주소년단이다. 명월초등학교에서의 행복했던 1학년 생활이 끝나고 우리는 아버지를 따라 춘천으로 이사를 했다. 춘천 중앙초등학교에서 2학년을 보낸 뒤 우리는 충청남도 논산의 육군훈련소 앞에 있는 연무대초등학교로 또다시 전학을 갈 수밖에 없었다. 물론 아버지 발령 때문임은 두말하면 잔소리다.

엄마는 평소 학교에 한 번도 오지 않지만 전학하는 첫날만큼은 꼭 학교에 와서 교장선생님과 면담을 하였다. 우리 둘을 한 반에 넣어 달라는 부탁을 하기 위해서였다. 아무리 붙임성이 좋고 변화를 좋아하는 사람이라도 낯선 곳에서 새로 시작해야 한다면, 그것도 1년에 한 번꼴로 새로운 환경에 적응해야 한다면 스트레스를 받을 것이 분명하다. 하지만 우리 둘은 엄마의 노력으로 전학을 갈 때마다 한 반에서 공부했기 때문에 학교생활에 별 무리 없이 적응할 수 있었다.

3학년 때 전학 간 연무대초등학교는 보이스카우트나 걸스카우트 같은 활동이 전혀 없는 시골 학교였다. 명월리처럼 주변에 산과 들이 많은 편도 아니어서 기껏해야 학교 운동장에서 친구들과 뛰어노는 것이 우리가 할 수 있는 놀이의 전부였다.

볼거리도 놀거리도 많지 않아 지루함이 더해가고 있던 어느 날, 과학에 관심이 많았던 선생님이 가정 형편이 넉넉지 못한 학생들을 위해 자비를 털어 '우주소년단'이라는 모임을 만들었다. 평소 과학에 관심이 많던 우리 형제는 '우주'라는 거창한 이름에 선뜻 모임에 가입했다.

우주소년단은 과학에 초점을 맞추어 활동하는 과외활동 단체였다. 비록 학교 선생님이 자비로 만든 소박한 모임이었지만 참 다양한 활동을 했다. 단원복도 있었다. 어깨에 우주왕복선 마크가 붙은 단원복을 입고 별자리가 그려진 머플러를 목에 매면 제법 그럴듯한 폼이 났다.

우주소년단은 평소에는 일주일에 한 번 모여 과학과 관련된 활동을 했다. 물로켓을 만들어 물의 압력으로 얼마나 높이 로켓을 쏘아올릴 수 있는지를 알아보기도 하고, 글라이더와 고무동력기를 만들어 비행기의 원리를 공부하기도 했다. 때로는 시골의 자연을 활용하여 곤충과 식물들을 채집하러 다니기도 했다. 학교를 조금만 벗어나면 자연스럽게 형성되어 있는 생태공원 같은 곳이 여기저기 있어서 자연을 공부하기에 더할 나위 없는 환경이었다. 여름방학에는 2박 3일로 우주과학캠프도 갔다. 캠프에서는 별자리 관측 또는 과학 및 수학 관련 교구로 다양한 활동을 했다.

우주소년단 활동은 우리에게 새로운 재미를 알려주었다. 선생님과 함께 다양한 실험을 하면서 과학의 원리를 이해하고, 실제로 이런저런 기계를 만들어보면서 우리는 과학에 푹 빠져버렸다.

"이게 아닌가? 어디 납땜이 잘못 되었나? 형, 인두 좀 줘봐."

"동생아, 이 형이 하는 대로 따라한다고 해서 다 되는 게 아니란다. 기술이 있어야지. 잘 봐. 여기가 합선되었잖아."

"에이, 나 이거 안 할래. 나는 과학상자로 해저탐사 로봇이나 만들어야겠다. 다음 달에 과학상자 대회가 있거든. 두고 보라고. 내가 반드시 상을 타올 테니까!"

나는 손재주가 좋은 편이어서 주로 우주소년단에서 라디오를 조립했고, 동생은 '과학상자'라는 키트를 활용하여 이런저런 과학 상상품을 만들었고 학교 대표로 나가 상을 받기도 했다.

당시 촌지 문제로 전국이 떠들썩했는데 촌지는커녕 자신의 사비를 털어가며 우주소년단을 만든 선생님은 연무대의 시골 아이들에게는 정말 고맙고 훌륭한 분이었다. 그 선생님이 아니었더라면 우리 형제를 비롯한 연무대 아이들은 과학 체험 활동이란 도시 아이들이나 할 수 있는 딴 세상 일로 생각하며 부러워만 했을 것이다.

우주소년단 활동은 1년 만에 끝났다. 선생님이 옆 마을 학교로 전근을 가셨고, 그 뒤로는 우주소년단을 맡아줄 선생님이 없어서 자연스럽게 모임 활동도 중단되었다. 아마 그 당시 선생님 나이는 많아야 30대 중반이었던 것 같다. 전근을 가신 뒤 학교에서는 더 이상 선생님과 함께할 수 없었지만, 읍내에 5일장이 설 때 가끔 뵐 수 있었다. 그나마도 오래가지 못했지만 시골 아이들에게 과학이라는 세계를 보여주려 애쓰셨던 그분이 지금도 사무치게 그립다.

▲네 살때 아빠가 근무했던
조치원 부대에서

시골 쌍둥이, 낯선 서울에서
새로 시작하다

서울!

늘 지방 시골로만 이사를 다녔기에 서울로 이사를 가는 날이 오리라곤 상상도 하지 못했다. 5학년 때 아버지가 서울 태릉의 육사로 발령을 받아 우리 가족은 드디어 논산 연무대읍에서 서울로 이사를 갔다. 텔레비전으로만 보았던 서울이 어떤 곳인지 마냥 궁금했다.

우리가 이사를 간 곳은 태릉선수촌 근처에 있는 노원구 공릉동이다. 당시 그곳은 서울이라기보다는 경기도라고 봐도 무방한 서울에서 구석진 동네였다. 지금은 아파트가 많이 들어섰지만, 우리가 학교에 다닐 때만 해도 학교 주변은 온통 배밭이었고, 밭 너머로 산이 뱅 둘러

싸여 있었다. 하지만 아무려면 어떠랴! 우리는 더 이상 시골이 아니라 '서울시'라는 곳에서 살게 된 것이다.

서울은 온통 신기한 것 천지였다. 그 중에서도 우리 형제를 가장 놀라게 한 것은 지하철이다. 서울에 와서 처음 지하철을 타던 날, 우리는 촌놈 티를 팍팍 내며 마냥 신기해했다. 땅속에 기차가 다닌다는 이야기를 예전에 들은 적은 있지만, 마냥 궁금하던 차에 지하철을 실제로 타보았으니 가슴이 설레는 것은 당연했다. 아주 어렸을 적에 서울 친척집에 갈 때 타봤다고는 하는데 전혀 기억이 나지 않으니, 우리 형제에겐 초등학교 5학년 때 타본 지하철이 처음이나 마찬가지였다.

"동생아, 나는 어렸을 때 지하철이 땅을 뚫고 다니는 줄 알았는데 실제로 보니까 다르구나. 신기하다."

"그러게 말이야. 그냥 표 사서 타면 되는 거네? 그런데 무슨 역이 이렇게 많은 거야? 그리고 서울은 정말 큰 도시인가 봐. 버스도 여러 대가 다니네! 전에 우리가 살던 곳에서는 한 대밖에 안 보였는데……. 정말 신기하다. 그치? 형."

하지만 드디어 우리도 서울에서 살게 되었다는 기쁨이 우울함으로 바뀌는 데는 그리 오랜 시간이 걸리지 않았다.

낯선 서울 친구들 틈에서의
홀로서기   태릉초등학교에 처음 전학

간 날, 우리는 학교의 규모를 보고 깜짝 놀랐다. 시골에서

는 많아야 한 학년에 반이 두 반에서 네 반 정도인데, 반이 무려 열두 반이나 되었다. 한 반에서 공부하는 아이들의 숫자도 시골과는 비교할 수 없을 정도로 많았다.

하지만 우리를 더욱 놀라게 했던 것은 처음으로 우리 형제가 다른 반에 배정받았다는 점이다. 그동안 시골 학교라 반도 몇 개 안 되고, 교장선생님들이 대부분 엄마의 부탁을 들어주셔서 우리 형제가 한 반에서 공부할 수 있었는데, 어찌 된 일인지 태릉초등학교에서는 우리 둘을 따로 떼어놓았다.

한 번도 떨어져 있지 않았던 우리는 적잖은 충격을 받았다. 늘 한 반에서 공부했기에 전학을 가도 서로를 의지하며 수월하게 학교생활에 적응할 수 있었고, 친구도 별 어려움 없이 사귈 수 있었다. 그런 우리를 떼어놓다니 야속하기 짝이 없었다.

우리는 어색하고 긴장된 상태로 배정받은 반에 들어갔다. 혼자라는 생각에 가뜩이나 위축이 되어 있는데 서울 친구들은 내 이름을 듣고는 놀라 수군거렸다.

"내 이름은 박쌍재야. 만나서 반가워."

"이름이 쌍재래?"

"설마, 상이겠지."

"저 촌스러운 옷은 뭐니? 정말 시골에서 왔나 봐."

그날 우리 형제는 우주소년단의 연두색 잠바를 입고 있었다. 옷도 많지 않았지만 우주소년단 활동을 워낙 재미있게 했던 터라 그때 입었던 단원복을 좋아했다. 우주소년단이 해체된 이후에도 평상복처럼 단원복을 입고 다녔고, 우리뿐 아니라 시골 아이들은 다들 그랬기 때문에 옷 때문에 비웃음을 살 것이라곤 상상도 하지 못했다.

서울 친구들과 친해지기는 쉽지 않았다. 전학 간 지 며칠 안 되었을 때의 일이다. 교실 앞에 굵은 몽둥이가 있었는데, 신기한 나머지 쉬는 시간에 몽둥이를 들여다보다가 옆 친구에게 장난을 걸었다.

"이거 정말 아프겠다. 그치? 너도 한번 맞아볼래?"

그런데 그 친구의 대답은 참으로 충격이었다.

"너나 맞아봐라, 이 XXX야."

이제 겨우 초등학교 5학년인 친구의 입에서 육두문자가 튀어나오다니……. 그날 저녁, 서울 아이들은 다 그런가 싶어 몹시도 우울했다.

사실 서울에 처음 올라왔을 때 서울 친구들과 잘 지내지 못할까 봐 걱정한 적은 없다. 우리 형제는 둘 다 성격이 좋은 편이어서 친구를 사귀는 데는 문제가 없었다. 그보다는 혹시 시골 학교와 수준 차이가 있어 수업을 따라가지 못하면 어쩌나 싶은 불안감이 조금 있었다.

그런데 막상 서울에 와보니 수업을 하는 데는 전혀 지장이 없었다. 어릴 때부터 《이달학습》을 풀며 성실히 공부해서 그런지는 몰라도 공부에 관한 한 서울 친구들에게 밀리지는 않았다.

수업도 개인적으로는 시골 학교 선생님들의 방식이 마음에 들었다. 서울 태릉초등학교에서는 선생님들이 교과서에 맞추어 진도를 나가는 데 반해 시골 선생님들은 다양한 방식으로 수업을 진행했다. 예를 들어 서울로 이사 가기 전에 다녔던 연무대초등학교에서는 자연(과학) 과목 같은 경우 수업 시간 전에 각자 실험 계획과 예습한 기본

이론을 갱지에 적어 제출하도록 하였다. 일방적으로 전달하는 수업보다 학생 스스로 계획을 세우고 미리 준비하는 학습을 유도하셨고, 선생님은 우리가 낸 실험 계획을 일일이 검토하면서 피드백을 해주었다. 물론 선생님들마다 다르겠지만, 개인적인 경험으론 서울보다는 시골에 열정적으로 수업을 하는 선생님이 더 많았다고 생각한다.

공부를 하는 데는 문제가 없었는데 예상치 못했던 친구들의 반응 때문에 한동안 학교가 낯설게만 느껴졌다. 시골에서는 누구든 만나자마자 친구가 되고 서로 성적에는 큰 관심이 없었는데, 서울 친구들은 성적에 관심이 무척 많았다. 누가 몇 개 틀렸고, 누가 몇 점이고, 몇 등인가가 서울 친구들 사이에선 중요한 화젯거리였다.

어쩌면 초반에 우리 형제를 힘들게 했던 그런 분위기가 오히려 나중에는 서울 친구들과 어울리는 데 도움이 되었다는 생각도 든다. 평소 매일 복습하는 습관 덕분에 서울에서도 좋은 성적을 얻었고, 그 후 우리를 보는 친구들의 눈빛이 조금은 달라졌으니까 말이다. 시골에서 전학 온 아이. 옷도 촌스럽게 입고, 이름마저 특이한 우리가 수업도 따라가지 못해 헤맸다면 영영 촌뜨기 쌍둥이로 놀림감이 됐을지도 모르겠다.

쌍기, 쌍재! 늘 놀림거리였지만 정들었던 이름아 안녕~ 3월에는 언제나 새로 시작하는 학기에 대한 기대감에 한껏 마음이 부풀어오른다.

태릉초등학교에 전학 온 지 1년. 우여곡절도 많았지만 다행히 서울 학교에서도 우리 형제는 잘 적응했고, 어느덧 6학년을 맞이하였다.

새 담임선생님이 오시기 전, 교실은 아이들의 이야기 소리로 가득 찼다. 같은 반이 되었다며 좋아하는 친구들부터 서로 떨어진 아쉬움을 이기지 못하고 다른 반에서 놀러 온 친구들로 와자지껄했다.

"야, 이것 봐! 이름 정말 특이한데?"

"뭐? 이름이 박쌍기야!"

"누가 쌍기일까?"

서울에 전학 온 지 얼마 안 되어 6학년이 되었지만 아는 친구가 없던 나는 혼자 책상에 앉아 책을 보고 있었는데, 내 이름이 여기저기서 튀어나왔다. 교탁에 놓여 있는 출석부를 보던 아이들이 내 이름을 보고 한마디씩 주고받고 있었다. 이름이 워낙 특이해 이런 일이 한두 번 있었던 것도 아니라 크게 신경 쓰지는 않았다. 하지만 작년에 처음 태릉초등학교에 왔을 때처럼 또다시 이름 때문에 친구들이 나를 이상하게 보지는 않을까 살짝 신경이 쓰이기는 했다. 걸핏하면 놀림감이 되는 이름이 싫기도 했지만, 감히 부모님께 이름을 바꿔 달라고 조르지는 못했다.

그해 여름 어느 날이었다. 금방이라도 쓰러질 듯 숨이 턱턱 막히는 무더운 날이었는데, 국가에서 개명에 대하여 새로운 발표를 했다. 사실 부모님도 우리 이름을 바꿔줄 생각을 하고는 있었지만, 절차도 복잡하고 비용도 만만치 않게 들어 차일피일 미루고 있었다. 그런데 국가에서 그해만큼은 국민이 별다른 절차 없이 간단하게 개명할 수 있는 제도를 마련한 것이다. 덕분에 우리 형제는 어린 시절 대부분을 함께했던 '쌍기'와 '쌍재'라는 이름 대신 '박현준(朴炫俊)' '박현성(朴炫省)'이라는 이름을 새로 얻었다.

'밝을 현(炫), 준걸 준(俊) ― 세상을 밝히는 깊은 슬기와 재주를 겸비하는 사람.'

'밝을 현(炫), 살필 성(省) ― 세상을 두루두루 밝혀 살피는 사람.'

별 뜻 없이 작명소에서 지은 이름이었으나 우리 형제는 나름 새로 얻은 이름을 해석하며 매우 기뻐했다. 일단 이제 더 이상 '쌍'이라는 한 글자 때문에 친구들의 놀림을 받지 않아도 된다는 이유가 가장 컸다. 그리고 병원 같은 곳에서 이름이 불릴 때 "정말 이름이 쌍기, 쌍재예요?"라는 질문을 더 이상 받지 않아도 되었다. 돌아가신 할머니께서 지어주신 이름을 바꾼다는 것이 약간 마음에 걸리기도 하였지만, 우리 둘은 새로 지은 이름이 만족스러웠다. 개명 이후에도 친척들은 가끔 옛 이름으로 부르곤 했지만 친척들도 이내 새로운 이름을 불러주었고, 그렇게 '쌍기, 쌍재'라는 이름은 잊혀갔다.

이따금 그때의 이름이 그립기도 하다. 이제는 지금의 이름이 더욱 친숙하지만, 12년 동안 '쌍기, 쌍재'로 불리던 기억도 많이 남아 있다. 또한 중학교 때부터 새로운 이름으로 생활해서 그런지 유년 시절과 청소년 시절을 가르는 하나의 분기점처럼 느껴진다. 처음 만난 사람들에게 "제가 비밀 하나 가르쳐드릴까요?"라며 스스로 이름 얘기를 꺼내기도 하는데, 그때마다 사람들은 매우 놀라면서 어떻게 그런 이름이 있을 수 있느냐며 웃는다. 나 또한 마치 남의 얘기처럼 함께 웃기도 하지만, 가끔 그때의 이름이 그립다.

중학교 첫 중간고사의 충격

태릉초등학교에 전학 온 이후 우리는 더 이상 전학을 다니지 않았다. 자식들의 교육을 위해서 아버지가 발령이 나는 곳에 혼자 떠나시는 쪽으로 결정했기 때문이다. 남자 혼자 생활하는 게 쉽지 않았을 텐데 우리 형제의 교육을 위해 아버지는 기꺼이 불편함을 감수하셨다.

태릉초등학교를 졸업하고 우리는 근처에 있는 공릉중학교에 나란히 입학했다. 중학교는 초등학교와는 또 다른 재미가 있었다. 과목별로 다른 선생님이 수업하는 것도 신선했고, 반장을 맡으면서 친구들과 교실을 꾸미는 일도 즐거웠다.

중학교의 새로운 분위기에 적응하다 보니 쏜살같이 시간이 흘렀다. 3월이 지나고 4월이 되자 곧 중간고사를 본다는 흉흉한 소문이 돌기 시작했다.

"뭐? 중간고사를 본다고? 벌써? 아…… 어떻게 해야 하나? 공부를 어떻게 하지?"

겉으로는 호들갑을 떨었지만 사실 속으로는 태평했다.

'내가 뭐 초등학교 때 시험 공부해서 1등 했나? 그냥 시험 기간 일주일 전부터 문제집이나 다시 풀어보면 되지. 동생이랑 서로 물어보고 답하면서 말이야.'

시험 성적 확실히 올려주는 쌍둥이 형제의 3step 학습법

하지만 중학교 시험은 내가 생각하는 것과 차원이 달랐다. 무려 아홉 과목을 3일에 걸쳐서 시험을 보았다. 초등학교 때는 기껏해야 국어, 수학, 자연, 사회 네 과목이었고, 그것도 하루에 다 보았기 때문에 중학교의 시험 방식은 생소하기 짝이 없었다.

중간고사를 일주일쯤 남겨두고 느긋하게 시험 공부를 시작한 우리 형제는 뭐가 잘못돼도 한참 잘못됐다는 것을 느끼기 시작했다. 공부해야 할 양이 그야말로 장난이 아니었다.

'으악~~~ 봐도 봐도 끝이 없어. 한문? 무슨 한자가 이렇게 많아? 도덕은 이게 대체 무슨 말을 하는 거야? 사회도 외울 것이 태산이고……. 기술이랑 가정? 휴~ 그래도 이것들은 책이 얇네.'

국어, 수학, 영어, 과학 등 주요 과목은 평소 꾸준히 복습을 했기 때문에 그나마 괜찮았다. 하지만 외워야 할 암기 과목은 속수무책이었다. 공부해야 할 양은 많고, 시간은 턱없이 부족하니 정말 똥줄이 탔다. 할 수 없이 주요 과목은 포기했다. 학원에서 배우기도 했고, 그때마다 충실히 복습을 했으니 문제만 한 번 풀어도 잘 볼 수 있으리란 자신감이 있었기 때문이다.

그렇게 허둥지둥 시험 준비를 하고 중간고사를 보았다. 성적표를 받았을 때의 충격은 지금도 잊지 못한다. 그전까지 받아보지 못했던 점수가 성적표에서 나를 보고 비웃는 듯했다. 초등학교 때 늘 전교 1, 2등을 다투었던 우리는 전교 1, 2등은커녕 10위권에도 들지 못하고 쭉 밀려난 등수를 보며 당황할 수밖에 없었다. 등수도 등수지만 평균 점수가 90점을 간신히 넘은 수준이어서 충격은 더 컸다. 평균 90점

이상이면 잘 본 것 아니냐고 생각할 수도 있지만, 당시 우리 학교 시험 수준은 그리 높지 않아 조금만 공부하면 90점은 누구나 무난히 넘을 수 있었다. 전교 1, 2등을 하려면 적어도 평균 98점 이상은 되어야 한다는 점을 감안하면, 90점 살짝 넘은 점수가 결코 좋은 점수일 수 없음을 이해할 것이다.

첫 중간고사를 보고 우리는 정신이 번쩍 들었다. 중학교에서의 시험은 초등학교와는 격이 달랐다. 중학교 시험은 전투였다. 중간고사 아홉 과목 또는 기말고사 열두 과목이라는 적들이 역습해오는 전투 말이다.

"동생아, 우리 안 되겠다. 뭔가 변화를 주어야겠다."

그 후 우리는 기말고사 때 2주 동안 시험 공부를 했다. 중간고사를 실패한 가장 큰 원인이 준비 기간이 너무 짧았다는 데 있다고 판단했기 때문이다. 시험 준비 기간을 배로 늘려 잡고 한 과목당 적어도 두 번 이상은 공부하고 시험을 보았다. 중간고사 때 평균 점수를 대폭 깎아먹었던 주범인 예체능도 집에서 열심히 실기를 연습했다. 결론은 승리! 평균이 무려 4점이나 오르는 기쁨을 만끽했다.

그때 우리 형제는 확실히 깨달았다. 중학교 시험은 전략적으로 접근해야 한다는 것을! 그 후 시험 기간 준비는 3주가 되었고, 시험 바로 전 1주 동안은 학원에 가지 않고 각자 시험 준비를 했다. 시험 기간에 학원에서는 보통 시험 대비 특강을 해주는데, 우리가 이미 알고 있는 부분까지 설명을 해 시간을 낭비하는 경우가 많았기 때문이다.

3주 동안 시험을 준비하니 자연적으로 시험 공부할 수 있는 시간이 늘었다. 시험을 보기 전까지 적어도 세 번 이상은 반복하여 모든 교과서와 참고서를 볼 수 있었다. 그만큼 만족스러운 시험 점수를 받을 수 있었던 것은 물론이다.

학원에서 장학금을 받기 위해 기를 쓰고 공부하다

우리 형제는 초등학교 때까지는 학원과 담을 쌓고 살았다. 예전에 살던 시골에는 학원이라 해봤자 읍내에 미술학원, 피아노학원, 서예학원 등이 전부였고, 서울처럼 학교 교과과정을 가르쳐주는 학원은 거의 없었다. 학원도 없었고, 굳이 학원에 다니지 않아도 공부하는 데 무리가 없었으므로 학원을 가야겠다는 생각도 한 적이 없다.

하지만 서울에 와보니 공부 좀 한다는 아이들은 대부분 학원을 다녔다. 처음에는 아이들이 학교가 끝나면 학원을 가야 한다며 집에 가는 모습을 보고 놀랐다. 게다가 그 학원이라는 곳에서 국어, 영어, 수학, 과학을 가르쳐준다는 사실을 알고 더더욱 충격을 받았다.

학교에서처럼 국어, 영어, 수학, 과학을 가르쳐주는 학원은 내제 어떤 곳일까? 집 앞으로 학원 셔틀버스가 다녔는데, 그 버스를 타고 학원에 가보고 싶은 욕심이 생기기도 했다. 부모님도 시골에서만 지내다가 서울에 온 우리가 걱정이 되었는지 학원을 보내기로 큰 결심을 하셨다. 학원에 가서 다른 학교 아이들과도 경쟁을 해보고, 수준 높은 수업도 받아보라는 의미에서였다. 그래서 중학교에 들어가면서 우리는 종합학원을 다니게 되었다. 월, 수, 금 3일 동안 국어, 영어, 수학, 과학을 가르쳐주는 종합학원으로 그리 큰 학원은 아니었다.

학원은 비교적 만족스러웠다. 다른 학교 아이들의 수준이 어느 정도인지 알아볼 수 있고, 혼자서 공부할 때보다 체계적으로 공부할 수 있다는 점이 무척 마음에 들었다. 또한 공부를 잘하는 다른 학교 친구들을 보며 공부에 대한 욕심도 생겼다. 방학 동안에는 수학과 과학을 한 학기 앞서 가르쳐주었고, 수준별로 반을 나누어 학교에서 배우는 수준보다 더 높은 수준의 내용을 공부할 수 있다는 점도 매력적이었다.

그런데 문제는 학원비였다. 당시 우리 둘의 학원비는 한 달에 46만 원이었다. 군인 월급으로 감당하기 어려운 금액이었다. 학원 등록금을 내는 날이 다가올 때마다 1만 원짜리를 세어가며 학원비를 봉투에 넣는 엄마를 보면서 죄송스러운 마음이 들었다.

학원에는 가고 싶고, 학원비는 비싸고……. 방법은 공부를 열심히 하는 수밖에 없었다. 다행히 학원에서는 전교 1등에게는 학원비 전액을 면제해주고, 전교 2등과 3등에게는 반액을 면제해주는 제도가 있었다. 그래서 기를 쓰고 공부했다. 어떻게 하든 장학금을 받아야 했기 때문이다. IMF가 터졌을 당시에는 학원비를 감당하지 못해 몇 개월 동안 집에서 공부한 적도 있다. IMF에서 벗어났을 때도 상황은 크게 다르지 않았다. 전교 3등 안에 들지 못하면 어쩔 수 없이 집에서 혼자 공부해야 할 정도로 학원비는 언제나 큰 부담이었다. 전교 3등 안에 꼭 들어야 한다는 것은 엄청난 스트레스였다. 시험을 보는 날이면 잘 봐야 한다는 부담감 때문에 헛구역질이 나와 종종 아침을 거르기도 했다.

가끔은 학원비를 걱정하지 않아도 되는 친구들이 부럽기도 했다. 학원도 모자라 개인 과외까지 척척 받는 친구들, 학비 걱정 하지 않고 대학을 다니는 친구들을 보고 있으면 가끔 서글퍼질 때도 있었다. 하지만 과연 우리 집이 학원비를 걱정하지 않아도 될 정도로 넉넉했다면 우리가 그렇게 기를 쓰고 열심히 공부했을까? 약간의 결핍은 사람을 더욱 절실하게 만드는 법이다. 전교 3등 안에 들지 못하면 학원을 다닐 수 없다는 그 절박함은 우리를 더욱 치열하게 공부할 수 있도록 내몰았고, 그런 노력이 오늘의 우리가 있게 만들어준 것 같다.

공부를 잘하고 싶어서 학원을 다니고 싶었고, 그 학원비를 면제받기 위해 악착같이 공부했다는 말을 들으면 어떤 학생들은 이렇게 말한다.

"그깟 학원 안 다니면 되잖아요. 왜 공부를 하는지 모르겠어요. 영어 단어 하나 더 알고 수학 문제 더 잘 푸는 것이 중요한가요?"

물론 공부가 인생의 전부는 아니다. 하지만 그런 학생들에게 이렇게 말해주고 싶다.

"그러면 네가 정말 잘할 수 있는 일이 뭐지? 당장 네가 잘할 수 있는 게 없다면 지금 해야 하는 공부를 열심히 하는 것이 좋지 않을까? 적어도 아무것도 하지 않고 시간만 낭비하는 것보다는 백 배 낫지 않을까? 또한 열심히 공부하면 그만큼 성공할 수 있는 기회도 많아지니 특별히 공부 외에 목숨을 걸 만큼 좋아하고 잘할 수 있는 일이 없다면 공부를 하는 것이 가장 쉽지 않을까?"

음악 실기 점수 78점?
클라리넷으로 극복하다
"Ich libe dich, so wie du mich, am Abend und am Morgen. Noch war kein Tag wo du und ich nicht teilten uns' re Sorgen……."

교실에서 베토벤의 독일 가곡이 울려 퍼진다. 중학생 교실에서 독일 가곡이 썩 어울리지는 않겠지만, 중간고사 실기 시험으로 한 학생씩 나와서 부르고 있다. 드디어 내 차례. 독일어는 배운 적도 없지만 나름 열심히 외워가면서 그동안 연습했던 것을 상기하며 멋지게 한 곡 뽑았다. 틀린 가사 없이 무사히 노래를 마치고 안도의 숨을 내쉬며 자리에 돌아갔다. 모든 학생의 노래가 끝나고 드디어 성적 발표 시간.

"42번 박현성 C+."

'응? 이건 무슨 소리인가? C+라면 78점? 대체 이게 어떻게 된 거지?

평가 기준은 독일어로 된 노래라서 가사를 외웠느냐의 여부와 가창력이었다.

'내 점수가 C+라니? 가사를 외우지 않은 내 앞 친구는 B를 받았는데, 어떻게 내 점수가 더 낮은 거지? 더군다나 나는 반장이고, 선생님은 담임인데 최하점을 주시다니.'

공정하다면 참으로 공정하고 엄격하지만 내겐 너무도 야속한 평가였다.

다음 날, 우리는 학교 옆의 태릉으로 사생대회를 나갔다. 걸어서 가기에도 멀지 않은 거리여서 반장인 내가 맨 앞에 서서 친구들을 인솔하며 걷고 있는데, 담임선생님이 앞으로 지나갔다. 어제 받은 음악 실기 점수가 믿기지 않아서 선생님께 여쭈어보았다.

"선생님, 어제 제 점수가 정말 C+인가요? 혹시 제가 잘못 들었나 해서요."

"아, 현성이구나. 응, 그래. 너 노래는 못하더라. 안타깝지만 C+ 맞아."

"하하, 그렇군요. 알겠습니다."

활짝 웃으며 대답했지만 마음속으로는 울고 있었다. C+라는 단어만이 귓가에 맴돌았다. C+…… C+…… C+…….

반에서 고작해야 한두 명 정도 받을까 말까 한 최하 점수인 C+를 받을 정도로 나는 음악에 재능이 없다. 음악은 필기 시험도 보지만 실기 시험의 비중이 높았다. 그러니 음악적 재능이 없는 내가 실기 시험을 잘 봐 음악 점수를 잘 받기란 불가능했다.

노력해서 될 문제라면 얼마든지 노력하겠지만, 없는 재능을 만들어낼 수는 없는 일 아닌가. 그렇다면 음악은 포기해야 되는 건가? 그런 생각을 하고 있던 중 담임선생님이 방과 후 수업으로 클라리넷과 플루트반을 개설하였다. 공릉중학교 학생들 대부분은 악기를 개인적으로 배울 만큼 넉넉한 집안 형편은 아니어서 악기를 다룰 줄 아는 학생이 거의 없었다. 기악 시험이라도 보는 날에는 다들 리코더만 들고 올 정도였다. 이를 보다 못한 선생님이 음악에 관심이 있는 학생들을 위해 저렴하게 악기를 배울 수 있는 기회를 마련한 것이다.

우리 형제는 전혀 관심이 없었다. 음악적 재능도 없고, 음악에 별 흥미도 없었다. 하지만 선생님은 엄마에게 우리 형제가 음악적 재능이 부족하니 조금이라도 개선시키려면 방과 후 수업을 듣는 편이 좋겠다며 진지하게 권하셨다. 결국 나는 클라리넷반에, 형은 플루트반에 들었고, 그 후 1년 동안 악기를 배우며 색다른 경험을 할 수 있었다.

이렇게 반강제로 시작한 클라리넷은 음치, 박치였던 나를 음악의 세계로 인도해주었다. 물론 고작 1년 배운 실력으로 클라리넷을 잘 연주할 수는 없다. 하지만 클라리넷을 통해 나는 음악에 흥미를 갖기 시작했다. 카이스트에 다닐 때는 서울에 음악 공연이 있으면 형과 함께 밤 기차를 타고서라도 보러 다닐 정도로 음악은 내 삶의 소중한 일부가 되었다.

▲중학교 졸업식
학교 교정에서

시험 성적 확실히 올려주는 쌍둥이 형제의 3step 학습법

과학고!
정말 갈 수 있을까?

돌이켜보면 난 늘 선생님 복이 많았다. 엄마처럼 나를 아껴주셨던 초등학교 1학년 때 담임선생님, 우주소년단을 만들어 과학에 대한 관심을 키워주었던 선생님. 음악적 재능이 없어 음악에 흥미를 잃어버릴 뻔했던 우리 형제에게 악기를 통해 음악의 세계를 알려주신 신생님, 그저 중요한 과목이니 공부해야 한다고 생각했던 국어에 흥미를 갖게 하고 더 나아가 문학 소년이 될 수 있도록 인도해주신 선생님. 일일이 다 열거할 수도 없을 정도로 좋은 선생님을 많이 만났다.

과학고에 관심을 갖게 된 것 역시 선생님 덕분이다. 중학교 1학년 때 담임선생님이 나를 불러 조용히 말씀하셨다.

"현준아, 너는 과학에 관심이 많으니 과학고에 가면 좋겠구나."

그때 과학고가 있다는 것을 처음 알았다. 일반 고등학교와 달리 과학에 관심이 많은 학생들을 모아놓고 체계적이면서도 수준 높은 과학을 가르친다는 과학고는 단숨에 내 마음을 흔들어놓았다. 동생은 중학교 3학년이 될 때까지 과학고에 전혀 뜻이 없었지만, 나는 1학년 때 이미 과학고에 가겠다는 목표를 세우고 공부를 했다.

간절하게 꿈꾸면 무엇이든 이룰 수 있다고 했지만 과학고로 가는 길은 정말 험난했다. 때로는 상황에 밀려 과학고를 포기하려고도 했고, 과학고를 가고 싶지만 너무 실력이 떨어져 꿈도 꾸기 힘들다는 생각이 들기도 했다.

1학년 때 일찌감치 과학고라는 목표를 정하긴 했지만 본격적으로 준비한 것은 3학년 여름방학이 지나고부터였다. 학원에서 과학고반에 들어갔으나 진도를 쫓아가지 못해 어쩔 수 없이 외국어고반으로 방향을 바꾸었다가 다시 과학고를 가야겠다고 결심을 굳힌 것이 11월 말경이었으니 늦어도 너무 늦었다.

그때 우리 형제가 정말 과학고에 갈 수 있으리라 믿었던 사람은 아무도 없었을 것이다. 사실 우리 자신도 확신이 없었다. 하지만 마지막 순간까지 최선을 다했고, 행운의 여신은 우리의 손을 들어주었다.

너희는 과학고 가기엔
너무 늦었단다

과학고에 가겠다는 꿈은 중학교 3학년에 올라가면서 크게 흔들리기 시작했다. 입시제도가 대폭 바뀌어 특목고의 특혜를 없애고 일반고와 동등한 위치에서 경쟁하도록 만든다는 새로운 입시안이 대대적으로 발표되었다. 그전에는 '비교내신제'라는 제도가 있어 특목고 학생들이 유리했지만, 이후부터는 과학고 꼴찌와 일반고 꼴찌는 같은 내신 점수를 받도록 만든다는 방침이었다.

공부 잘하는 학생들이 모이는 과학고에서 내신 점수를 잘 받기는 하늘에 별 따기처럼 어렵다. 내신의 비중이 점점 높아지는 추세이니 과학고에 가면 오히려 대학 가기가 불리하다는 생각이 들었다. 부모님도 같은 생각이어서 결국 우리는 일반고에 진학하는 쪽으로 마음을 굳혔다. 그런데 어느 날 담임선생님이 나를 불러 조용히 말씀하셨다.

"현준아, 네가 과학고에 가서 내신 성적이 안 나올까 봐 과학고에 대한 꿈을 접은 것 같은데, 선생님 생각에는 과학고에 진학하는 것이 좋을 듯하다. 네 실력과 의지면 과학고에서도 충분히 원하는 내신 성적을 받을 수 있고, 과학고에 가면 너의 꿈을 더욱 크게 펼칠 수 있을 게다."

선생님은 늘 나에게 각별한 관심을 보여주었다. 점심시간에 친구들과 이야기하고 있으면 조용히 다가와 "무슨 이야기를 그렇게 재미있게 해? 선생님도 같이 이야기하자"라고 말하며 항상 내게 따뜻한 관심을 주셨다. 등수가 떨어졌다가 다시 전교 1등을 하면 "현준아, 이

번엔 네가 1등을 하였구나. 몇 반의 누구랑 몇 점 차이래. 정말 축하한다. 현준이 파이팅!" 하며 마치 선생님 일처럼 기뻐하시곤 했다.

그런 선생님이, 내가 좋아하고 존경하는 선생님이 과학고를 권유하실 때는 그만큼 나에게 많은 도움이 되기 때문이란 생각이 들었다. 그래서 다시 과학고에 대한 꿈을 키우기 시작했다. 선생님은 손수 과학고 입학원서를 작성해 제출까지 해주며 나를 격려해주셨다.

'꼭 과학고를 가고야 말 테다.'

결의를 다지며 나는 동생과 함께 과학고 준비를 시작했다. 이미 한 학기가 끝나고 여름방학이 시작된 이후였다. 과학고를 향한 부푼 꿈을 안고 학원의 과학고 입시반에 등록했다. 사실 그전까지 집안 형편이 어려워 한동안 학원을 다니지 못했는데, 과학고를 가겠다고 결심한 뒤 노원구에 있는 큰 종합학원에 어렵게 등록했다.

그 학원은 과학고반, 외국어고반, 일반고반으로 반을 나누어 학생들을 가르쳤다. 처음 과학고반에 들어가고 싶다고 했을 때 학원에서는 선행 학습이 안 되어 있어 과학고반은 무리라며 외국어고반을 제안했다. 하지만 공릉중학교에서 제법 공부를 잘했고, 우리가 꼭 과학고반에 들어가야 한다고 우겨서 과학고반에 편입할 수 있었다.

하지만 수업에 들어간 첫날.

"#$ θ@$ Ψ#$ $\&$ η $\gamma$$\Pi$#!!!!!!"

강의실에는 전혀 알아들을 수 없는 외계어만이 난무했고, 칠판에는 생전 보도 듣도 못한 이상한 외계 문자로 가득 찼다. 내 앞에 놓여 있는 책에서 유일하게 읽을 수 있는 단어는 '공통수학' 뿐이었다.

"선생님, 저 부분이 이해가 안 가는데요. 저 인수분해는 어떻게 나온 거죠?"

참다 못해 손을 들고 선생님께 질문했다.

"현준아, 이 부분은 네가 배우질 않아서 그렇단다. 진도를 나가야 하니 나중에 가르쳐주마."

"네, 알겠습니다."

순간 많은 학생이 일제히 나를 처다보았고, 창피해서 내 얼굴이 벌겋게 달아올랐다. 옆에 앉는 동생도 나와 같은 표정을 짓고 있었다. 말 한마디 알아들을 수 없는 상황이 당황스러웠고, 어떻게 해야 할지 몰라 무기력하기만 했다.

"선생님, 드릴 말씀이 있습니다. 솔직히 수업을 전혀 이해할 수가 없습니다."

첫 수업이 끝난 뒤 우리는 수학 선생님을 찾아가서 첫 수업의 좌절과 절망감을 얘기했다.

"그건, 너희가 공통수학을 배우지 않아서 그래. 다른 친구들은 벌써 공통수학을 두 번째 보고 있거든. 과학고에 가려면 이 정도는 해야 해. 너희는 아무래도 과학고반은 무리야. 나른 반에 가서 공통수학을 처음부터 배우는 편이 좋겠다."

'두 번? 방금 선생님께서 두 번이라고 하셨나? 공통수학은 고등학생들이 배운다고 들었는데, 이 친구들은 대체 어떻게 공부한 거지?'

쿵! 심한 충격을 받았다. 대체 과학고가 어떤 학교이기에 이 친구들은 벌써 공통수학을 몇 번씩이나 배웠단 말인가? 과학고가 그런 아이들이 가는 곳이라면 뒤처져도 한참을 뒤처진 우리는 도저히 갈 수 없겠다고 절망했다.

결국 우리는 단 한 시간 수업을 듣고 그 다음부터는 외국어고반에서 수업을 들었다. 그곳은 수학보다는 영어를 우선시하기에 공통수학을 차근차근 배우고 있었다. 물론 공통수학의 절반을 이미 마친 상태이긴 했지만.

어렵게 다시 찾은 과학고의 꿈은 이렇게 허망하게 산산조각이 나버렸다.

외국어고반에서 일반고반으로 밀려나다

외국어고반은 그래도 과학고반보다는 견딜 만했다. 비록 진도는 많이 뒤처졌지만, 모르는 것은 선생님께 쉬는 시간마다 여쭤보면서 공부했다. 그렇게 무더운 여름이 지나갔다. 그동안 외계 문자로 가득한 것처럼 보였던 공통수학에도 많이 적응하였다. 물론 옆 반에 있는 과학고반 친구들에 비하면 아직도 실력이 많이 떨어졌지만, 하루하루 공통수학에서 이해할 수 있는 내용이 늘어간다는 데 만족했다.

외국어고등학교는 서울에 여러 곳이 있는데, 10월경부터 원서 접수를 받기 시작했고, 학원 선생님은 외국어고반에 있던 우리에게도 지원해보라고 권유하였다.

그러던 어느 날, 학원에 갈색 단발머리가 잘 어울리고 교복을 입은

시험 성적 확실히 올려주는 쌍둥이 형제의 3step 학습법

예쁜 누나가 학원 선생님과 함께 수업 시간에 나타났다.

"안녕, 나는 대일외국어고등학교 1학년에 다니는 OOO야. 만나서 반가워. 오늘 학원 수학선생님께 감사 인사를 드리러 왔다가 학교 얘기도 해줄 겸 왔어."

생긋 웃는 입술 사이로 흰 덧니가 정말 예뻤던 누나가 들려준 외국어고등학교 이야기는 신기하기만 했다. 중국어나 스페인어도 배울 수 있고, 대학교처럼 동아리 활동도 다양하게 할 수 있다고 했다. 꿈 같은 학교 생활이었다. 마치 만화책이나 드라마에 나오는 귀족 학교라고나 할까? 거기다 교복은 얼마나 멋있는지!

"엄마! 우리 외국어고등학교에 갈래요. 오늘 학원에 그 학교 선배 누나가 왔는데, 정말 좋은 곳이래요. 교복도 멋지고, 특히 누나도 정말 예뻤어요."

매우 들떠 있던 나는 집에 돌아와 외국어고등학교에 푹 빠져들었던 이야기를 너스레를 떨며 쏟아냈다. 그러나 엄마는 어두운 표정으로 말씀하셨다.

"우리 아들, 엄마가 정말 미안하지만 우리 집 형편으로는 너희를 외국어고등학교에 보내기 어렵단다. 그곳은 한 학기 등록금만 몇백만 원이라고 하더구나. 정말 미안하다."

지금도 그때의 기억이 선명하다. 부모님은 매우 당황스러워했고, 얼굴에는 짙은 그늘이 졌다. 유치원에 다니기 시작한 여동생도 있고 우리 학원비를 마련하는 것도 쉽지 않았을 텐데, 사립 고등학교인 외국어고등학교라니. 부모님으로서는 매우 난감했을 것이다. 외국어고등학교 학비가 그렇게 비싼 줄도 모르고 괜히 부모님께 근심만 안겨 드리고 말았다.

그날 이후 우리 형제는 외국어고반이 아닌 일반고반으로 반을 옮겨야만 했다. 학원 정책상 외국어고등학교에 지원한 학생들만 외국어고반에서 공부할 수 있기 때문이다. 뭔가 밀려나는 듯한 느낌. 과학고반에서는 실력이 안 돼 밀려나고, 외국어고반에서는 외국어고등학교에 가지 않는다고 밀려나고…… 애써 아무렇지도 않은 척했지만 기분이 몹시도 우울했다.

그래도 과학고에 꼭 가고 싶어요

과학고반에 비하면 외국어고반 수업은 그나마 알아들을 수 있었다. 그래도 공통수학을 전혀 공부하지 않은 우리 형제에게는 외국어고반의 수업도 그리 녹록지 않았다. 우리는 여름내 진도를 쫓아가느라 구슬땀을 흘려야 했다. 그렇게 공부한 결과 외국어고반 친구들과 제법 비슷한 수준으로 올라설 즈음 일반고반으로 옮기게 된 것이다.

일반고반은 외국어고반과는 비교도 할 수 없을 정도로 분위기가 달랐다. 진도도 외국어고반에 비해 많이 느렸고, 수업 분위기는 또 왜 그렇게 어수선한지…….

결국 일반고반에서 하루 수업을 듣고 바로 그 다음 날에 우리 형제는 용기를 내어 과학고반 담당 수학선생님을 다시 찾아갔다.

"너희는 지난여름에 외국어고반으로 옮긴 쌍둥이 아니니?"

"선생님, 과학고반으로 옮기고 싶습니다."

"너희에게 무리일 텐데. 지금 준비하기엔 너무 늦었단다."

"그래도 꼭 과학고에 지원해보고 싶습니다."

선생님은 미덥지 않다는 표정으로 조용히 물어보았다.

"너희 학교 내신 성적은 좋니? 외국어고반에서 수학은 어디까지 배웠니?"

그때 선생님의 표정이 지금도 잊히지가 않는다. 선생님은 너희가 어떻게 언감생심 과학고를 가겠다고 하는지 이해할 수 없다는 표정으로, 시험이 한 달밖에 안 남았는데 지금에 와서 가고 싶다고 고집을 피운다고 갈 수 있는 곳이 아니라는 표정으로 조금은 한심한 듯 우리를 보았다.

그런 선생님을 보며 우리는 전의를 활활 불태웠다.

'두고 보세요. 꼭 과학고에 가고야 말겠습니다.'

부모님도 외국어고등학교는 보내줄 수 없지만 과학고등학교는 보내주겠다고 약속을 했다. 나에게 각별한 관심을 보여주셨던 공릉중학교 담임선생님의 힘이 컸다. 여름 내내 학원 외국어고반에서 준비를 했던 우리가 외국어고등학교에 지원을 하지 않자, 담임선생님은 엄마에게 전화해 그 이유를 물었다. 사정을 들은 선생님은 과학고등학교는 국립이므로 다른 경비가 들지 않으니 한번 지원해보라고 부모님을 설득했다. 특히 현성이는 친구들과 놀기 좋아하니 일반고에 보내면 절대 안 되고 꼭 과학고를 가야 한다고 당부했다. 선생님의 진심 어린 조언은 부모님의 마음을 움직였고, 우리는 우여곡절 끝에 과학고를 목표로 다시 꿈을 꿀 수 있었다.

그때부터 매일 학원에서 살았다. 학원 수업이 끝나도 빈 강의실에서 공부를 하다가 마지막 학원 차를 타고 집에 들어갔고, 수업이 없는 날에도 학원에 나가 공부했다. 모르는 것이 있으면 자존심 다 버리고 선생님께 매달려 도움을 청했다.

하늘은 스스로 돕는 자를 돕는다고 했던가! 기를 쓰고 열심히 공부하는 우리 형제를 보면서 처음에 냉랭했던 학원 수학선생님의 태도도 바뀌기 시작했다. 또한 당시 과학고가 내신을 많이 반영했던 것도 큰 힘이 되었다. 나는 공릉중학교 상위 1퍼센트였고, 현성이는 전교 1등인 우수한 성적이었다. 만약 이처럼 내신이 뛰어나게 좋지 않았더라면 과학고에 가기 어려웠을지도 모른다.

내신 성적도 좋고, 밤낮으로 열심히 공부해 일취월장하는 우리 형제를 보며 학원에서도 점점 신경을 써주기 시작했다. 수학선생님도 나중에는 개인 숙제까지 내주며 우리를 챙겨주었다.

학교에서도 과학고를 지원하는 학생들을 배려해 따로 공부할 수 있도록 장소를 마련해주어 시험 준비에 전념할 수 있었다. 당시 공릉중학교에서 과학고에 간 사례가 전무했기 때문에 과학고 준비생들을 적극적으로 지원해준 것 같다.

중학교 3학년 기말고사가 끝난 12월은 학생들이 가장 마음 편하게 지낼 수 있는 시간이기도 하다. 12월이 되면 진도가 다 끝나 학교에서도 수업을 하지 않고 학생들에게 비디오를 보여주거나 자율학습을 실시한다. 남들 다 놀 때 공부하는 것은 생각보다 쉽지 않았다. 중학교 1, 2, 3학년 수학과 과학 교과서를 모두 다시 보고 관련 참고서를 세 번씩 풀자니 그 양이 어마어마했다. 봐도 봐도 다 볼 수 없을 만큼 공부해야 할 양이 산더미 같았다.

꼭 합격해야 한다는 심리적 부담감도 컸다. 사실 과학고에 떨어진다고 인생 끝나는 것도 아닌데, 그때는 이상하게 과학고에 떨어지면 더 이상 기회가 오지 않을 것 같아 불안감이 컸다.

뒤늦게 과학고를 가겠다고 최종 결심한 뒤 본격적으로 공부한 기간은 약 한 달 정도였던 것으로 기억한다. 매일매일 도시락을 싸가지고 밤 12시까지 학원 빈 강의실을 찾아가며 공부를 한 그때의 한 달은 10년처럼 길었다. 하루하루 시간이 가는 것에 조바심 내며 과학고를 준비하면서 그해의 겨울을 힘겹게 보냈다.

합격하면 그때 못 푼 문제를 풀어보겠습니다   시험이 가까워질수록 불안감도 키졌다. 시험을 보는 당사자들은 물론 주변 사람들도 불안하고 예민해지기 마련이다. 교실 창밖으로 눈발이 흩날리는 어느 겨울날이었다. 교실에는 가스난로 하나만 덜렁 켜진 상태라 싸늘하기만 했다. 가뜩이나 불안해 마음이 추운데 교실까지 추우니 한기가 더 깊게 느껴졌다.

기말고사가 끝난 뒤라 친구들은 가벼운 마음으로 놀고 있었지만,

과학고 시험을 코앞에 둔 나는 공부를 해야 했다. 그때만 해도 과학고 준비하는 학생들이 따로 모여 공부를 하는 분위기가 아니어서 나는 친구들이 뛰어다니는 교실 한구석에서 과학 교과서를 열심히 보고 있었다. 내신도 중요하지만 과학고 자체적으로 실시하는 구술 면접을 잘 보지 못하면 합격하기가 어려웠기 때문이다.

"반장! 뭐해? 공부해? 이러다가 정말 과학고 가는 거 아냐?"

"어, 가야지~ 꼭 가보고 싶어."

"하하, 애들 노는데 공부만 하고 참 안됐다."

"과학고에 떨어지면 어떻게 할 거야?"

친구들이 내게 와서 이런저런 말을 걸었다. 그러던 중 도영이라는 친구가 내 책상 위에 있던 샤프를 툭 건드려 떨어뜨렸다.

"앗, 샤프가 떨! 어! 졌! 네!"

아! 이것 참…… 나도 모르게 표정이 굳어졌다. 다른 친구들도 갑자기 숨을 죽였다. '떨어졌다'는 말이 왜 그렇게 불길하게 들리는지. 친구들 다 노는데도 과학고 가겠다고 공부하고 있건만, 정말 떨어진다면 나는 어떻게 하나? 내 청춘은? 내 젊음은? 돌리도!

내 표정을 읽은 도영이는 웃으며 말을 바꿨다.

"하하, 샤프가 바닥에 붙었다!"

순간 나와 친구들은 모두 한바탕 웃었고, 친구들은 열심히 해서 꼭 합격하라며 격려를 아끼지 않았다.

드디어 결전의 날이 왔다. 따뜻하다가도 시험 날만 되면 강추위가 밀려온다는 속설은 그날도 여지없이 현실로 나타났다. 정말 유난히도 추운 날이었다. 교문을 들어서자 시험장을 알리는 표지판이 군데군데 있었다. 형과 나는 주위 여기저기를 둘러보았다.

"이곳이 과학고라는 곳이구나. 어? 저 건물은 기숙사인가?"

"형, 저 둥근 돔이 있는 건물은 뭐지? 별 관측소인가? 신기한 건물이 참 많네."

"아, 저기로 가면 되나 보다. 빨리 가자."

시험 대기실인 교실에 들어서자 많은 아이가 책을 보고 있었다. 다들 자기 차례를 기다리면서 그동안 공부한 것을 다시 한 번 정리하고 있는 것 같았다. 고작 한 달 남짓 구술 시험을 준비한 형과 나는 시작도 하기 전에 걱정부터 앞섰다.

'학원에서 과학고반 애들을 보니 거의 1년 동안 준비하던데, 여기 온 아이들도 그 정도는 준비했겠지? 우리 떨어지면 어떻게 하나.'

아무 말 없이 책을 넘겨보는 아이들의 얼굴에는 하나같이 '나 똑똑이'라고 쓰여 있는 듯했다.

"형, 내 차례야. 나 먼저 보고 올게. 이따가 밖에서 만나."

말 없이 고개를 끄덕이는 형을 두고 나는 시험장으로 향했다.

시험 방식은 과학과 수학 문제를 주어진 시간 내에 혼자서 풀고 이를 바탕으로 구술 형식의 면접을 보는 것이었다. 긴장되어서인지 아니면 추워서인지 많이 떨렸지만 침착하게 시험을 보고자 노력했다. 아는 문제를 하나씩 풀어나갔고, 다행히 짧은 시간이지만 한 달 동안 공부한 부분에서 문제가 많이 나와 대부분의 답을 적어낼 수 있었다. 그러나 수학 한 문제는 도저히 알 수가 없었다.

제한 시간이 지나고 답안지를 들고 선생님들 앞에 앉았다.

"박현성 학생, 이 문제는 왜 이것이 답이라고 생각하나요?"

정말이지 문제 풀기도 힘들었는데, 왜 그런 답이 나왔는지 설명도 해야 하다니. 내 앞의 선생님들은 마치 나를 떨어뜨리고 싶어서 안달이 난 사람들 같았다. 그러나 반드시 합격하고야 말겠다는 굳은 의지 아래 기죽으면 안 된다는 생각을 하면서 그동안 배운 것과 약간의 상상력(?)을 동원하여 대답을 해나갔다.

"잘했어요. 그런데 박현성 군은 왜 마지막 수학 문제를 풀지 않았지요?"

순간 망치로 뒤통수를 맞은 느낌이었다.

'아, 이를 어쩌면 좋은가! 몰라서 못 풀었다고 하면 괜찮을까? 그렇다면 구술면접에서 떨어지는 것이 아닐까? 뭐라고 하지? 그래! 이렇게 말하면 되겠군!'

"시간이 없어서 못 풀었습니다."

자신만만한 눈빛과 또렷한 목소리로 능청스럽게 연기하는 모습이란. 어디서 그런 생각이 나왔는지 지금도 모르겠다. 하지만 스스로의 연기에 만족스러워하는 것도 잠시.

"그래요? 그러면 지금 풀어보세요. 5분 드리겠습니다."

'아니 이건 또 뭐야? 지금 풀어보라고? 사실대로 모른다고 할걸 그랬나? 거짓말한 것이 들통 나면 어떻게 하지?' 불과 몇 초도 안 되는 짧은 시간 동안 만감이 교차했다. 별별 생각을 다 한 뒤 입을 뗐다.

"저를 합격시켜주시면 그때 선생님 앞에서 풀어보겠습니다."

있는 힘껏 밝게 웃으며 이렇게 말했다. 물론 속은 오만 가지 울상을 짓고 있었지만 이왕 떨어질 거라면 배짱이라도 부려보자는 속셈이었다.

"하하, 좋아요. 박현성 군 그렇게 합시다."

선생님들은 웃었고 나는 합격을 예감하며 시험장을 나설 수 있었다. 그리고 예감은 적중했다. 우리 형제는 그토록 가고 싶었던 한성과학고등학교에 나란히 진학하였다.

▲제주도 자연탐사 활동으로
한라산을 올라가다

바닥에서 시작해 수석으로
과학고 조기 졸업!

과학고에 합격했을 때만 해도 고생 끝 행복 시작인 줄 알았다. 평소 관심이 많았던 과학 공부를 체계적으로 할 수 있고, 그 수준이 일반 고등학교와는 달리 상당히 높다는 이야기를 들으며 과학고에 대한 기대감을 키웠다.

하지만 과학고에 입학해 첫 수업을 마친 뒤 우리는 절망할 수밖에 없었다. 기대와는 다르게 우리를 기다리고 있는 건 지독하리만치 암울한 현실이었다. 똑같이 고등학교 생활을 시작한 줄 알았는데, 친구들은 이미 저만큼 앞서 뛰어가고 있었다. 아무리 기를 쓰고 뒤쫓아가도 그 간격은 좀처럼 좁혀지지 않았다.

'머리 좋은 놈들만 모인 곳이라더니, 정말 다들 천재인 것 같군.'

중학교 3학년 때 학원 과학고반에 들어가서도 비슷한 절망감을 느꼈다. 하지만 그때는 그래도 이렇게까지 절망적이지는 않았던 것 같다. 한편으론 과학고반 친구들에게 열등감을 느꼈지만 또 다른 한편으로는 늦게 시작해서 그렇지 열심히만 하면 얼마든지 따라잡을 수 있다는 오기도 있었다.

학기 초에 친구들과 차이가 나도 너무 많이 나는 현실 앞에서 큰 충격을 받고 절망했지만, 언제까지 절망만 하고 있을 수는 없는 노릇이었다. 마음을 다잡았다. 어떻게 들어온 과학고인가! 뒤로 물러설 곳이 없었다. 그렇다면 다른 친구들보다 많이 늦었지만 부지런히 앞만 보고 달리는 것이 우리가 선택할 수 있는 유일한 길이었다.

돌이켜보면 과학고에 다닐 때만큼 지독하게 공부한 적이 없었던 것 같다. 잠자는 시간은 물론 밥 먹는 시간까지 아끼며 공부했다. 수업이 끝나면 친구들은 기숙사로 쉬러 갔지만, 우리 형제는 바로 자습실로 향했다. 아침에 일어나자마자 침대 옆에 놓아둔 과학 참고서를 보며 잠을 깨웠다. 지금 다시 그때로 돌아간다면 그렇게 공부할 수 있을지 솔직히 자신이 없다. 그만큼 치열하게 공부했다. 그 결과 우리는 2년 만에 과학고를 우수한 성적으로 조기 졸업할 수 있었다.

내 생애 최악의 점수,
물리 1점   과학고 물리 수업 시간. 물리는 과학 중에서도 제일 어려운 과목에 속한다. 물리가 결코 만

만한 과목이 아님은 이미 과학고에 입학하기 전에 경험했다. 합격 통보를 받고 얼마 지나지 않아 수준 평가 시험을 본 적이 있다. 학생들의 수준이 어느 정도인지를 알아보겠다는 취지의 시험으로 수학, 생물, 화학, 지구과학, 물리 이렇게 다섯 과목 시험을 보았다.

시험은 모두 고등학교 과정에서 문제를 출제해 무척 어려웠다. 그래도 객관식이었던 수학을 비롯한 생물, 화학, 지구과학은 60점대 점수를 받았다. 하지만 100퍼센트 서술형이었던 물리는 손을 댈 수도 없었다. 있는 머리, 없는 머리 다 쥐어짜며 답을 쓰기는 썼지만 결과는 달랑 기본 점수 1점이었다. 정말 쥐구멍에라도 숨고 싶을 정도로 창피했다. 시험 성적표를 나누어주는 선생님의 눈빛은 '얘는 뭐니?'라고 말하는 것처럼 느껴졌다.

시작하기 전부터 씻을 수 없는 상처를 준 물리였다. 그래서 가뜩이나 주눅이 들어 물리 수업을 듣는데, 아니나 다를까 전혀 알아들을 수가 없었다.

"#$ θ@$ Ψ#$ $\&$ η $\gamma\Pi$# β!!!!!"

중학교 때 학원에서 과학고반 수업을 처음 들었을 때처럼 또 한 번 외계어와 외계 문자가 눈앞에 펼쳐지고 있다. 다른 친구들의 표정을 흘끗 훔쳐보니 다들 이해하겠다는 표정이다. 혹 나만 외계인이어서 지구 언어를 이해하지 못하는 것은 아닐까라는 의심이 들 지경이었다. 정신을 집중하고 선생님이 무슨 말씀을 하는지 이해하려고 할수록 정신은 혼미해지고 집중력은 점점 더 떨어지기만 했다. 무슨 얘기인지 전혀 이해가 가질 않고, 책의 어느 부분을 설명하고 있는지조차 알 수가 없었다. 참다못해 손을 들고 말했다.

"선생님, 전혀 이해가 가질 않는데 처음부터 다시 설명해주시면 안 될까요?"

나를 제외한 스물두 명 학생의 시선이 모두 나에게 꽂혔다(과학고는 23명씩 총 여섯 개 반으로 전교생이 132명밖에 되질 않았다).

"아, 이해가 안 돼? 어디서부터 하면 될까?"

"처음부터 다 해주세요."

"그렇게 얘기하면 안 되고 어느 부분이 이해가 안 가는지 얘기를 해야지."

"저는 정말 처음부터 모르겠는데요."

그때 내 앞에 앉아 있던 아이가 뒤돌아보며 말했다.

"너, 물리2도 안 배우고 왔어?"

그제야 알았다. 과학고에 입학한 대부분의 친구가 물리2, 화학2, 수학1, 수학2 등 과학고에서 배우는 과목을 이미 다 마치고 왔음을……

물론 우리 형제 외에도 과학고 과정을 미리 공부하지 않은 학생들이 분명 있지만, 적어도 우리처럼 아무것도 배우지 않고 입학한 학생은 손에 꼽을 정도로 드물었다. 친구들이 대부분 선행 학습을 하고 왔다는 사실을 안 순간 나는 직감했다. 우리 형제가 앞으로 얼마나 험난한 고생길을 걸어야 하는지를 말이다.

이불을 뒤집어쓰고 공부하다

"너희, 거기 뭐하는 거야! 어서 들어가지 못해!"

기숙사 사감 선생님의 호통이 이어졌다. 규정 시간을 어기고 독서실에서 무엇을 하는 것이냐며 어서 썩 들어가지 못하겠느냐고.

"네, 지금 들어갈게요."

오후 6시 30분부터 10시 30분까지 하는 야간 자율학습이 끝났지만 10분이라도 책을 더 보겠다고 독서실에 남아 있다가 혼이 난 것이다. 다른 친구들은 이미 기숙사에 돌아가서 씻고 잠을 청하고 있으리라. 우리 형제는 쫓기듯이 독서실을 나서며 기숙사로 향했다. 머릿속에는 물리와 관련된 수식이 가득 차 있었고 뜨거운 열이 나고 있었다. 동생이 울상을 지으며 물었다.

"형, 오늘 어디까지 했어? 나는 운동에너지도 다 못 끝냈어. 너무 어려워서 이해가 되질 않아."

"나도 많이 못했어. 오늘 배운 수학이 이해가 되질 않아서 그거 하다가 물리는 손도 못 댔거든. 큰일이다. 내일 화학도 들었는데……."

목표량을 다 마치지 못하면 큰일이다. 그날 배운 내용을 복습하는 것은 물론 내일 배울 내용을 조금이라도 예습해놓아야 수업 시간에 그나마 알아들을 수 있는 말이 많아지기 때문이다. 그러니 해야 할 공부를 다 하지 못하고 독서실에서 쫓겨날 때는 애가 타 발을 동동 구를 수밖에 없었다.

혹시 정말 열나게 공부한 적이 있는지? 머리에 김이 날 정도로, 머리가 뜨거워질 정도로, 땀이 나도록 공부해본 적이 있는지 모르겠다. 우리 형제는 그렇게 공부했다. 수학1, 2를 비롯한 모든 과학 과목을 1년 동안 끝내버리는 과학고의 커리큘럼을 따라가려면 선택의 여지가 없었다. 미리 한 번씩 공부하고 온 친구들은 훨씬 수월했겠지만, 매일의 수업이 새로웠고 대부분의 과목을 혼자 공부해야 했던 우리에게는 너무나도 힘들었던 시간들이다.

모든 과목이 다 어려웠지만 그중에서도 특히 물리와 수학이 어려웠다. 중학교 때는 수학이 쉽다고 생각했지만, 과학고에서의 수학은 차원이 달랐다. 물리는 외우는 것만으로는 도저히 해결이 안 되는 과목이다. 원리에 통달해야만 문제를 풀 수 있는데, 이를 혼자 공부한다는 것은 정말 쉬운 일이 아니었다. 게다가 과학고에서는 모두들 공부를 잘하기에 선생님들은 일부러 시험을 어렵게 냈다. 그래야 잘하는 놈들 중에서도 누가 더 잘하는지를 구별할 수 있기 때문이다.

물리 기본을 이해하는 것만으로도 벅찬데, 난해한 문제까지 풀어야 하는 현실. 이해가 안 되면, 문제를 풀 수 없다면 될 때까지 반복하는 수밖에 없었다. 처음에는 쉬운 문제들로 구성된 참고서와 문제집을 보면서 개념을 정립하고, 어느 정도 기초를 닦은 후에는 좀 더 어려운 문제가 수록된 문제집을 파고들었다. 그렇게 시중에 있는 유명한 참고서는 나 보았나. 이해가 안 되니까 보고 또 보고, 생각해보고 또 생각해봐야 했으니까.

이처럼 공부해야 할 분량이 산더미 같으니 오후 6시 30분부터 10시 30분으로 정해놓은 야간 자율학습 시간은 턱없이 모자랐다. 도저히 그 시간 동안 모든 공부를 끝낼 수가 없었다. 그런데 학교에서는 밤 11시가 되면 무조건 불을 끄고 모두 잠을 자라고 강요했다. 잠을 충분히 자야 다음 날 맑은 정신으로 수업에 집중할 수 있고, 네 명이 함께 쓰는 기숙사 방에서 한 명이라도 불을 켜고 공부한다면 잠을 자고 싶은 아이에게 피해가 간다는 것이 이유였다. 분명 맞는 말이었지만 우리는 그렇게 해서는 도저히 학교 교과과정을 따라갈 수가 없었다.

대책이 필요했다. 화장실에서 공부하는 방법도 생각해보았다. 예전에 텔레비전에서 공부 잘하는 사람이 화장실에서 공부했다고 말한 것을 본 기억이 나 생각해보았지만 무리였다. 사감선생님이 수시로 다니면서 확인을 하는데, 화장실 불이 오랫동안 켜져 있으면 십중팔구 의심할 것이 뻔했기 때문이다. 궁리 끝에 결국 고육지책으로 생각해낸 것이 이불 속에서 공부하는 것이었다.

어떻게 하든 공부를 하겠다는 우리 형제와 내일을 위해 꼭 재우고야 말겠다는 선생님과의 싸움은 마치 첩보전을 방불케 했다.

철컥, 끼익…… 철컥, 끼익…… 철컥, 끼익…… 철컥, 끼익…….

기숙사의 밤이 깊으면 어김없이 귀신 영화의 한 장면처럼 문이 하나둘씩 열리고 닫힌다. 어두운 복도에는 한 사람의 그림자만이 서성인다. 무거운 발자국 소리. 적막 속에 흔들리는 불빛.

"야, 떴다. 불 꺼!"

친구가 나지막하게 소리친다.

손이 바쁘다. 한 손으로는 스탠드를 끄고 나머지 한 손으로는 이불을 부여잡는다.

문이 열린다. 플래시 불빛이 방 안을 비춘다. 한 침대에서 다른 침대로 죽 훑고는 곧 문이 닫힌다. 밤마다 기숙사에서는 이런 광경이 연출되었다.

이불을 뒤집어쓰고 공부하기란 쉽지 않았다. 보통 야간 자율학습이 끝나고 기숙사에 돌아와 약 한두 시간 정도 이불을 쓰고 공부했는데, 답답하기가 이루 말할 수가 없었다. 공부하는 것이 뭐 큰 죄도 아닌데, 스탠드와 책을 들고 이불 속으로 들어가 불빛이 새지 않도록 온 신경을 쓰며 공부했다. 그래야 불시에 선생님이 들어와도 들키지 않으니 답답하지만 참아야 했다.

여름철은 더더욱 끔찍했다. 날씨가 더워 이불을 뒤집어쓰고 있노라면 땀이 비오듯 흘렀다. 엎드려 공부하다 보면 팔도 저리고 허리도 아파 서러운 생각까지 들었다. 그렇게 공부를 하면 새벽 1~2시는 훌쩍 지나갔다. 새벽 6시 30분이 기상 시간인데, 늘 잠이 부족했던 우리 형제는 조금이라도 더 자겠다는 생각에 아침을 거의 먹어본 적이 없다.

참 지독한 생활이었다. 누군가가 다시 그때로 돌아가고 싶으냐고 묻는다면? 1초도 안 걸려 "아니오"라고 말할 것이다. 아, 징말 다시는 그렇게까지 공부하고 싶지는 않다.

날아라 달걀아~ 굴러라 바퀴야~ 과학고 생활은 하루하루가 전쟁 같았다. 선행 학습을 전혀 하지 않고 들어와 처음부터 시작해야 했던 우리 형제는 말할 것도 없었지만, 한 번씩 교과과정을 공부하고 온 친구들도 사정은 별반 다르지 않았다. 부족한 학생은 부족한 대로, 잘하는 학생은 잘하는 대로 나름의 고민을 안고 공부를 한다.

그렇다고 과학고가 공부만 시키는 삭막한 곳이라고 생각하면 오산이다. 그곳에도 낭만은 있다. 과학고에서는 매년 봄과 가을에 독특한 행사를 한다. 일명 '스턴트 달걀'과 '계단을 오르는 바퀴' 대회이다. 과학의 원리를 이해해 창의적 사고를 키우게 하는 재미있는 대회이다.

꽃이 만발하는 4월에는 여기저기서 무언가 떨어지는 소리가 들린다.

"슝~~~~~~~~~~~~~~~~~~~~~~~퍽."

"야, 깨졌어? 안 깨졌어?"

"우띠~ 깨졌어. 우띠 짜증나. 대체 어떻게 해야 안 깨지는 거야?"

여기저기서 한탄하는 목소리가 터져 나온다. 퍽퍽 떨어지는 소리가 많이 날수록 비릿한 달걀 냄새도 강도를 더한다. 아예 달걀을 판째 쌓아놓고 옥상에서 달걀을 떨어뜨리는 아이들도 종종 보인다. 아이들이 공부를 너무 하다 보니 미친 것 아닌가 하겠지만, 절대 그렇지 않다. 이는 달걀을 던지며 스트레스를 푸는 것이 아니라 매년 4월 과학의 달 행사로 학교에서 개최하는 '스턴트 달걀' 대회를 준비하면서 벌어지는 풍경이다.

높은 데서 달걀을 떨어뜨려도 깨지지 않는 장치를 발명하는 것. 이 것이 4월 행사의 주제이다. 학생들은 수수깡으로 달걀을 고정시켜서 충격을 흡수하는 장치, 비닐봉지에 헤어젤을 넣고 달걀을 넣은 장치, 낙하산을 매고 있는 달걀 등 정말로 다양한 장치를 선보인다. "그래 요? 그럼 이불에 둘둘 말아서 떨어뜨리면 되겠네요?" 하고 말하는 순 진한 친구들이 있는데, 세상이 그렇게 호락호락하진 않다. 이 대회에 는 규칙이 있다.

1. 같은 높이에서 낙하
2. 달걀이 깨지면 무효
3. 달걀이 떨어지는 시간이 짧을수록 높은 점수 부여

아이들은 규칙 안에서 머리를 짜내어 아주 지능적(?)으로 달걀을 떨어뜨린다. 아쉽게도 우리 형제는 이 대회에는 참여해보지 못했다. 4월은 부족한 공부를 보충하고 진도를 쫓아가는 것만도 벅차 대회에 참여할 엄두조차 내지 못했다. 하지만 단풍이 곱게 물드는 가을에 열 리는 '계단 오르는 바퀴'에는 참여했다. 계단을 오르는 바퀴? 처음 이 주제가 던져졌을 때는 너무 당황했다.

'계단을 오른다고? 바퀴가 계단을 어떻게 올라가? 물론 자동차 같 은 것은 계단을 올라가겠지만 말야.'

더 큰 문제는 계단의 높이가 각각 7센티미터에 총 다섯 계단이나 된다는 것이었다. 발명을 좋아하는 친구들은 다들 자신만의 아이디어를 총동원해 바퀴를 만든다. 젓가락이 달린 바퀴, 각진 모양을 가진 바퀴 등 각양각색의 바퀴들이 만들어진다.

계단을 오르는 것도 중요하지만 시간도 중요했다. 누가 빨리 계단을 오를 수 있게 만드는가가 대회의 승자를 가늠하는 관건이다. 친구들이 열심히 도화지에 도안을 그리고 실을 감는 실패로 이런저런 시도를 할 때, 나는 혼자 자습실 책상에 앉아 곰곰이 생각해보았다.

'어떻게 하면 계단을 쉽고 가장 빠르게 오를 수 있을까?'

좀처럼 아이디어는 떠오르지 않고 어영부영 시간이 흘러 대회 날짜가 다음 날로 다가왔다. 대회를 하루 앞둔 밤, 나는 전동 모터 자동차를 만들기 시작했다. 아무래도 속도를 내려면 수동 동력보다 전기 동력이 필요하리라고 생각했기 때문이다. 그리고 친구들 대부분이 하나의 바퀴를 만들었을 때, 나는 네 개를 앞뒤로 달아서 앞의 바퀴가 계단 턱에 걸리면 뒷바퀴는 뒤에서 밀어주도록 해서 끌고 밀게 만들었다. 마지막으로 계단의 높이를 극복하기 위해 바퀴의 크기를 최대한 크게 만들고, 계단 턱에 바퀴가 걸리면서 위로 올라갈 수 있도록 바퀴에 스포이트 꼭지를 잘라 붙여 굴곡을 주었다.

스포이트는 어디서 났느냐고? 이제 와서 밝히는 비밀인데, 사실 그 스포이트는 한밤중에 생물실에서 훔쳐온 것이다. 당시 나는 생물반에 들어 실험실을 관리했는데, 대회를 위해 멀쩡한 스포이트 꼭지를 희생시켰다. 선생님한테 들켰다면 혼쭐났을 것이 분명했다. 그렇게 만든 나의 바퀴 이름은 '구르는 해바라기'였다. 까만 휠에 노란 스포이트 꼭지가 바퀴를 뱅 둘러 붙어 있는 모습이 영락없이 해바라기처럼 보여 그런 이름을 붙였다.

　대회 당일. "제발 올라가라~!" 하고 외치며 모터를 켜고 계단 위에 해바라기를 놓았다. 처음에 친구들 중 일부는 걱정스러운 눈빛 혹은 호기심 어린 눈빛으로, 또 몇몇 친구들은 비웃는 듯한 눈빛으로 해바라기를 주시했다. 하지만 내 해바라기는 계단에 놓자마자 쏜살같이 계단을 뛰어넘으며 앞으로 달렸다. 여기저기서 탄성이 쏟아졌다. 나도 너무 기뻐 환호성을 치며 폴짝폴짝 뛰었다. 힘들었던 과학고 생활에서 잠시나마 짜릿함을 느끼며 자신감을 찾게 해준 소중한 추억이다.

　지금도 모교에서는 봄이면 계란 깨지는 소리가, 가을이면 바퀴가 굴러가는 소리가 들리겠지? 아마 지금은 더욱 똑똑한 후배들이 기발한 아이디어로 멋진 장치를 만들고 있을 것이다. 그런 모습을 상상만 해도 절로 즐겁고 뿌듯해진다.

곰팡이가 핀 떡볶이를 먹어도 괜찮아

　우리 형제는 초등학교 때까지 주로 시골에서 살았기 때문에 산과 들을 뛰어다니면서 자랐다. 그래서인지 둘 다 체력이 좋은 편이다. 지금껏 체력이 딸려 문제를 겪은 적이 없으니 체력만큼은 A+급이라 해도 무방하다.

　그런데 고등학교 시절에는 워낙 공부 양이 많아 몇 번 체력의 한계를 느끼기도 했다. 하루 평균 네댓 시간밖에 잠을 자지 못했고, 잠을 더 자기 위해 아침밥을 굶는 일이 많아서 그런지 중학교 때에 비해 체력이 떨어졌다.

그래도 그렇게 강행군을 했으면서도 견뎌낸 것을 보면 체력은 꽤 괜찮은 편인 듯싶다. 간혹 건강의 비결이 뭐냐고 묻는 사람이 있는데, 특별한 건강 비법은 없다. 다만 아무거나 가리지 않고 잘 먹는 것이 비결이라면 비결이라 할 수 있다.

지금도 뭐든 잘 먹지만 고등학교 때는 정말 먹성이 좋았다. 우리뿐 아니라 고등학생 대부분이 그렇겠지만 그 나이 때는 왜 그렇게 먹고 싶은 것도 많고, 배도 쉬 꺼지던지. 흔히 10대를 일컬어 '질풍노도의 시기'라 말한다. 그러나 이들에게 또 다른 호칭이 있으니, 그것은 바로 '걸신'이다. 이때는 먹어도 먹어도 배가 고프기 때문에 계속 꾸준히 먹어줘야 한다. 굶주린 배를 움켜쥐고 어슬렁어슬렁 돌아다니는 하이에나 떼는 아프리카에만 있는 것이 아니라 우리 주위에도 흔히 있다. 과학고 학생이라 하면 그저 얌전히 공부만 할 것이라고 생각하기 쉬운데, 이들이라고 다를 것이 없다. 과학고 학생들도 먹을 것에 약한, 먹을 것만 보면 눈이 뒤집히는 어린 학생일 뿐이다.

야간 자율학습을 하다 약 8시 30분이 되면 식당에서 간식을 준다. 물론 3학년이 제일 먼저고 2학년, 1학년순이며 하나라도 더 먹기 위해 식당으로 뛰어나가는 학생도 많다. 그렇게 간식을 먹고도 기숙사 불이 꺼지고 밤 11시 30분이 되면 허기진 배들은 합창을 한다. 그래서 우리는 학교 옆의 영천시장에서 떡볶이를 시켜 먹곤 했다. 물론 사감선생님이나 당직 선생님이 알게 되면 큰일 난다. 절대로 선생님에게 들켜서는 안 된다. 그래서 우리는 어둠 속에서 몰래 신속하게 움직인다.

"아저씨, 떡볶이 섞어서 10인분 주세요."

"새룬터, 우린 네 명인데?"

"여기는 10인분이나 4인분이나 다 5,000원이야. 그런데 양은 사람 수대로 준다구."

같은 기숙사를 쓰던 오새룬터, 송현수, 오상연, 나. 이렇게 네 친구는 종종 야간 자율학습 시간이 끝나기 10분 전에 전화를 해서 떡볶이를 시켰다. 정말 신기한 것은 똑같은 5,000원을 줘도 열 명이라고 하면 10인분이, 네 명이라고 하면 4인분이 온다! 그러니 이왕 먹는 거 배불리 먹고 싶은 마음에 항상 10인분이라고 했다.

영천시장의 떡볶이는 그 고유의 맛이 있다. 고추장 소스의 매운맛보다는 좀 더 달콤한 맛의 소스……. 떡볶이뿐 아니라 '못난이'라 불리는 주먹만한 만두, 김말이와 오징어 등 각종 튀김도 정말 맛있다. 5,000원이라는 가격이 믿기지 않을 정도로 맛있고 양도 풍부했다. 먹어보지 않은 사람은 모를 것이다. 그 맛에 이끌려 낮에도 학교 수업이 끝나면 영천시장까지 가서 사먹기도 했으니 지금도 그 떡볶이 맛이 그립다. 그렇게 우리는 일주일에 반드시 한 번씩은 돈을 걷어서 떡볶이를 시켜 먹었다.

그러던 어느 날, 주말이라 집에 와서 저녁을 먹고 9시 뉴스를 보고 있었다.

"다음 뉴스를 전해드리겠습니다. OOO 기자."

"네, OOO 기자입니다. 보시다시피 서대문구의 영천시장에는 떡볶이 집이 여러 군데 있습니다. 주변 학교의 학생들 및 동네 아이들이 저렴하게 즐겨 먹는 음식인데요. 그런데 이곳 떡볶이 집의 상당수가 곰팡이 핀 떡을 사용한다는 담당 관할청의 조사 결과가 나왔습니다. 곰팡이가 피어서 먹을 수 없는 떡을 물로 씻어서 재사용하는 것입니다. 물로 씻더라도 곰팡이 균사체는 그대로 남아 있으며, 이를 섭취했을 때는……."

같이 텔레비전을 보던 형과 나는 입을 떡 벌렸다. 검푸른 곰팡이가 덕지덕지 붙어 있는 떡이 그려지며 속이 뒤틀리는 것 같았다.

'우리가 즐겨 먹던 영천시장 떡볶이가 곰팡이 떡을 사용한 것이었다고? 그래서 싼 거였구나! 그럼 내 뱃속에는 곰팡이가 자라고 있는 거네?'

다음 날, 학교에서는 난리가 났다.

"야, 그 뉴스 들었어? 영천시장 떡볶이 말이야. 그거 곰팡이 덩어리래."

"어쩐지 너무 싸다고 했어. 5,000원에 10인분이 말이 되냐?"

"혹시 오징어도 썩은 거 아닐까? 오징어 튀김도 정말 컸잖아."

"이거 더 이상 못 먹겠네. 어쩐지 꼭 그 다음 날 배가 아프곤 했단 말이지."

아이들은 수군거렸고, 그 이후로 밤늦게 학교 담벼락 밑에서 떡볶이 오토바이를 기다리는 아이들도, 기숙사에서 방문을 꼭꼭 걸어 잠그고 떡볶이를 몰래 먹던 아이들도 더 이상 찾아보기 힘들었다.

그러나 누군가 인간은 망각의 동물이라고 했던가? 정말 백 번, 천 번 맞는 말이다. 한 달 정도 시간이 흐르자 또다시 슬슬 떡볶이 오토바이를 기다리는 아이들이 생기기 시작했다.

"야, 오상연. 우리 오늘 떡볶이 시켜 먹자."

"그거 곰팡이 떡볶이잖아. 어떻게 먹냐?"

"설마 아직도? 뉴스에 나왔으니까 더 이상 사용하지 않을 거야. 배도 고픈데 그냥 시켜 먹자. 오랜만에 먹고 싶지 않아?"

현수가 거든다.

"그래 오랜만에 우리 조금만 시켜 먹자."

새룬터가 쐐기를 박는다.

잠시 뒤, 결국 현수와 나는 다시 예전처럼 담벼락 밑에서 떡볶이를 기다렸다. 그날 밤은 각종 튀김과 떡볶이로 배를 가득 채우고 포만감에 젖어 행복하게 잠이 들었다.

일주일 정도 지났을까? 카랑카랑한 목소리의 앵커가 뉴스를 전하고 있었다.

"약 한 달 전, 곰팡이 떡으로 우리 아이들에게 먹어서는 안 될 먹거리를 제공했던 영천시장 떡볶이가 또다시 곰팡이 떡을 사용해 문제가 되고 있습니다."

더 이상 할 말이 없었다. 설마 했는데 또 곰팡이가 핀 떡을 사용하다니. 뱃속에 검푸른 곰팡이가 가득 피어 있는 듯한 느낌이 들었다. 어떤 친구는 푸른곰팡이가 자라서 페니실린이 되니 오히려 몸속의 각종 균이 없어졌을 것이라는 농담을 하기도 했다.

사실 곰팡이가 핀 떡볶이를 먹었지만 우리 형제는 한 번도 탈이 난 적이 없다. 역시 위장이 튼튼한가 보다. 친구들도 간혹 떡볶이를 먹고 배가 아프다고 한 친구는 있어도 그것 때문에 큰 병이 난 친구가 없는 걸 보면 곰팡이가 핀 떡을 물로 깨끗이 씻으면 큰 문제가 없는 것 같다는 생각이 들기도 한다. 하긴 어른들은 10대는 쇠못을 먹어도 소화시킬 수 있다고 했다. 하물며 곰팡이가 핀 떡쯤이야 피 끓는 청춘 앞에선 맥을 못 추지 않을까?

국어가 이렇게 재밌다니!

과학 소년, 문학에 눈을 뜨다 중학교 때까지만 해도 나에게 국어는 '지겨운 암기 과목'에 불과했다. 그리고 국어 공부를 할 때마다 궁금했다. 지금도 그 궁금증은 완전히 풀리지 않았다.

'왜 시나 소설을 꼭 같은 시각으로 바라보아야 하는 것일까? 이육사의 〈청포도〉가 꼭 조국의 독립만을 말하는 것일까? 왜 교과서에 나오는 시는 암송을 해야 하는 걸까?'

교과서에 실린 시나 소설을 보면서 늘 이런 생각을 했다. 국어가 이해를 필요로 하는 과목이라고들 하지만, 실제 수업을 받아 보면 암기해야 할 것들 천지이다.

"여기서 이 문구는 ○○을 상징합니다."

"이 소설은 전지적 작가 시점입니다."

어떤 관점에서 작가가 그런 표현을 썼는지 고민해보는 것은 사실상 무의미했다. 이미 답은 다 정해져 있었으니까 말이다. 그러니 국어를 사회나 국사 같은 암기 과목으로 느끼는 것은 당연했다.

국어에 대한 편견이 깨진 것은 과학고에 입학하면서부터였다. 입학식 날, 개회사와 교장선생님 말씀 등이 끝나고 각 반의 담임을 소개하는 시간이 돌아왔다.

'나는 1학년 5반이네. 과연 누가 우리 담임일까? 무슨 과목을 가르치는 선생님일까?'

이런저런 생각을 하며 담임이 누가 될지 궁금해하고 있었다.

"1학년 5반 담임은 김상호 선생님입니다. 김상호 선생님은 1학년 국어를 담당하십니다. 박수 부탁드립니다."

처음 김상호 선생님을 보았을 때 느낌은 '앗 주윤발이다!'였다. 정말 선생님은 주윤발을 꼭 닮았다. 너무나도 멋진 선생님이 담임이어서 기분이 좋았지만 한편으론 마음이 무거웠다.

'아, 하필이면 국어선생님이라니.'

국어를 제일 싫어했던 터라 담임이 국어 담당이라는 게 계속 마음에 걸렸다. 선생님께 잘 보여야 할 텐데, 과연 싫어하는 국어를 잘할 수 있을지 자신이 없었기 때문이다.

첫 국어 시간. 선생님은 들어오자마지 인사를 하시더니 "자, 오늘은 교과서로 수업 안 할 테니깐 책 덮어요"라고 말씀하셨다. '무슨 수업이 교과서 없이 수업을 하지?'라며 모두들 눈을 데구르르 굴리고 있는데 갑자기 우리에게 질문을 하셨다.

"왜 우리나라는 한글과 한자를 같이 쓰는 걸까?"

예전에 학원 국어선생님이 한자를 사용하여 자신의 지식을 과시하려는 사람이 많다고 말한 것이 생각나 손을 번쩍 들었다. 이왕이면 첫 시간에 선생님께 좀 잘 보이자는 계산이 깔려 있었다.

"한자를 사용해서 자신의 지식을 과시하려고 하기 때문입니다."

대답을 들은 선생님은 조용히 칠판에 한자를 몇 자 적고는 말씀하셨다.

"그럼 나는 지식을 과시하는 거네? 그게 아니라 국어에는 한자어가 많기 때문이지."

순간 얼굴이 화끈 달아올랐다. 안 그래도 수학이나 과학 등 다른 과목에서 친구들보다 선행을 하지 못해 기가 죽어 있는데, 국어에서조차 선생님께 지적을 당하다니. 가뜩이나 싫었던 국어가 더욱 더 멀어지는 듯한 느낌이 들었다.

'치~ 너무하셔. 꼭 그렇게까지 틀렸다고 말씀하지 않으셔도 됐을 텐데.'

그렇게 첫 국어 수업이 창피함으로 얼룩진 채 끝나고 두 번째 시간이 돌아왔다. '오늘은 절대로 창피당할 발언은 하지 않겠어!'라고 굳게 다짐하고 있었다. 하지만 수업 시간 내내 우리는 교과서를 펴보지 않았다. 선생님은 조별 활동 프린트를 나눠주시면서 조별로 생각을 정리해 발표해보라고 하셨다.

지금껏 경험해보지 못한 독특한 수업 방식에 우리 반 학생들은 대부분 신선한 충격을 받았다. 더 이상 우리는 교과서에 나오는 시나 소

시험 성적 확실히 올려주는 쌍둥이 형제의 3step 학습법

설을 분해해 어떤 의미인지 설명을 듣고 외우는 방식의 수업을 하지 않았다. 중학교 때 막연하게나마 '시를 분해해서 외우는 것보다 시를 직접 지어보는 것은 어떨까?'라는 생각을 한 적이 있는데, 이런 생각을 수업에 반영해 실현시켜준 분이 바로 김상호 선생님이다.

예를 들어 〈청산별곡〉을 배우는 단원이면 우리는 〈청산별곡〉을 해석하고 외우는 대신 작품을 감상하고, 그 생각을 그림으로 그려보거나 우리 마음대로 개작해보는 수업을 받았다. 소설을 배울 때는 소설에 등장하는 주인공의 언행과 사물이 상징하는 것이 무엇인지를 외우지 않아도 됐다. 대신 소설을 읽고 그러한 소설을 직접 써보는 수업을 했다.

수업의 횟수가 늘수록 멀게만 느꼈던 국어가 좋아지는 것을 느낄 수 있었다. 선생님 덕분에 제일 싫어하던 국어 과목은 어느새 내가 제일 좋아하고 기다리는 과목이 되었다.

김상호 선생님을 만나면서 나는 나름 문학 소년이 되었다. 소설이나 시의 참맛을 비로소 느끼기 시작한 것이다. 국어를 좋아하면서 자연스럽게 문학 책을 접하는 시간도 많아졌다. 담임선생님은 교실 책꽂이에 우리가 볼 만한 좋은 책을 꽂아두었는데, 그때 감명 깊게 읽은 책이 많았다. 당시 가장 좋아했던 시인은 안도현이고, 책 중에는 '사람 마음에 자석이 있어 마음만 먹으면 자기가 원하는 방향으로 일이 이끌려 이루어진다'는 내용을 담은 《마음의 자석》이다.

그렇게 문학과 조금씩 친숙해지면서 직접 글을 써보고 싶다는 생각이 들기도 했다. 예를 들어 소설을 읽으면서 배경을 멋지게 묘사한 부분을 접하면 '와 멋지다. 어떻게 저 상황을 저렇게 표현할 수 있을까? 나도 한번 해보고 싶다'라는 욕심이 생겼다. 실제로 혼자 시를 써 보고, 어설프지만 소설에도 도전해보곤 했다.

김상호 선생님은 국어라면 진저리를 치던 나를 문학 소년으로 만들어준 고마운 분이다. 글 한 줄 제대로 쓰지 못했던 내가 선생님 덕분에 교내 글짓기 대회에서 상도 받고, 학교 대표로 논술대회에까지 나가기도 했으니 말이다.

쌍둥이, 과학 고를 조기 졸업하다

연인들의 축제라는 발렌타인데이 2월 14일. 맑은 햇빛이 학교를 비추는 가운데 한성과학고등학교의 졸업식이 시작되었다. 입학한 지 2년 만에 맞는 졸업식이다. 함께 입학한 학생은 총 132명이지만 그 중 40여 명만 조기 졸업을 할 수 있었다.

"창조상을 발표하겠습니다. 2학년 6반 박현준."

졸업생 중 1등에게 수여되는 창조상에 내 이름이 호명되었다. 교장선생님은 환하게 웃으며 상패와 상장을 내게 건넸다. 이어 차석에게 수여되는 상장 발표가 있었고, 곧이어 3등의 이름이 호명되었다.

"삼성 SDS상 2학년 3반 박현성."

이렇게 우리 형제는 졸업식 날, 학생들을 대표로 상장을 받았다. 만감이 교차했다. 과학고에 입학해 처음 수업을 들을 때만 해도 '과연 무사히 과학고를 졸업할 수 있을까?' 하고 고민하던 우리였다. 뒤떨어진 공부를 보충하느라 하루도 편히 쉬지 못하고, 남들 놀 때도 공부를 해야 했던 일, 공부할 시간이 모자라 이불을 뒤집어쓰고 공부했던 일들이 주마등처럼 스쳐갔다. 그랬던 우리가 2년 만에 성공적으로 과학고를 조기 졸업하는 것이다. 그것도 졸업생 중 1등, 3등이라는 우수한 성적으로 말이다.

상장을 받으면서 가슴이 벅차올랐다. 상을 받아서 기쁘다기보다는 학습 부진아 취급을 받으며 시작해 2년 동안 이렇게 성장할 수 있었다는 사실이 더 기뻤다. 돌이켜보면 서러운 기억도 많았다. 자율학습 시간에 다른 친구들이 웃고 놀 때도 공통수학, 수학2, 화학2, 물리2 등을 공부하느라 혼자 외로운 싸움을 해야 했던 기억, 자율학습이 끝남을 알리는 종과 함께 친구들이 기숙사에 돌아갈 때도 남아서 당직 선생님께서 혼낼 때까지 공부하던 기억, 기숙사 이불 속에서 스탠드를 켜고 공부하던 기억, 어제 공부한 물리 공식과 원리를 잊어버릴까 봐 아침에 깨자마자 책을 펼쳐보던 기억. 그렇게 노심초사하며 열심히 공부한 덕분에 우수한 성적으로 과학고를 조기 졸업할 수 있었다고 생각하니 감회가 새로웠다.

누군가는 우리에게 '독한 형제'라고 얘기할지 모른다. 하지만 우리가 어떤 처지와 환경에서 공부를 했는지, 아무런 준비 없이 과학고에 입학해 얼마나 고통스럽게 공부했는지를 안다면 그렇게 말할 수는 없을 것이다.

꿈을 포기하는 순간 꿈은 멀어지기 마련이다. 시작이 어떠했는지는 그리 중요하지 않다. 설령 남들보다 훨씬 뒤처져서 출발했더라도 꿈을 포기하지 않고 노력하면 얼마든지 꿈을 이룰 수 있다. 과학고를 2년 만에 졸업하면서 우리 형제가 얻은 큰 교훈이다.

▲과학고 졸업 사진
김상호 선생님과 함께

카이스트에서
새로운 꿈을 꾸다

카이스트에 들어올 때만 해도 몰랐다. 오랫동안 우리 형제는 과학을 동경하며 살았다. 어렸을 때부터 과학을 좋아했고, 과학고에 진학한 것도 과학을 좀 더 심도 깊게 공부하고 싶어서였다. 과학고 다음의 정통 코스로 알려진 카이스트에 진학한 뒤에는 당연히 졸업 후 공학도가 되어 과학 관련 분야에서 일을 할 것이라 생각했다.

하지만 중·고등학교에 다닐 때도 겪지 않았던 혹독한 사춘기를 카이스트에서 보내야 했다. 뭐든 늦바람이 무서운 법이다. 차라리 중·고등학교 때 사춘기를 겪었다면 조금은 덜 힘들지 않았을까? 대학생이 되어 뒤늦게 맞은 사춘기는 사정없이 나를 흔들어놓았다.

꽤 오랫동안 방황했다. 분명 공학도를 꿈꾸며 카이스트에 들어왔는데, 어쩐지 공학도로서의 삶은 내가 진정으로 원했던 삶이 아닌 것 같은 생각이 자꾸 들었다. 갑자기 길을 잃어버린 느낌이 들어 막막하기만 했다. 그럼 이 길이 아니라면 어디로 가야 할까 고민하는 동안 부질없이 시간만 흘러갔다.

카이스트에 들어오기 전까지는 목표가 흔들려 방황했던 기억이 한 번도 없다. 그런데 방황을 했다가도 중심을 잡아야 하는 대학생이 갈피를 잡지 못하는 꼴이라니. 스스로에게도 너무 낯선 모습을 보면서 괴롭기만 했다.

얼마나 시간이 흘렀을까? 이별의 아픔이 지나가면 또 다른 만남이 기다리고 있듯이, 오랜 방황 끝에 새로운 가능성을 보았다. 우리 형제는 과감하게 전자공학도로서의 꿈을 접고 금융공학도에 도전했다. 다시 온 몸의 세포가 맹렬하게 살아나는 느낌이었다. 치열한 고민을 통해 발견한 가능성이어서 그런지, 새로 꾸는 꿈은 아주 달콤했다.

카이스트, 진정한 홀로서기가 시작된 곳 고등학교 시절 갈망했던 카이스트 입성이 코앞으로 다가왔다. '아, 카이스트는 어떤 곳일까?' 하는 기대에 부풀어 카이스트에 입학했다. 기숙사 방을 배정받고 떨리는 마음으로 문을 열었다.

'딸깍' 열쇠 소리와 함께 방문을 열고 들어선 기숙사 방은 드라마

시험 성적 확실히 올려주는 쌍둥이 형제의 3step 학습법

에서 본 것과는 많이 달랐다. 2층 침대 한 개와 싱글 침대 그리고 책상 세 개. 세 사람이 쓰기에는 넉넉하지도 부족하지도 않았지만 조금 실망스러웠다. 예전에 텔레비전에서 〈카이스트〉라는 드라마를 방영했는데, 그때 보았던 기숙사 풍경하고는 사뭇 달랐기 때문이다. 역시 드라마에서 본 기숙사는 세트장이었던 모양이다.

하지만 아무러면 어떠랴. 우리는 지금 '카이스트'에 와 있다. 전국 각지에서 최고로 우수한 인재만이 모인다는 카이스트에 우리 형제가 나란히 입학했는데, 기숙사가 조금 허술한들 그게 무슨 대수란 말인가! 밤늦게까지 기숙사를 정리하고 바라본 기숙사 창문 너머의 기계공학과 건물은 밤이 늦도록 불빛이 꺼지지 않고 있었다.

"형, 미적분학 어떤 것을 들을까? 고급미적분학? 화학도 고급화학 들을까?"

"선배님들이 얘기하는 거 들어보니까, 기초 과목은 고급을 듣는 게 좋대. 그렇게 수강하도록 하자."

첫 수업이 시작되는 3월 첫째 주, 우리를 비롯한 많은 학생이 수강 과목을 정하고 변경하느라 분주했다. 카이스트에서는 신입생들에게 미적분학, 물리, 화학, 생물 등의 기초 과목을 듣도록 요구하였으며 각 과목은 고급, 일반, 기초로 나뉘어져 있었다. 각자가 자신의 수준에 맞게 수업을 들을 수 있도록 배려한 것이다. 처음 과학고에 입학할 때만 해도 아는 것이 없어 한 문제도 풀지 못해 물리 기본 점수 1점을 받던 나인데, 이제는 제일 어려운 고급 과목을 골라 듣다니! 감회가 새로웠다. 고등학교 때와는 달리 자신이 원하는 수업을 선택해 들을 수 있다는 것이 마냥 즐겁고 신기했다. 정말 우리는 대학생이 되었다!

카이스트에서의 수업은 그리 어렵지 않았다. 고등학교 때 쌓아놓은 기초 실력 때문인지 더 이상 선생님, 아니 교수님의 강의가 외계어로 들리는 일은 없었다. 새삼스럽게 강도 높았던 과학고의 교과과정이 고맙게 느껴졌다.

카이스트에서도 우리의 공부 방법은 크게 달라지지 않았다. 다만 이제는 모든 것을 스스로 선택하고 결정해야 했다. 고등학교 때와는 달리 그 누구도 우리에게 공부 시간을 정해주지도, 하라는 얘기도 하지 않았다. 특히 서울이 아닌 대전에서 생활하고 집에는 가끔 가기 때문에 부모님의 간섭도 전혀 없었다. 원래 무슨 일이든 대부분 주도적으로 결정하고 부모님의 간섭을 많이 받지 않았지만, 이제는 정말 모든 것을 스스로 결정해야 하는 성인이 된 것이다. 겨우 열여덟 살의 나이에.

정신없이 3월이 지나고 4월이 찾아왔다. 4월의 카이스트 캠퍼스는 유난히도 아름답다. 캠퍼스 곳곳에 벚꽃이 한창이다. 공부를 하다 잠시 창밖을 보면 벚꽃이 바람결에 흩날리는 모습에 절로 탄성이 나오고, 깊은 밤 등나무에 앉아 달빛에 빛나는 벚꽃을 바라보면 마치 다른 세상에 와 있는 듯한 착각에 빠지기도 한다.

하지만 정작 등나무 아래 한가로이 벚꽃을 즐기는 사람은 카이스트 학생이 아니라 인근 동네의 주민이다. 참 야속하게도 벚꽃이 만발하는 시기는 어김없이 중간고사, 그분이 찾아오는 기간이기 때문이다. 바람에 날리는 벚꽃을 보며 펜대를 굴리는 학생들, 한숨만 푹푹

내쉬며 창문 한 번 보고 책 한 번 보면서 얼굴을 찡그리는 학생들, 그 와중에도 벚나무 아래에서 사랑을 속삭이는 연인들을 보며 분노로 가득한 학생 등 대부분의 학생이 도서관에서 책과 원치 않는 연애를 하며 시름에 젖었다.

고등학교와 달리 대학교는 시험 범위가 유난히 넓다. 두꺼운 원서 한 권을 4개월도 안 되는 한 학기에 다 배우기 때문에 수업 진도가 매우 빠르다. 따라서 그만큼 시험을 대비해 공부해야 할 분량도 많다. 어디 그뿐인가! 교수님이 책의 모든 내용을 일일이 다 가르쳐주지는 않기 때문에 어느 정도는 혼자 스스로 공부해야 한다. 다행히 우리 형제는 고등학교 때부터 혼자 스스로 공부하는 습관을 들여서인지 대학교에서 공부하는 데 아무 문제가 없었다.

대학교에 입학하고서도 과외를 받는 학생들이 있다는 뉴스 기사를 들은 적이 있다. 스스로 학습하지 못하고 항상 과외 및 학원 선생이 가르쳐주는 대로 공부하는 교육에 익숙해져버린 학생들인 것 같아 안타깝기도 하다. 우수한 인재들만 모인다는 카이스트에도 비슷한 학생들이 있다. 입학한 뒤 공부는 제쳐두고 하루 종일 게임에만 빠져 사는 친구도 많이 보았나. 아마도 그 친구들은 고등학교 내내서 선생님과 부모님의 간섭을 받으며 공부하는 것에 익숙했던 학생들이라는 생각이 든다. 스스로 공부하는 방법을 모르고, 혼자 공부하는 습관이 들어 있지 않으니 홀로 남겨졌을 때 스스로를 제어하지 못하는 것이다. 그런 학생들을 보면서 어렸을 때부터 스스로 공부할 수 있는 환경을 만들어준 부모님께 새삼 고마움을 느꼈다.

뒤늦게 찾아온 사춘기

과학고에 입학하고 내 말초신경을 가장 흥분시켰던 과목은 바로 '생물' 이었다. 그래서 고등학교에서 동아리도 '생물반' 에 들어 활동했고, 생물 경시에 많이 참가했다. 당시 나는 '유전공학을 이용해 모든 질병을 정복하겠다' 는 야심찬 포부를 갖고 있었다. 꼭 유전공학을 전공하고 미국의 과학영재 대학이라 불리는 '칼텍(Caltech : California Institute of Technology)' 으로 유학을 가는 것이 목표였다.

카이스트는 학부제로 1학년 때는 전공을 정하지 않고 공부한 뒤 2학년 때 전공을 정한다. 1년 동안 모든 학과를 경험한 후 자신에게 가장 잘 맞는 과를 선택하도록 하는 배려이다. 이러한 체계이기 때문에 1학년이 끝나고 2학년 봄 학기가 되면 모두들 어떤 과를 선택할 것인가를 놓고 심각하게 고민한다. 전공 선택은 단지 무엇을 공부할 것인가를 너머 이후 어떤 삶을 살 것인가까지 결정하는 문제이므로 신중을 기할 수밖에 없는 중요한 선택 중의 하나이다.

나는 과학고에 다닐 때부터 유전공학을 공부하고 싶어 했기 때문에 주저하지 않고 모든 과목을 생물학과의 수업으로 신청했다. 그때 아버지에게 전화가 왔다.

"현준아, 너 생물학과에 가서 무엇이 될래? 생물학과를 나오면 할 것이 그렇게 많지 않단다. 현성이와 함께 전자과에 가는 것이 어떻겠니?"

아버지 말씀도 일리가 있었다. 공부를 하는 것 자체도 중요하지만

시험 성적 확실히 올려주는 쌍둥이 형제의 3step 학습법

그 공부를 사회에서 활용하는 것 또한 중요했다. 고민 끝에 아버지 말씀을 따라 동생과 함께 전자공학을 선택했다.

"자, 여러분. 여기에 저항이 하나 놓이면 어떻게 전류가 흐르게 될까요?"

밖에는 벚꽃이 흐드러지게 피어 있는 아름다운 4월에 교수님은 계속 어디 안드로메다에서 들려오는 듯한 강의를 하고 계셨다.

"전류는 여기서 이렇게 흐르지요. 그럼 여기에 우리가 다이오드를 놓게 되면……."

'교수님은 저게 재미있으신 건가? 전류가 좀 더 흐르면 어떻고, 덜 흐르면 어떻지?'

수업이 재미가 없었다. 그러니 강의를 한 귀로 듣고 한 귀로 흘려버리면서 시간을 보냈으며, 멍하게 창밖을 보는 일도 잦아졌다. 수업이 끝나면 친구들은 교수님을 붙잡고 질문을 해댔다.

"교수님 그런데 아까 설명하신 것 중에서요……."

그런 친구들을 보며 나는 이질감을 느낄 수밖에 없었다. '쟤는 뭐가 좋다고 저렇게 공부를 열심히 하나? 전류가 많이 흐르면 많이 흐르는 거지……'라는 생각이 절로 들었다.

지금 생각해보면 전자과에서 전류에 대한 지식은 마치 집을 지을 때 방을 몇 개 만들까를 결정하는 것처럼 정말로 중요한 내용이었다. 하지만 전자과에 관심이 없던 나에게는 마치 전파상에서 "전구를 몇 개나 달까요?" 하고 질문하는 것처럼 들렸다.

평소 흥미를 느끼지 못했던 전자과에 적응하기란 너무나도 힘든 일이었다. 흥미가 없으니 공부를 할 수가 없었다. 공부를 그렇게 안한 것은 그때가 처음이었던 것 같다.

전자과의 아웃사이더가 된 나는 오페라에 빠져들기 시작했다. 원래 음악에 문외한이던 내가 음악에 관심을 갖게 된 것은 중학교 때 플루트를 배우면서부터이다. 그때만 해도 음악이 방황하는 카이스트 청년에게 큰 위로가 되어줄 줄은 몰랐다.

나는 전자과 공부 대신 오페라를 공부하기 시작했다. 친구들이 어디에 트랜지스터를 놓을지 고민할 동안, 나는 오페라 DVD를 어디서 구해야 하나를 고민하고 있었다. 학교 수업을 빠지는 일도 점점 잦아졌다. 기숙사에 틀어박혀 이어폰을 꽂고 있는 시간만 자꾸 늘었다. 그런 나를 현성이는 걱정스럽게 지켜보며 어떻게든 내가 슬럼프에서 빠져나올 수 있도록 도우려고 했지만, 동생의 노력도 부질없이 나는 점점 더 깊은 수렁으로 빠져들었다. 그나마 현성이는 전자과에 흥미가 있어 잘 적응했고, 공부도 열심히 했다.

2학년 1학기는 정말 최악이었다. 뿌린 대로 거두는 법. 결국 그 학기 모든 시험은 바닥을 치고 말았다.

Welcome to U.S.A

뭔가 전환점이 필요했다. 적성에 맞지 않는 전자과를 선택해 헤매는 동안 한 학기가 훌쩍 지나가버렸고, 슬럼프는 극에 달했다. 이대로 시간이 조금 더 흐르면 폐인이 될지도 모른다는 위기감이 엄습했다.

그러던 중 미국 학교의 여름 학기 수강 지원자를 모집한다는 소식이 들렸다. 지푸라기라도 잡는 심정으로, 눅눅하고 답답한 현실을 탈출해 새로운 돌파구를 찾아야 한다는 절박한 마음으로 신청했다. 얼마나 지났을까? 미국에서 기숙사로 편지 한 장이 날아왔다.

"We are pleased to inform you that you have been admitted to the UCLA summer session."

미국 캘리포니아 주 로스엔젤레스에 위치한 UCLA 대학교에서 여름 학기 수강을 허락한다는 편지였다.

"형도 미국에서 편지 받았어? 우리 정말 미국 가는 건가 봐."

동생도 같은 내용의 편지를 받은 모양이었다. 전화기를 타고 들리는 목소리가 잔뜩 흥분되어 있었다. 하긴, 태어나서 처음으로 해외에 나가보는 것이니 들뜰 수밖에 없었다. 게다가 미국이라는 곳에서 처음으로 받은 우편물이니 신기하기는 나도 마찬가지였다.

그렇게 우리는 2학년 여름방학 때 미국 UCLA로 떠났다. 기본 수강료는 학교에서 지원을 해주었지만 체류비를 비롯해 일부 수강료는 자비로 충당해야 했다. 하나도 아닌 눌이어서 비용 부담이 꽤 컸지만 부모님은 흔쾌히 보내주셨다. 그동안 과외 한 번 받지 않고도 과학고에 이어 카이스트에 턱 합격했고, 대학 등록금도 내지 않았다고(카이스트는 등록금이 없다) 대견해하며 기꺼이 큰돈을 내주셨다. 다만 그때까지 부모님도 해외에 나가본 적이 없어 혹 두 아들이 머나먼 타국에서 다치기라도 할까 봐 항상 둘이 붙어다녀야 한다고 거듭 당부하였다.

캐롤린의 따끔한 충고

"why you are here!" 난생 처음 가본 미국은 새로운 충격이었다. 무엇보다 말이 통하지 않는 것이 답답했다.

"#$ θ@$ Ψ#$ ⅋ η γΠ#!!!!!!"

내 앞에 있는 금발의 예쁜 여자아이가 말을 걸었다. 내게 뭐라고 묻는 것 같기는 한데 대체 무슨 말을 하는지 알아들을 수가 없었다. 영어가 짧으니 못 알아듣겠다고 말을 할 수도 없어 그저 말없이 웃기만 했다. 금발의 여학생은 깊은 한숨을 쉬더니 그냥 내가 타고 있는 엘리베이터에 타버린다. 대체 무슨 얘기를 하고 싶은 걸까?

며칠이 지난 뒤에야 그때 그녀가 무엇을 이야기하고 싶어 했는지 알 수 있었다. 바보가 따로 없었다.

"Is it going up or down?"

그녀는 엘리베이터가 올라가는 것인지, 내려가는 것인지를 물었는데 나는 말하지 않고 웃기만 한 것이다. 엘리베이터 문은 열리도록 버튼을 누른 채로.

만약 이런 상황이 한밤중에 벌어졌다면? 호러다. 얼마 전 뉴스에 자주 나온 사이코 패스다. 엘리베이터 안에서 묻는 말에 대답도 하지 않고 미소만 짓는 남자. 무섭지 않은가? 다행히도 그때는 밝은 대낮이었고 학교 기숙사였기에 금발의 여학생은 내가 영어를 알아듣지 못하는 것으로 이해했을 것이다.

이렇게 나의 영어 실력은 보잘것없었다. 오죽하면 외국 친구들이 내게 'Mr. Smile'이라는 별명을 지어주었겠는가? 아무 말도 못하고 웃기만 하는 검은 머리 남자애가 바로 나였다. 카이스트에서 원서로 공부해서 읽는 데는 전혀 문제가 없었지만 듣기와 말하기는 그야말로 지진아 수준이었다. 왜냐고? 그때까지 난 영어로 얘기해본 적이 거의 없었으니 회화가 서툰 것은 당연했다. 물론 한국에서도 수업 시간에 영어를 쓰긴 하지만, 미국 친구들과 얘기하는 것과 판이하게 다르다. 미국인들은 말의 속도도 빠르고 우리가 배우지 않은 표현을 많이 사용하니 영어라고 느껴지지도 않았다.

영어를 못해 말이 통하지 않으니 마치 바보가 된 듯한 기분이었다. 그 충격이 제법 컸지만 그보다는 처음 와본 미국이 신기하고 놀라워 정신없이 놀기에 바빴다. 우리 말고도 카이스트에서 함께 온 친구들이 있었는데, 날이면 날마다 그들과 어울리며 UCLA 캠퍼스를 누비거나 LA를 놀러 다녔다.

그런데 어느 날, 기숙사 옆방에서 생활하던 '캐롤린'이라는 대만 여학생이 한국 친구들과 어울려 한국어만 사용하던 내게 따끔하게 충고했다.

"You should practice English. This is why you are here."

'Why you are here!', 아직도 내 머릿속에 맴도는 그 문상. 과연 나는 무엇 때문에 학교의 지원을 받고, 부모님의 피 같은 돈을 써가면서 미국에 온 것일까? 내가 여기에 있는 이유는 무엇인가? 바로 영어를 배우고 미국을 비롯하여 다양한 나라의 친구들과 어울리면서 그들의 문화를 경험하기 위한 것이 아닌가? 그 중에서도 영어를 익히는 것이 가장 중요한 이유가 아니었던가!

나에게 따끔하게 일침을 가한 캐롤린은 영문과에 다니고 있으며 열심히 돈을 모아서 미국에 영어를 배우러 왔다고 했다. 그런데 우리를 비롯한 한국 학생들은 오직 자기들끼리 어울리며 영어는 단 한마디도 쓰지 않는다고 나무랐다. 아무리 여름 학기지만 미국의 대학은 미국인이 아니면 그 비용이 엄청나다. 그런데 대체 너희는 몇 살이기에 아무 생각 없이 돈만 낭비하고 있는 것이냐고 따끔한 충고를 했다. 할 말이 없었다. 맞는 말이다.

　　그날 이후, 나는 영어에 익숙해지기 위해 많은 노력을 했다. 카이스트에서 같이 온 친구들과는 더 이상 어울리지 않았다. 미안하긴 했지만 그들과 함께 어울리면 영어를 사용하고 연습할 기회가 없었기 때문이다.

　　대신 가능한 한 외국 친구들과 어울리려고 애를 많이 썼다. 영어를 통해 서로의 생각과 문화를 교류하기 위해 노력했고, 그러한 과정에서 자연스럽게 영어를 연습했다. 다른 친구가 얘기할 때는 열심히 들으면서 그 친구가 사용한 새로운 표현 등을 기억하고 있다가 다음에 내가 다른 친구에게 영어로 얘기할 때 주로 썼다. 그렇게 한 달, 두 달 지내다 보니 한국에 돌아왔을 즈음에는 외국인과 어느 정도 의사소통이 가능할 정도로 영어 실력을 쌓을 수 있었다.

**슬럼프,
안녕~** 영어에 친숙해질 수 있었다는 것 외에도 미국 UCLA에서 공부한 여름 학기는 여러 가지로 큰 의미가 있었다. 우선 영어에 집중하는 동안 2학년 1학기 내내 나를 괴롭혔던 슬럼프에서 빠져나올 수 있었고, 무엇보다 그곳에서 새로운 가능성을 보았다는 것이 큰 소득이라면 소득이다.

UCLA에 머무는 두 달 동안 나는 경영학에 눈을 떴다. 그곳에서 경험한 경영학은 상당히 매력적이었다. 적성에 맞지 않는 전자공학을 선택해 무기력해 있던 나에게 경영학은 새로운 신천지나 마찬가지였다. UCLA에서의 생활 이후 다시 공부에 대한 열정이 샘솟기 시작했고, 그런 열정 덕분에 슬럼프를 뛰어넘을 수 있었다.

**가자! 최고의 금융학도를
향해~** UCLA에서의 짧은 경험을 마치고 귀국한 뒤 나는 또다시 외국에서 생활하고 싶다는 욕심이 생겼다. 비록 두 달간의 짧은 생활이었지만 미국에서의 경험은 그동안 내가 알지 못했던 새로운 세상이 있음을 깨닫게 해주었다. UCLA에서 경영학의 매력에 빠진 형과 마찬가지로 나는 전자과에서 익힌 수리력과 분석력을 바탕으로 금융학도가 되겠다고 마음을 굳혔다.

'어떻게 외국에 다시 나갈 수 있을까?'

어학 연수는 우리 집 형편으론 꿈도 꿀 수 없었다. 그럼 방법은? 고민하던 중 학교에서 교환학생을 모집한다는 공고를 보았고, 나는 '바로 이거다' 싶은 마음에 얼른 지원했다. 결과는 합격!

교환학생의 가장 큰 장점은 학교 간의 협정으로 별도의 비용이 들지 않는다는 것이다. 그러나 교환학생으로 이수한 학점을 모두 인정받을 수는 없으므로 학교를 1년 더 다녀야 한다는 문제가 있었다. 당시 나는 하루라도 빨리 경영대학원에 입학해 경영학을 공부하고 싶었다. 그런데 교환학생으로 가면 그 꿈이 1년이나 지체될 것이기에 깊은 고민에 빠졌다. 교환학생을 포기할 수도, 경영학을 빨리 배우고 싶은 바람을 포기할 수는 더더욱 없었다.

결국 모든 과정을 3년 반 동안 마치기로 결심했다. 다른 친구들이 대여섯 과목을 들을 때 무리하게 여덟 과목을 들으며 공부에 매달렸다. 잠이 부족해 몸이 늘 아팠지만 어떻게 하든 교환학생으로 가면서 시간도 낭비하지 않겠다는 굳은 결심을 하며 견뎠다. 정말 힘들 때는 두 주먹 불끈 쥐고 "나는 할 수 있다!"라고 소리치기도 했다.

그렇게 해서 4학년 첫 학기에 카이스트 모든 과정을 마칠 수 있었다. 그것도 한꺼번에 많은 과목을 수강하느라 가장 무리했던 4학년 첫 학기에 모두 A를 받아 전자과 전체에서 1등으로 장학금을 받으면서 말이다.

그렇게 나는 장학금과 과외비를 털어서 홍콩행 편도 비행기 표 한 장을 달랑 들고 한국을 떠났다. 목적지는 홍콩시립대학(香港成市大學校). 비행기에서 내려다본 홍콩의 야경은 눈부시게 아름다웠다. 4학년 마지막 학기를 홍콩에서 보내기 위해 4학년 1학기에 모든 학점을 채우느라 고생했던 시간들을 한꺼번에 보상받는 느낌이었다.

"Is it going up or down?"

"Going up!"

2년 전 미국 UCLA에 있을 때와 똑같은 상황. 그때와 달리 나는 가볍게 대꾸했다. 'UCLA의 엘리베이터 앞에서 만났던 그 여학생이 이 광경을 봤어야 하는데, 내가 이상한 사람이 아니라는 것을 알아야 할 텐데' 하고 생각하며 인사도 나누었다.

홍콩은 중국에 붙어 있는 구룡반도와 홍콩섬으로 나뉘어 있고, 그 사이에는 바닷물이 흐른다. 주요 상업지는 홍콩섬에 있으므로 다국적 기업들은 대부분 그곳에 들어서 있다. 밤이 되면 홍콩섬에 빼꼭히 들어차 있는 빌딩들이 하나둘 불을 밝히며 레이저 쇼를 연출하기도 했다. 홍콩에 있는 동안 나는 홍콩섬의 야경을 종종 즐겼다. 구룡반도 끝자락에 있는 '연인의 거리'에 앉아 맥도날드 프렌치 프라이를 먹으며 항만 건너편 홍콩섬의 야경을 감상했다.

홍콩섬의 야경은 화려하고 아름다웠다. 해가 서쪽으로 떨어져 어둑해질 즈음 연인의 거리에서 본 홍콩섬의 하늘은 활활 타는 듯이 붉었다. 붉게 물든 하늘을 가르며 독수리가 날아다니고, 하늘을 향해 높이 치솟은 빌딩들이 저마다 화려한 불빛을 내뿜으면 홍콩섬의 야경은 그야말로 한 폭의 그림이 된다.

HSBC, Standard Chartered, Bank of China, 그리고 IFC (International Finance Center). 홍콩섬 야경의 꽃이라 할 수 있는 빌딩들은 대부분 금융사가 소유하고 있다. 홍콩에서 가장 높은 빌딩은

IFC인데, 이것만 봐도 홍콩이 금융 특화 도시임을 알 수 있다. 국제 비즈니스라기보다는 국제 금융도시라는 이름이 더 잘 어울리는 곳이다. 맥도날드 프렌치 프라이를 먹으면서 국제 금융도시 홍콩을 바라보며 나는 금융학도에 대한 꿈을 키웠다.

무사히 교환학생 과정을 마친 뒤 한국으로 돌아와 카이스트 경영대학원에 지원했다.

"경영대를 선택한 이유가 무엇인가요? 전자공학과에서도 우수한 성적인데, 이 정도면 스탠퍼드나 MIT 같은 대학원으로 유학을 가도 될 듯한데 굳이 카이스트 경영대학원으로 지원하는 이유가 무엇입니까?"

대학원 면접을 볼 때 교수님이 했던 질문이다. 전자공학도가 왜 경영대학원을 지원하는지 선뜻 이해하기가 어렵다는 표정이었다. 금융, 경제, 마케팅 등 경영에 대해서는 묻지 않았다. 한 주 내내 현 경제 및 산업 동향을 기초로 예상 질문을 만들고 답안을 만들어 연습했는데, 경영대학원을 지원하는 이유만 집중적으로 물었다. 물론 전공을 바꾸는 이유를 질문할 것이라고 예상은 했지만, 이 정도로 질문 공세를 퍼부으리라곤 생각하지 못했다.

"새로운 경험을 하고 싶었습니다. 보시다시피 전자공학과에서 우수한 성적을 거두었지만, 제가 공부한 전자공학적 지식과 수리적인 능력을 활용하여 색다른 전공에서 시너지를 내고 싶습니다."

왜 경영대학원을 택하였는지 차근차근 대답했고, 구체적으로 무엇을 어떻게 공부하고 싶은지에 대해서도 얘기하였다. 몇 달 뒤 형과 나는 나란히 합격 통지서를 받았다.

원하던 경영학을 공부할 수 있어서 그런지 경영대학원에서의 생활은 즐거웠다. 마케팅, 경영수학, 재무론 등 기초 과목을 배우고 금융공학의 핵심인 선물옵션, 금융수학, 화폐금융론 등을 통해 금융공학에 눈을 뜨는 기쁨이 컸다. 비록 계속되는 토론식 수업과 발표 수업을 준비하느라 늘 잠이 부족해 고통스러웠지만, 경영학을 공부하는 기쁨으로 견뎌낼 수 있었다.

그렇게 우리는 조금씩 새로 꾸기 시작한 금융학도의 꿈에 한 발씩 다가갔다. 비록 뒤늦게 경영학을 공부하기 시작했지만 분명한 목표 앞에서는 늦은 출발이 아무런 장애가 되지 못했다.

▲홍콩에 교환학생으로 가 있는
현성이와 홍콩 식당에서

▲카이스트 학부 졸업식때

따로 또 같이,
또 다른 꿈을 꾼다

노란 숲 속에 길이 두 갈래로 났었습니다.
나는 두 길을 다 가지 못하는 것을 안타깝게 생각하면서,
오랫동안 서서 한 길이 굽어 꺾여 내려간 곳까지,
바라다볼 수 있는 데까지 멀리 바라다보았습니다.

그리고 똑같이 아름다운 다른 길을 택했습니다.
그 길에는 풀이 더 있고 사람이 걸은 자취가 적어,
아마 더 걸어야 될 길이라고 나는 생각했었던 게지요.

시험 성적 확실히 올려주는 쌍둥이 형제의 3step 학습법

그 길을 걸으므로, 그 길도 거의 같아질 것이지만.

그날 아침 두 길에는
낙엽을 밟은 자취는 없었습니다.
아, 나는 다음 날을 위하여 한 길을 남겨두었습니다.
길은 길에 연하여 끝없으므로
내가 다시 돌아올 것을 의심하면서

훗날에 훗날에 나는 어디선가
한숨을 쉬며 이야기할 것입니다.
숲 속에 두 갈래 길이 있었다고,
나는 사람이 적게 간 길을 택하였다고,
그리고 그것 때문에 모든 것이 달라졌다고.

– 프로스트의 가지 않는 길

고등학교 때 감명 깊게 읽은 시이다. 이후 이 시는 내 삶에 많은 영향을 미쳤다. 어찌 보면 삶은 선택의 연속이다. 나 역시 지금껏 수없이 크고 작은 선택을 하면서 살았다. 때로는 인생의 큰 전환을 맞는 중요한 선택을 해야 했는데, 그때마다 이 시는 내게 큰 힘을 주었다. 남들이 다 가는 길은 덜 위험하고 안정적이지만 나는 대부분 남들이 한 번도 가지 않은, 어떤 위험과 어려움이 기다리고 있을지 모르는 길을 택했다.

동생도 마찬가지였다. 카이스트 경영대학원을 선택할 때만 해도 우리 형제는 같은 꿈을 꾸었다. 하지만 경영대학원을 졸업한 뒤 우리 형제의 꿈은 갈라졌다. 이제 나는 치과의사를, 동생은 카이스트 경영대학원을 지원할 때 품었던 CFO(Chief Fiancial Officer : 최고재무관리자)가 되기를 꿈꾸고 있다.

꿈이 바뀔 때마다, 기존의 선택을 버리고 새로운 선택을 할 때마다 우리는 처음부터 다시 시작해야 했다. 그만큼 어렵고 고통스러웠다. 하지만 진정으로 원하는 꿈을 찾는 데는 유효기간이 없다. 조금 늦었다고 포기하거나 적당히 현실과 타협하면서 안주하는 것만큼 어리석은 일도 없지 않을까? 절실하게 꿈꾸는 것이 있다면 언제든 시작할 수 있다. 지금 우리가 그렇듯이……

의사가 되고 싶었던 현준, 꿈에 도전하다
한성과학고등학교 졸업, 카이스트 전기 및 전자공학과 졸업, 카이스트 경영공학(금융학) 석사 졸업, 서울대학교 치의학대학원 재학중

이 프로필을 본 사람들은 대부분 "와~ 정말 대단하네요"라고 말한다. 하지만 몇몇은 "아니, 왜 그렇게 전공을 자주 바꾸어요?"라고 묻기도 한다.

어릴 때 나의 꿈은 의사였다. 나를 키워주고 사랑해주셨던 할머니

시험 성적 확실히 올려주는 쌍둥이 형제의 3step 학습법

가 당뇨병으로 고생하는 것을 보며 항상 '꼭 의사가 되어 할머니를 치료해드려야지'라는 생각을 했다. 중학교 때까지만 해도 장래 희망이 무엇이냐고 물으면 언제든 의사라고 대답했다.

의사 대신 과학자를 꿈꾸기 시작한 것은 중학교 1학년 때였다. 과학고에 가라는 담임선생님의 권유도 있었지만, 그보다는 어렸을 때 산과 들을 뛰어다니며 자연을 관찰하고 호기심을 키운 것이 과학자를 꿈꾸는 데 많은 영향을 미친 것 같다. 과학자 중에서도 생물학자가 되고 싶은 것이 청소년 시절의 꿈이었다.

하지만 그 꿈은 오래가지 못했다. 카이스트에 진학한 뒤 생물학을 전공해서는 사회에서 자리를 잡기가 어렵다는 부모님의 권유로 적성에도 맞지 않는 전자공학을 선택했고, 결국 적응하지 못하고 오랫동안 슬럼프에 빠져 허우적거렸다. 잠시나마 꿈을 잃고 방황했던 시기이기도 하다.(고등학교를 다니고 있는 후배들에게 대학을 정할 때는 '대학교 간판'보다는 적성을 따라 하고 싶은 '전공'을 찾아 선택하라고 전하고 싶다.)

그러던 중 미국 UCLA에서 여름 학기를 보내면서 경영학에 눈을 뜨기 시작했다. 그곳에서 나는 우리나라와는 다르게 모든 공학도가 과학은 시장의 자본과 연결된다는 생각으로 경영 마인드를 샀고자 경영학을 공부하는 것을 보았다. 그 후 나는 방향을 바꿔 경영학을 공부하였고, 학사 졸업 후 카이스트 경영대학원에 입학해 금융인으로서의 꿈을 키우기 시작했다.

경영대학원에서는 전자과의 백그라운드를 가장 잘 활용할 수 있는 금융공학을 선택하였다. 경제이론과 경영이론, 금융이론을 배우던 어느 날 한국투자증권에서 인턴을 뽑는다는 소식을 들었다. 전에 삼성전자에서 인턴을 할 때도 사회생활에 재미를 느낀 터라 바로 한국투자증권 인턴에 지원하였다.

사실 한국투자증권은 군대를 갔다 온 사람에 한해 인턴사원에 지원할 수 있는 자격을 주었다. 군대를 갔다 오지 않은 나는 자격 미달이었지만 당시 면접관이셨던 유상호 부사장님(현 한국투자증권 CEO)이 잘 봐주신 덕분에 특별히 발탁되었다.

증권회사에서 일을 하게 되었다는 것만으로도 나는 흥분되었다. 평소 하고 싶었던 일인데, 월급을 100만 원씩이나 받으면서 일을 하니 금상첨화가 따로 없었다. '그래. 드디어 나도 그토록 꿈꾸었던 금융인이 되나 보다. 우리나라에 골드만삭스와 같은 기업을 세워야지' 하고 다짐하며 야심차게 인턴생활을 시작했다.

하지만 누가 알았으랴. 금융인을 꿈꾸며 시작한 인턴생활이 내 인생을 또 한 번 크게 바꾸는 전환점이 될 줄이야. 인턴을 하면서 ㈜오스템(임플란트의 재료를 만드는 회사로 현재 치과의사인 최규옥 씨가 CEO이다)의 IPO(기업공개)를 하는 과정에 참여한 적이 있다. 그때 치과의사라는 직업이 어떠한 것인지, 또 치과 의료 분야의 사업이 무엇인지 알게 되면서 치과 의료사업 분야가 너무나도 매력적으로 느껴졌다. 치과의사라는 직업 자체가 나의 적성과 잘 맞는다는 것도 깨달았다.

사실 나에겐 치과대학에 다니는 절친한 친구가 이미 세 명이나 있었다. 그 친구들을 만나면 나는 항상 이렇게 말했다.

"야, 너는 평생 남의 입이나 열어보고 살아야 해? 에휴~ 나처럼

"#$ θ@$ Ψ#$ &$\eta\gamma\Pi$#!!!!!!"

시험 성적 확실히 올려주는 쌍둥이 형제의 3step 학습법

멋진 정장에 경제를 움직이는 금융인이 될 생각은 없어?"

그랬던 내가 치과의사가 되고 싶어진 것이다. 남들이 보면 참 변덕이 죽 끓는 것 같다고 생각할 수도 있겠지만, 돌이켜보면 의사는 내가 어렸을 때 품었던 소중한 꿈이다. 여러 가지 현실적인 이유로 멀리 돌아왔지만 결국 내가 하고 싶었던 일은 의사였다는 생각이 들었다.

치과의사가 되려면 치대에 입학해야 했다. 그 뜻을 부모님께 전하자 부모님은 심하게 반대했다. 부모님으로선 당연했다. 당시 금융에 대한 인기가 한창 치솟고 있었는데, 왜 어렵게 들어간 카이스트 경영대학원을 포기하고 생뚱맞게 치대를 가겠다고 하는지 이해하기가 쉽지 않았을 것이다.

"몇 년만 더 공부하면 금융공학 박사가 되고 미래가 보장되는데, 왜 진로를 바꾸려고 하니? 시험도 봐야 한다던데……. 혹 떨어지면 군대를 가야 하는데, 왜 그렇게 위험한 길을 가려고 하니?"

맞는 말씀이었다. 치의학대학원에 가려면 DEET라는 시험을 보아야 한다. 당시 박사 과정을 밟고 있던 나는 이미 병역특례자의 신분이었는데, 치의학대학원에 입학하려면 병역특례를 포기해야 했다. 즉 시험에 떨어지면 군대에 가야만 하는 처지였으니 부모님이 걱정하는 것도 무리는 아니었다.

위험하다고 꿈을 포기할 수는 없었다. 부모님을 열심히 설득했다. 나의 진심이 전달되었는지 부모님은 곧 내 선택을 존중해주셨고, 나는 본격적으로 DEET 시험 준비에 들어갔다. DEET 시험은 언어, 생물, 유기화학, 화학, 물리 다섯 과목을 보는데 전자공학과 금융공학을 전공한 나에게는 너무나도 생소했다.

아직 정규 교육과정이 없어 시중에 교재나 문제집도 없기에 결국 중학교 이후로 학원을 다니지 않았던 나는 학원에 등록할 수밖에 없었다. 부모님께는 손을 벌리고 싶지 않아 학원비를 벌기 위해 과외와 대학원 조교를 하면서 6개월간 대학원과 학원을 왔다 갔다 하며 공부했다. 학원비가 너무 비쌌기 때문에 꼭 필요한 과목만 등록하였다.

DEET 시험에 유리한 의학 재수생과 생물학 전공자들 틈에서 시험 준비를 했다. 하루에 세 시간밖에 학원에 나올 수 없는 나로서는 매일 학원에 나와서 공부하는 수험생들을 제치고 합격할 수 있을지 자신이 없었다. 가뜩이나 늦었는데 과외를 하면서 대학원 수업도 마쳐야 했기 때문에 공부할 시간을 내기도 어려웠다.

초반에는 모의고사를 보면 항상 꼴찌에 가까웠다. 모의고사에서 40문제 중 9문제를 맞힌 적도 있다. 속이 새까맣게 타들어갔다. 하지만 나는 우리 형제가 만든 3Step 학습법에 따라 착실히 공부했다. 늘 그랬듯이 끊임없이 반복해 공부함으로써 모든 지식을 완벽한 내 것으로 만들려고 노력했다. 다른 수험생들이 유명 스타 강사를 따라다니며 수업을 들을 때, 나는 혼자 독서실에 앉아 같은 책과 문제집을 반복해 보면서 내 것으로 만들었다.

지금 생각해보면 비록 짧은 기간이었지만 나의 인생 중에서 가장 불안했던 시기였다. 입학 시험에서 떨어지면 박사 중도 포기에 바로 군에 입대해야 했기 때문이다. 다행히 의사가 되고 싶다는 간절함이 하늘에 닿았는지 나는 서울대학교 치의학대학원에 입학할 수 있었다.

사람들은 끊임없이 묻는다. 왜 전공을 바꿨냐고 말이다. 나는 항상 어렸을 때부터 의사를 꿈꾸었고, 인턴생활 중 우연히 치과의사라는 직업과 치과 의료사업을 접하고 매력을 느껴 전공을 바꿨다고 말한다. 그러면 열 명 중 아홉 명은 다시 묻는다.

"몇 년 동안 공부한 게 아깝지 않으세요?"

하지만 나는 공부가 지식을 습득하는 것이라고 생각하지 않는다. 지식이라는 것은 사용하지 않으면 당연히 잊히기 마련이다. 나에게 있어서 공부란 나의 역량을 넓혀주는 것이다. 내가 원하는 것을 할 수 있는 역량 말이다. 남들은 나에게 "고등학교 때 내신 성적도 우수했으니 바로 치대를 갔으면 되지, 왜 돌아갔어요? 시간이 너무 아깝네요"라고 말할지 모르지만 나는 전혀 그렇게 생각하지 않는다.

대학교 4년, 대학원 3년을 거치면서 공부를 할수록 나는 점점 나의 역량을 키울 수가 있었다. 이러한 질문을 하는 사람도 많이 보았다. "아니 어떻게 생물과도 아닌데 DEET에서 생물 40문제 중 두 문제만 틀릴 수가 있어요?" 라고 말이다. 물론 내가 고등학교 때 생물 경시를 공부한 것이 크게 도움이 되기는 했다. 하지만 내가 높은 점수를 얻을 수 있었던 것은 나의 역량이 오랜 공부를 통해 그만큼 커졌기 때문이라고 생각한다. 공부를 하면서 책의 내용과 사물을 포함하여 세상을 보는 시각을 넓혔고, 일을 해결할 수 있는 능력을 키웠다.

예를 들어 전자공학만을 했던 내가 금융공학을 할 수 있었던 것은 전자공학 특성상 수학과 프로그래밍을 많이 해왔기 때문이다. 전혀 관련이 없는 금융공학에서 수학과 프로그래밍에 대한 나의 감은 금융공학을 좀 더 쉽게 공부할 수 있게 만들어주었다. 여기서 '지식'이 아니라 '감'이라고 표현한 이유는, 나는 절대로 공부가 지식을 쌓는 것이라고 생각하지 않기 때문이다.

지식은 사용하지 않으면 곧 머릿속에서 사라진다. 지금 나에게 7~8년 전에 공부했던 전자 관련 이야기를 물어본다면 나는 100퍼센트 대답을 못할 것이다. 기억이 나지 않기 때문이다. 하지만 전자 관련 뉴스나 서적을 보면 무슨 말인지 이해는 할 수 있다. '감'을 통해 나의 역량이 늘어났기 때문이다.

공부를 할 때도 마찬가지이다. 공부를 하면서 공부에 대한 감이 생긴 나는 책을 볼 때 남들과 다른 시각으로 볼 수가 있고, 좀 더 생각을 많이 하며 볼 수 있게 되었다. 이처럼 역량을 키운 덕에 분야가 달라도 6개월 만에 DEET에서 높은 점수를 얻을 수 있었다고 생각한다.

겉으로 보면 전자공학, 금융공학, 치과의학은 각각 서로 전혀 상관이 없는 별개의 분야로 보인다. 그래서 많은 사람이 왜 그렇게 빙빙 돌아 엉뚱한 공부를 하느라 시간을 낭비했느냐고 안타까워하지만, 내 생각은 다르다.

나는 단순히 치과의사가 되고자 치의학대학원에 입학한 것이 아니다. 내가 꿈꾸는 미래의 내 모습은 훌륭한 임상가이자 사업가로서의 모습을 갖춘 치과의사이다. 그렇다면 이전에 배운 전자공학이나 금융공학도 큰 도움이 된다. 전자공학을 통해 수학적, 계산적, 이론적 감각을 배웠고 금융공학을 통해서는 경제를 보는 눈을 가질 수 있었으니까 말이다. 이 모든 것이 합쳐져 엄청난 시너지 효과를 낼 것임을 믿어 의심치 않는다.

현성, 최고의 CFO를 향한 꿈은 현재진행중

I passed three CFA exams totaling over 18 hours within the minimum period of one and a half year. Knowledge tested includes ethics, financial statement analysis, asset valuation and portfolio management.

현재 KT에 근무하면서 준비하고 있는 시험에 대한 짧은 소개이다. 금융 분야에서 세계 최고의 자격증으로 불리는 CFA(Charted Financial Analyst : 공인재무분석사) 취득을 위한 시험이다. 현재 120여 개 나라에서 CFA 자격증 소지자가 활동하고 있으며, 매년 약 10만여 명의 사람들이 세계 186개 시험장에서 동시에 시험을 보고 있다. 시험은 매년 한 차례 실시된다. 3차까지 통과해야 자격증을 얻을 수 있으며, 국제자격증인 만큼 모든 문제는 영어로 표기되어 있고 답안 또한 영어로 작성해야 한다.

직장을 다니면서 CFA 시험을 준비한다는 것은 생각보다 쉽지 않은 일이다. 사람으로 가득해서 펑 터질 것만 같은 지하철을 타고 매일 아침저녁 한 시간 반 동안의 출퇴근 끝에 도착한 회사에서는 정해진 근무 시간이 있고, 내게 주어진 업무량을 소화해야 한다. 이것만으로도 몸은 녹초가 될 것 같다.

돌이켜보면 그동안 한 번도 쉬지 않고 달렸다. 과학고를 2년 만에 조기 졸업했고, 교환학생으로 홍콩에 가고 싶어 4학년 1학기 때 4학년 전 과정을 이수했으며, 카이스트 경영대학원을 졸업한 뒤 바로 KT에 입사했다. 한 번쯤은 숨을 돌릴 만도 한데 또다시 CFA 시험을 준비하는 나를 보며 사람들은 해도 너무 하는 것이 아니냐며 슬쩍 핀잔을 주기도 한다.

퇴근 후 공부하고 있는 내게 가끔 형이 농담을 던진다.

"우리 집에서 제일 열심히 공부하는 동생은 나중에 무엇이 될까?"

내 꿈은 글로벌 기업의 CFO가 되는 것이다. 한때는 형도 나와 같은 꿈을 꾸었다. 이제 형은 치과의사라는 새로운 꿈을 꾸며 살고 있지만, CFO가 되겠다는 내 꿈은 현재 진행형이다.

홍콩시립대학에서 교환학생으로 공부하면서 나는 현대 경제의 꽃이라 할 수 있는 자본시장의 중요성을 알게 되었으며, 카이스트 경영대학원에서 화폐금융론, 자본시장론, 국제재무론 등의 수업을 들으면서 글로벌 기업이 성장하는 데 재무관리가 얼마나 중요한지를 배웠다. 미국을 비롯한 영국, 일본 등이 강한 선진국으로 거듭날 수 있었던 이유도 자본시장과 글로벌 기업이 발전했기 때문이다.

경영학을 공부하면서 나는 우리나라를 비롯한 개발도상국들이 선진국으로 진입할 수 있느냐는 자본시장의 발달 여부에 달려 있음을 확신할 수 있었다. 앞으로 대한민국이 선진국으로 성장하려면 잘 발달된 자본시장을 바탕으로 삼성 및 엘지 같은 글로벌 기업이 최소 열

개 이상은 더 있어야 한다는 게 내 생각이다.

국제 자본시장에서 글로벌 기업이 성공하려면 국제적인 관점에서 재무적 성공과 관리는 필수이다. 이를 위해 나 자신이 글로벌 기업의 CFO가 되어 온 세계를 누비며 투자하고 개발하는 것이 나의 꿈이며, CFA를 준비하는 이유이다. 또한 그동안 국가의 세금으로 대학생활을 마쳤으니 글로벌 기업 CFO가 되어 보답을 하고 싶은 것도 중요한 이유이다. 카이스트 설립 목적 역시 한 명당 1만 명, 아니 10만 명을 먹여 살리는 인재를 키우는 것이 아니었을까?

지금은 CFO가 되는 것이 꿈이지만, 사실 어렸을 때는 전혀 다른 꿈을 꾸었다. 초등학교 시절 시골에서 생활할 때, 나의 꿈은 아버지의 뒤를 이어 군인이 되는 것이었다. 강원도 산골에서 집 앞으로 지나가는 탱크와 지프차를 보면서 나도 부대를 통솔하는 멋진 군인이 되겠다고 호언장담했다.

그랬던 산골 소년이 지금은 CFO를 꿈꾸고 있다. 왜 그럴까? 아마 나뿐 아니라 대부분의 사람이 비슷할 것이라 생각한다. 어렸을 적 꿈을 어른이 될 때까지 그대로 간직하는 사람은 거의 없을 것이다. 대부분 성장하면서 다른 꿈을 가슴에 품는다. 당연하다. 성장하면서 다양한 경험과 공부를 통해 그만큼 볼 수 있는 것이 풍부해지기 때문에 자연스럽게 꿈이 변할 수 있다. 어렸을 때는 아는 것도 없고 주위에 보이는 것도 많지 않아 한정된 틀에서만 꿈을 꾸었지만, 성장해가면서 그 틀이 더 커져 좀 더 넓은 범위에서 꿈을 찾게 된다는 얘기다.

나도 그랬다. 어렸을 때는 군인을, 과학고에 다닐 때는 과학자를,

카이스트를 다닐 때는 미국 명문 공대로 유학 가는 전자공학도의 꿈을 키웠다. 그리고 꿈은 또 변했다. 진정으로 원하는 꿈을 찾은 것은 교환학생으로 홍콩에서 공부할 때이다. 그때야 비로소 내가 정말 하고 싶은 일이 무엇인지 찾았고, 글로벌 기업의 CFO가 되겠다는 구체적인 꿈을 꾸었다.

물론 어릴 적부터 어떠한 직업들이 있는지 잘 알고 자신이 하고 싶은 꿈이 무엇인지 확신할 수 있다면 매우 좋겠지만, 나는 그렇지 못하였고 대부분의 사람들도 마찬가지라 생각한다. 안타깝게도 어렸을 때는 자신이 무엇이 되고 싶은지, 무엇을 목표로 해야 하는지 잘 모른다. 그런 상황에서 공부를 해야 하는 절실한 이유를 찾지 못하고 방황하는 것은 당연한 일일지도 모른다.

하지만 적어도 나의 경우 '공부'는 꿈을 향한 '날개' 같은 것이었다. 공부를 하면서 나중에 나 자신이 어떤 꿈을 꾸고 그것을 강렬하게 원할 때, 그동안 공부한 것들이 그 목표를 향한 날개가 되어주었다. 만약 내가 공부를 하지 않고 시골 아이로 한정된 틀 속에서만 자랐더라면, 지금 내가 하고 싶은 것을 할 수 있는 날개도, 기회조차도 얻을 수 없었을 것이다.

과학고에 입학할 수 있었던 것, 열여덟 살이라는 나이에 카이스트에 입학할 수 있었던 것, 큰돈 들이지 않고 교환학생으로 홍콩에 가서 해외생활을 경험해볼 수 있었던 것, 카이스트 대학원 내에서도 가장 인기 있는 경영대학원에 입학할 수 있었던 것, 매일경제 논문 공모전에서 동시에 두 개의 상을 받을 수 있었던 것, KT라는 국내 굴지의 통신 회사에 높은 경쟁률을 뚫고 최연소 병역특례 전문연구원으로 근무할 수 있게 된 것. 이는 모두 내가 꾸준히 공부하고 노력하지 않았으면 결코 얻을 수 없는 것들이다.

기회는 스스로 만드는 것이다. 그리고 기회를 만드는 가장 쉬운 방법은 공부라 생각한다. 또한 공부는 자신의 가치를 높이는 가장 쉬운 방법이기도 하다. 나는 지금도 끊임없이 공부한다. CFO의 꿈을 이루기 위해 지금은 CFA라는 작은 날개를 달고자 노력하는 중이다. 아마 CFA라는 날개를 달면 더 높이 날기 위해 또 다른 날개가 필요할 것이다.

꿈도 성장한다. 내가 노력하는 만큼 꿈도 더 크고 웅장한 모습으로 성장할 것이기에 난 오늘도 달리기를 멈추지 않는다.

둘도 없는 동반자이자 친구인 내 동생

"내가 크기만 해봐. 꼭 킬러를 고용해서 널 없애고 말거야~"

"나도 그럴 거야. 형이라고 봐주지 않아."

어디 영화에서 나올 법한 대화이지만, 실제로 우리는 어린 시절 싸울 때마다 이런 대화를 주고받았다. 어릴 때 우리 형제는 정말 전라도 사투리 그대로 '허벌나게' 싸웠다. 싸우는 이유도 정말 가지가지였다. 지금 생각해보면 정말로 유치하지만 말이다.

가장 많이 싸운 이유는 먹을 것 때문이다. 의도한 바는 아니겠지만 엄마는 간식과 같은 먹을거리를 주실 때 꼭 홀수 개수로 주셨다. "앗!

떡이 하나 남았네. 내가 먹어야지"라고 생각하면 어느새 동생 현성이가 홀랑 먹어버리기 일쑤였다. 그러면 순간 폭발하여 '죽이네 살리네' 하며 주먹다짐을 하였다. 아니면 서로 삐쳐서 말을 하지 않았다. '네가 먼저 사과 안 하면 절대로 안 봐줘'라는 식으로 말이다. 사흘씩이나 서로 대화를 하지 않은 적도 많다.

그렇게 지긋지긋하게 싸웠던 현성이지만 지금 나에게 누군가가 "당신에게 동생 현성이는 어떠한 사람입니까?"라고 물어본다면 나는 단 1초의 망설임도 없이 이렇게 말할 수 있다. "현성인 제가 가장 아끼는 친구이자 나의 반쪽입니다"라고 말이다.

고등학교 때까지만 해도 나는 형으로서 동생을 많이 챙겨주었다. 항상 꼼꼼하고 깔끔한 성격의 나와 달리 동생 현성이는 어리바리하였기 때문이다. 특히 미술 숙제가 나오면 현성이 것까지 하느라 고생을 해야 했다. 새벽까지 동생 숙제를 하다 보면 옆에서 구경만 하는 동생이 얄미운 생각이 들어 "야, 이젠 니가 좀 해라. 너는 옆에서 구경만 하냐?"라고 핀잔을 주곤 했다. 하지만 굼뜬 동생을 보며 답답한 마음에 "비켜, 비켜. 내가 할게"라고 말하며 동생을 밀어내고 대신 해주곤 하였다. 그럴 때마다 동생은 한마디씩 했다.

"형, 고마워."

시험 기간이 되면 꼭 필기를 보여 달라고 보채곤 하였다.

"형, 나 사회 필기 안 했는데 좀 보여주라."

그럼 나는 으레 예상했다는 듯이 "자, 여기 있어~"라고 말하며 척척 꺼내주곤 하였다. 그랬다. 고등학교 때까지는 나는 항상 동생 현성이를 챙겨주는 든든한 형이었다.

하지만 마냥 어리게만 보였던 동생이 이제는 내가 가장 믿고 의지하는 동반자가 되었다. 대학교 2학년 때의 일이다. 적성에 맞지 않는 전자과를 선택한 뒤 방황할 때 나는 거의 학교에 나가지 않았다. 밥 먹기도 귀찮았고, 수업을 들으러 가기는 더더욱 싫었다. 그래서 멍하니 오페라를 들으면서 천장을 보며 시간을 보냈다. 현성이가 수업을 마치고 오후에 내가 살아 있나(?) 체크하러 기숙사 방에 오면 인사를 하는 정도가 고작이었다.

정신을 차리고 다시 학교생활을 시작했을 때야 비로소 그동안 동생이 얼마나 나를 챙겨주었는지를 알았다. 바람직한 행동은 아니지만 현성인 가끔 대리출석도 해주고, 퀴즈를 볼 때는 용지를 두 장씩 받아서 내 이름을 적어서 내주곤 하였다. 동생이 나 모르게 내 뒤를 챙겨주어 그래도 어느 정도 성적은 나올 수 있었다. 시험 준비를 할 때는 아예 내 옆에 앉아서 수업을 안 들어 아무것도 모르는 내게 중요한 내용을 가르쳐주었다. 그때 깨달았다. '이제 현성이는 더 이상 내가 챙겨주어야 할 동생이 아니구나. 이젠 나를 챙겨줄 수 있는 듬직한 동생이구나' 라고 말이다.

지금도 현성이를 보면 정말로 듬직하고 믿음직스럽다. 서로의 모든 고민을 털어놓고 서로의 생활을 이야기하면서 우리 형제는 정말 돈독한 우애를 쌓은 것 같다. 작년 2008년 9월에 현성이가 논산으로 4주 군사 훈련을 갔을 때이다. 물론 학교를 다니느라 정신없이 시간이 갔지만 그 4주 동안 동생의 빈자리는 생각보다 너무나도 컸다. 오죽하면 우울증에 걸렸다는 생각이 다 들었을까. 실제로 우울증은 아니었지만 그만큼 우울한 기분이었다. 뭔가 횡한, 가슴이 뻥 뚫린 듯한 기분이었다. 학교 이야기, 내 이야기, 고민 등을 항상 들어주던 동생이 없으니 집에 와도 허전하고 적적했다.

우리 나이는 2009년 현재 스물여섯 살이다. 언젠가 우리도 부모님 밑에서 독립을 하여 각자의 가정을 꾸릴 것이다. 그날이 언제 올지는 모르겠지만 그때가 되어도, 삶이 아무리 바쁘고 힘들어도 우리의 형제애가 평생 변하지 않기를 기도한다.

또 다른 나, 형

"형, 혹시 '배니싱 트윈스(Vanishing Twins)'라는 얘기 들어봤어?"

"아니? 그게 뭔데? 배니시(Vanish)라면 사라지는 거니까, 사라진 쌍둥이? 애를 잃어버린 건가?"

"그런 게 아니고 임신 초기에 쌍둥이 중 하나가 모체 속에서 사라지는 거래. 그러니까 임신 8~10주쯤 초음파 검사를 하잖아? 그때는 태반과 심장이 두 개씩 보여서 분명 쌍둥이였는데, 이상하게도 10~15주 사이에 두 아기 중 하나의 심장이 멈추고 태반이 쪼그라들면서 자연적으로 사라진대."

"응? 그러면 유산인가?"

"이런 경우 유산은 아니고 배니싱 트윈스로 분류한다고 하네. 그런데 정말 신기한 건 이러한 현상이 없다면, 쌍둥이를 임신할 확률은 10퍼센트까지 올라간다고 하더라고."

"그렇구나. 그러면 역으로 우리도 배니싱 트윈스처럼 한 사람이 태어나지 않았을 수도 있는 거였네?"

"그렇지! 우리는 쌍둥이가 아닐 수도 있었다는 얘기야. 중간에 한 사람이 사라졌을 수도 있는 거야. 우리가 쌍둥이로 태어난 건 쉬운 일이 아니었어. 그러니까 나한테 잘해."

"그게 그거랑 무슨 상관이야? -_-"

어느 날, 우연히 배니싱 트윈스 이야기를 접하고 나서 그 특이한 현상을 형에게 설명해주었다. 그런데 정말 만약 형과 나 둘 중의 한 명이 태어나지 않았다면 어땠을까 하는 생각이 퍼뜩 머릿속을 스쳐갔다. 형이 없었다면, 혼자 자랐다면, 지금의 나는 어떤 모습이었을까?

일단 중학교 시절, 학교에서 내준 과제를 대신 해줄 사람이 없었을 것이다. "너는 이것도 못해? 네 일은 네가 스스로 해야지!" 라고 핀잔을 주면서도 결국에는 대신 해주는 형이었다. 그런 형이 있었기에 아무 걱정 없이 책가방에 책 한 권 없이 학교를 다닐 수 있었고, 시험 기간이 되면 형이 꼼꼼하게 필기한 노트와 책을 내 것인 양 마음대로 볼 수 있었다.

공부하기 싫어서 이불 속에 얼굴을 파묻고 노닥거리고 있을 때, 옆에서 공부하는 형의 모습을 보며 "형은 어떻게 잠도 없어? 공부 좀 그만해!" 하고 소리쳤지만, 이내 곧 형을 따라 공부하기도 했다. 전학을 자주 다녔지만 별 어려움 없이 적응할 수 있었던 것도 다 형이 있었기 때문에 가능했다. 그리고 과학고에 입학하여 너무나도 힘들어 눈물이 날 때면, 옆에서 다독여주던 형이 있었다.

"현성아, 우리 조금만 더 열심히 하자. 1학년만 지나면 모든 과목을 다 배웠을 테니까 수월해질 거야. 기운 내!"

그때 가족과 떨어져 기숙사에서 생활하면서 형이 없었더라면 자칫 과학고에 적응하지 못하고 겉도는 '부적응아'가 되었을지도 모른다. 그러니까 형과 함께 태어나지 않았더라면 지금의 나는 존재할 수 없었으리란 생각이 든다.

혼자인 나는 상상도 할 수 없다. 그동안 자라오면서 앨범을 채운 사진들은 대부분 형과 함께 찍은 것들인데, 어쩌다 형의 모습을 손으로 가리고 홀로 웃고 있는 나를 보면 너무나도 어색하다.

불과 두 시간 차이밖에 나지 않지만 형은 언제나 나의 든든한 보호자였다. 어릴 때부터 형으로서 나를 돌봐주었고, 기숙사에서 아파서 혼자 누워 있으면 휴일에도 사방팔방 약국을 찾아다니며 약을 사다주고 간호해주었던 사람이 형이다. 여학생과 데이트 약속이라도 있는 날이면, 이 옷 저 옷을 입혀보면서 어떤 옷이 잘 어울리는지 봐주던 사람도 형이다. 서로가 힘든 일이 있으면 서슴없이 얘기하며 함께 고민을 나누기도 했고, 때로는 친구처럼 같이 웃고 떠들면서 놀기도 하던 형은 내게 없어서는 안 될 소중한 존재이다.

외국에서는 늦게 태어난 쌍생아가 실제로는 형이라고 한다. 가끔 사람들이 "동생으로 태어나서 억울하지 않아요?"라고 묻는다. 하지만 나는 다시 태어나도 형이 아닌 동생으로 태어나고 싶다. 내가 의지

할 수 있는 형이 있다는 사실이 너무 좋다.

"형! 형은 내 클론(Clone)이니까. 몸 간수 잘해. 형은 나 어디 아프면 장기 떼주려고 태어났으니까. 특히 술 담배는 하지 말고. 폐랑 간이 손상되면 나중에 써먹을 수 없잖아?"

가끔 이런 농담을 한다. 그럴 때마다 형은 발끈하지만, 실은 형이 아프지 않고 늘 건강했으면 하는 마음에서 이런 얘기를 한다. 함께 자라면서 무엇이든지 항상 함께해주었던 형에게 너무 고맙다. 이제는 서로 각자의 길을 걷고 있지만 언제 어디서든지 서로를 생각하는, 변하지 않는 형제애를 간직할 수 있기를 기도한다.

▲ 몇 년 전 정동진에서 함께 일출을 맞이하다

만년 중간치기 길동이도
특목고 가는
3Step 학습법

공부의 완성이란 '이 정도면 시험을 볼 수 있겠나'가 아니라 '내가 다른 사람을 가르칠 수 있을 정도로 완벽하게 대비해 이번 시험을 100점 받을 수밖에 없겠다'이다. 이렇게 '이 정도'라는 단어를 '완벽히'라는 단어로 바꾸어주는 것이 바로 3Step 학습법의 핵심이다.

'길동이'라는 똑똑한 중학생이 있었다. 내게 수학과 과학을 배운 학생인데, 머리도 좋고 공부에 대한 욕심도 많아 공부를 열심히 했다. 수업 내용을 빨리 이해할 뿐아니라 수업이 끝난 뒤 문제를 내면 대부분 다 맞혔다. 그런데 학교에서 시험을 보면 반 등수가 10등 아래라는 불가사의한 성적을 받아왔다.

'아니 이렇게 열심히 하는데 왜 성적이 안 오를까?'

이해할 수가 없었다. 나는 물론 길동이도 원인을 찾지 못해 애를 태웠다.

"이유가 무엇일까? 길동아, 넌 왜 성적이 안 오르는 것 같아? 수업 듣는 걸 보면 머리가 나쁜 것도 아니고 머리가 좋은데 말이야. 이해도 잘 하고……."

"그러게 말예요, 선생님. 저도 정말 미치겠어요! 이상하게 꼭 한두 문제씩 틀린다니까요. 꼭 그런 거 있잖아요. '내가 정신이 나갔나 봐. 왜 이렇게 문제를 보고 풀었지? 아, 이거 분명히 본 문제인데 답이 뭐였더라?' 이런 게 꼭 과목마다 한두 개씩 있어요. 아, 정말 억울해~"

"길동아 상위권에서는 실수도 실력이란다."

길동이의 문제는 '실수'에 있었다. 상위권에서의 경쟁은 정말 치열하다. 누가 실수를 덜 하느냐의 싸움이라고 해도 무방하다. 왜냐하면 선교 1등과 2등은 고작 한 문제 차이로 결정 나는 경우가 많기 때문이다. 그러니 길동이처럼 실수로 틀린 문제가 과목별로 한두 개씩 있다면 등수는 바람에 낙엽 떨어지듯이 추락하는 것이 당연하다. 길동이는 '실수'를 먼저 잡아야 했다.

"성적표 좀 가져와 봐. 선생님이 봐야겠어."

"어 그건 좀…… 그래도……."

"선생님은 너의 사부이자 아군이야. 아군에게 비밀이 있어서는 안 되지. 가서 얼른 가져와!"

"그래, 어디 한번 보자. 그래도 국어, 영어, 수학, 과학 주요 과목은 90점 이상이고 100점도 자주 받았네. 그런데 암기 과목들이 뭐야, 80점? 잘 받으면 90점? 보통 80점이네. 이게 뭐야?"

"그게…… 암기 과목은 하기도 싫고 잘 외워지지도 않고…… 그냥 시험 기간에 한 번 보거나 벼락치기를 해서 그런가 봐요."

중위권 학생들은 대부분 길동이와 비슷하다. 주요 과목들은 평소 학원이나 과외 등을 통해 반복해서 공부하다 보니 그래도 성적이 어느 정도 나오는데, 문제는 암기 과목이다. 도덕, 한문, 기술, 가정 등 암기 과목 등에서 성적을 다 깎아먹는다. 중위권 학생들은 대부분 일명 '뷔페식' 공부를 한다. 시험을 준비할 때 모든 과목을 완벽히 공부하기보다는 조금씩 골라서 맛만 보고, 수업은 듣지만 마치 뷔페처럼 골라서 조금씩만 집중해서 듣거나, 문제집도 이것저것 풀다가 그만둔다. 한 과목이라도 '완벽히' 끝내려고 노력하지 않고 모든 과목을 '이 정도만 하면 되겠지'라는 생각으로 공부한다.

이런 학생들의 가장 큰 문제는 모든 과목을, 모든 시험을 100점을 받겠다는 '완벽성'에 대한 집념이 없다는 것이다. 100점을 목표로 잡는다고 해서 항상 100점을 받을 수는 없지만, 100점을 목표로 해야 100점에 가까운 점수를 얻을 수 있다. 이런 학생들에게 완벽성에 대한 집념만 심어준다면 그 효과는 상당히 빠르게 나타난다.

'시험을 잘 보려면, 한 과목에 자신을 갖고 잘하고 싶다면, 완벽하게 공부해야 한다'는 점을 명심해야 한다. 우리 형제가 활용한 3Step 학습법의 기본 골자는 '완벽히 공부하자. 즉 시험에서 단 한 문제라도 실수로 혹은 몰라서 틀리는 일을 막아 무조건 100점을 받도록 하자'이다.

공부의 완성이란 '이 정도면 시험을 볼 수 있겠다'가 아니라 '내가 다른 사람을 가르칠 수 있을 정도로 완벽하게 대비해 이번 시험을 100점 받을 수밖에 없겠다'이다. 이렇게 '이 정도'라는 단어를 '완벽히'라는 단어로 바꾸어주는 것이 바로 3Step 학습법의 핵심이다.

중간치기에서 헤어나오지 못하던 길동이에게 내가 늘 하던 말이 있다.

"길동아, 조금만 더 노력해서 조금만 더 성적을 올릴 수 있도록 노력해야지."

"네, 선생님. 이번에는 더욱 열심히 할게요."

손가락 꼭 걸고 몇 번이고 다짐했지만, 대부분의 학생이 그렇듯이 길동이 역시 대답과 의지는 따로 놀았다. 대답한 지 얼마 지나지 않아 열심히 노력하겠다는 의지는 흐물흐물 약해진다.

하지만 길동이가 3Step 학습법에 따라 공부한 결과 놀라운 일이 벌어졌다.

"선생님, 저 반에서 3등 했어요."

"선생님, 저 반에서 1등 했어요."

"선생님, 저 전교에서 1등 했어요."

"선생님, 저 외국어고 합격했어요. 너무 감사해요."

만년 중간치기였던 길동이가 성적이 점점 오르더니 결국 외국어고에 합격한 것이다. 성적만 오른 것이 아니다. 길동이는 3Step 공부법을 따라 공부한 이후 공부하는 시간과 습관도 확 달라졌다. '대충 하면 되겠지' 라는 생각 대신 '모든 문제를 다 풀어 100점을 받겠다' 는 의지를 다졌다. 자연스럽게 공부에 대한 욕심과 오기가 생겼다. 지금은 저렇게 공부만 하다가 쓰러지는 것은 아닐까 걱정이 될 정도로 많은 시간과 노력을 공부에 쏟아 붓고 있다.

"길동아, 좀 쉬어가면서 공부해라. 쉬는 날에는 좀 쉬어야지. 이번 휴일에도 공부할 거야?"

"선생님, 저는 꼭 판사가 되어서 훌륭한 사람이 될 거예요. 지금 하지 않으면 안 돼요!"

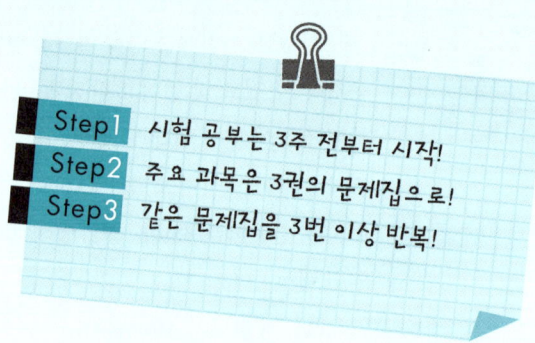

Step1 시험 공부는 3주 전부터 시작!
Step2 주요 과목은 3권의 문제집으로!
Step3 같은 문제집을 3번 이상 반복!

시험 공부,
최소 3주 전부터 시작하라

　시험 공부? 평소 열심히 공부했는데 시험 공부를 따로 할 필요가 있을까? 그냥 평소 실력대로 보면 되는 거 아냐?

　참 그럴듯하게 들리는 말이다. 하지만 이런 생각을 하는 학생이라면 벽을 보며 과연 평소 실력이 얼마나 되는지 곰곰이 생각해볼 필요가 있다. 따로 시험 공부를 하지 않아도 될 만큼 완벽하게 실력을 갖춘 사람은 적어도 지금껏 내가 본 사람 중에는 없다.

　일반적인 공부와 시험을 잘 보기 위한 공부가 다르다는 점을 깨달은 것은 중학교 때였다. 사실 우리 형제는 그날 배운 것은 그날 복습하는 습관이 있었기 때문에 초등학교 때까지만 해도 시험을 그리 부담스러워하지 않았다. 그저 시험 보기 일주일 전부터 교과서와 참고서를 한 번씩 보고 시험을 봤다. 그래도 초등학교 때는 배우는 양이 많지 않고 시험도 어렵지 않아 좋은 성적을 받을 수 있었다.

하지만 중학교는 달랐다. 중학교 첫 중간고사. 시험을 어떻게 대비해야 하는지 정보가 전혀 없던 우리는 초등학교 때처럼 교과서와 참고서를 한 번 보고 시험을 봤다. 국어, 수학, 과학, 영어는 학교에서도 배우고 학원에서 또 배웠으니 다 아는 것이고, 한문은 평소 수업 시간에 선생님이 외우라고 해서 다 외웠으니 전날 공부해도 충분하고, 기술가정은 책도 얇은데 며칠 보면 되겠다 싶었다. 그리고 도덕? 난 법 없이도 살 정도로 도덕적인데 굳이 공부를 할 필요가 있을까 싶었지만, 그래도 걱정되니까 교과서 한 번 읽어보고 시험 보자고 생각했다.

결과는 참담했다. 초등학교 때는 한 번도 받아보지 못했던 형편없는 점수를 받고 우리 형제는 당황했다.

'어떻게 공부를 해야 하나? 남들은 어떻게 공부하지? 언제부터 시작하지?'

일단 시험을 준비하는 데 일주일은 너무나도 짧다는 것을 깨달았다. 일주일이라 해도 학교 갔다 오고 저녁 먹고 이것저것 하다 보면 하루에 공부할 수 있는 시간은 불과 서너 시간밖에 안 된다. 일주일은 고작해야 과목별로 시험 범위에 해당하는 내용이 어떤 것인지를 파악하기에도 바쁜 시간임을 깨달았다. 초등학교 시험과는 달리 시험을 보는 과목이 중간고사 때는 아홉 과목, 기말고사 때는 열두 과목으로 엄청나게 많으니 일주일 공부해서 시험을 완벽하게 준비하기는 불가능했다.

한 번의 실패를 겪고 깨달은 바가 있었다.

'더 이상 시험은 실력을 테스트하는 것이 아니다. 나의 시간 관리 능력 및 전략까지 테스트하는 것이다.'

우선 시험을 보는 과목이 많다는 점도 문제지만 시험 기간이 길기 때문에 미리 공부를 해도 시험 당일에는 잊어먹기 쉽다는 점이 가장 큰 문제였다. 알다시피 중학교 시험은 초등학교처럼 하루에 다 보는 것이 아니라 하루에 세 과목씩 3~4일 동안 본다. 애써 공부한 내용을 시험 당일 잊어먹지 않으려면 시험 시간표에 맞춰 어떤 과목부터 먼저 공부해야 하는지 계획을 잘 세워야 한다.

준비 기간도 훨씬 길어야 했다. 과목 수도 많은 데다, 보통 과목별로 33문제, 수학은 25문제가 출제되니 기말고사 기간에는 약 390문제를 4일에 거쳐 풀어야 한다는 계산이 나온다. 절대로 만만하게 볼 수 있는 양이 아니다.

원하는 점수를 얻는 데 '대충'이라는 단어는 통하지도 않는다. 약 390여 문제를 완벽하게 풀기 위해서는 최소한 3주 동안 철저한 준비를 해야 한다.

"시험 공부를 3주 전부터 하라고요! 학기의 반을 시험 공부로 보내란 말씀인가요? 3주면 아직 배우지도 않았는데 어떻게 시험 공부를 해요?"

내가 가르치는 학생에게 시험을 잘 보기 위해선 3주는 준비해야 한다고 얘기하면, 열 명 중 아홉 명은 처음에 이런 반응을 보인다.

3주. 솔직히 내가 보아도 긴 시간이다. 보통 한 학기 동안 중간고사 한 번, 기말고사 한 번을 치른다. 1년이면 네 번의 시험을 본다는 얘기다. 이 네 번의 시험을 보기 위해 3주씩 준비한다면 '3주×4=12주', 즉 세 달을 시험 공부를 하면서 보내야 한다. 1년의 4분의 1에 해당하는 기간이니 끔찍할 만도 하다.

하지만 1년의 4분의 1씩, 중·고등학교 6년 동안 모두 합해서 '1년 반'이라는 기간이 대학을 결정한다. 그리고 이는 다시 인생의 출발점을 결정하고 여생 60년, 아니 80년 이상을 결정한다면 인생 100년이라는 기준에서 1년 반은 극히 짧은 기간이다.

3주라고 얘기하면 정말로 길어 보이지만 막상 공부하는 시간을 따져보면 그렇게 길지만도 않다. 3주라고 해보았자 학교에 갔다 오고, 학원 갔다 오면 그날 하루는 이미 저물어버린다. 설령 학원에 다니지 않는다고 해도 마음을 단단히 먹지 않으면 어영부영 시간을 흘려보내기 일쑤다. 주중에는 학교에 갔다 와서 피곤하다는 핑계로 씻고 쉬다 보면 금방 저녁이 된다. 학원을 다닌다면 시간은 더 없다. 따라서 시험을 위한 시험 공부를 할 수 있는 시간은 하루에 두 시간도 채 내기 어렵다.

이처럼 실제로 시험을 준비할 수 있는 시간이 많지 않기 때문에 적어도 시험 3주 전부터는 시험 공부를 시작해야 한다. 단, 이때의 3주는 절대로 말만 '시험 기간'이 아니라 3주 동안 당장이라도 내일 시험을 볼 것이라는 생각을 가지고 '완벽히' 공부에 몰입하는 시간이어야 한다. 문제를 풀거나 교과서를 보아도 모르는 것이 없을 만큼 '완벽

시험 성적 확실히 올려주는 쌍둥이 형제의 3step 학습법

함'을 추구하며 준비하는 3주라야 비로소 시험을 보고 환하게 웃을 수 있다. 성취감에 흠뻑 젖어서…….

첫 3일은 취약 과목부터

새 학기가 시작되는 3월에는 대부분 새로운 마음으로 열심히 학교를 다닌다. 물론 열심히 놀기도 한다. 친구도 만나고, 방과 후에 농구도 즐긴다. 여학생이라면 연예인 이야기를 하며 수다를 떨기도 하고, 친구들과 함께 쇼핑도 한다. '아, 학생인데 너무 바빠서 공부할 시간이 없다' 하면서 정신없이 지낸다. 거기다 학원까지 다닌다면 정말 시간이 금방 간다. 3월 한 달이 훌쩍 지나고 어느새 4월이 된다. 4월 말쯤 중간고사가 있다는 사실을 깨닫고 화들짝 놀라는 학생들은 그래도 공부에 관심이 있는 학생들이다. 세월이 흐르는지도 모르고 있다가 시험 보기 1주 전 시험 시간표가 나왔을 때 '벌써 중간고사야! 와 시간 빠르네'라고 생각하는 학생은 벽을 보고 반성해보자.

시험을 앞둔 학생들의 모습은 그야말로 각양각색이다. 어떤 학생이 컴퓨터 게임으로 몬스터 한 마리 죽일 동안 다른 학생은 영어 난어를 하나 외운다. 어떤 학생이 연예인 팬 사이트를 들락날락할 동안 다른 학생은 학교에서 무엇을 배웠나 책을 들척인다. 혹시 시험이 한 달이나 남았다며 시간을 어영부영 보내다가 막판 시험 보기 3~4일 전에 막막함에 사로잡혀 '학교에 불이 났으면' 하는 생각을 한 적은 없는지?

누구에게나 시험을 준비하는 일은 괴롭다. 시험을 보는 일도 이만 저만한 스트레스가 아니다. 하지만 어차피 해야 하는 일이라면 한번 제대로 준비해서 좋은 성적을 얻어보는 게 어떨까?

보통 공부에 관심이 있는 학생들은 2주 정도 시간을 두고 시험 공부를 하겠다고 일단 결심부터 한다. 하지만 역시나 결심은 결심일 뿐 처음에 하는 둥 마는 둥 하다가 마지막 시험 보기 1주 전 초조해하면서 시험 공부를 하는 학생이 많다. 일주일 만에 중간고사 아홉 과목, 기말고사 열두 과목(중학교 기준에서)을 공부해서 잘 볼 수 있을까? 하루에 한 과목을 공부한다고 해도 1주는 너무도 모자란 시간이다. 시험 공부는 일찍 시작하면 할수록 유리하다. 하지만 내 경험상 3주면 충분하다.

3주 전부터 시험 공부를 하는 것만으로는 부족하다. 3주의 노력을 물거품으로 만들지 않으려면 시험을 전략적으로 준비해야 한다. 학생들이여! 온라인 게임을 할 때만 전략을 세우지 말고 공부할 때에도 전략을 세우자! 막연히 '시험 공부를 해야지'라는 생각으로 책을 넘기지 말고, 체계적이고 구체적으로 어떻게 시험을 준비할지 고민하고 계획을 세워 실행해야 효과적이고 효율적으로 시험에 대비할 수 있다.

전략적으로 시험 공부를 하려면 우선 시험 시간표부터 짜야 한다.

구분	월	화	수	목	금	토	일
							주말에는 두 과목씩! 주말을 활용하자!
1주	국어	국어	국어	과학	영어	영어, 수학	제2외국어
2주	국사	사회	도덕	기술가정	국어	한문, 영어	국사, 국어
3주	사회	제2외국어	과학	기술가정	도덕	한문, 수학	시험 당일 것 정리 및 부족한 과목
시험 주간	시험	시험	시험				

▲ 중학교 중간고사 시험 대비 시간표 예

※ 위의 계획표가 반드시 절대적인 것은 아니며, 자신이 부족한 과목에 따라 시간 배정을 달리할 수 있다. 중요한 것은 적어도 한 과목을 두 번 이상 공부하도록 계획을 잡고, 목표한 계획을 반드시 실행하는 것이다.

위의 시간표를 보면 첫 주에 국어 과목이 연달아 3일이나 차지하고 있다는 것이 가장 먼저 눈에 들어올 것이다. 우리 형제는 국어 과목에 취약했을 뿐 아니라 국어는 지문이 많아서 이를 공부하고 모두 이해하는 데 시간이 걸려 이렇게 시간표를 짰다. 하지만 평소 국어를 관심 있게 공부하고 교과서 내용에 익숙한 상태라면 3일씩이나 할애할 필요는 없다.

여기서 강조하고 싶은 점은 취약한 과목부터 먼저 공부할 수 있도록 시간표를 짜라는 것이다. 원래 어려운 과목에는 관심이 잘 안 간다. 부담감은 크지만 잘 이해가 안 되어 재미를 느끼지 못하므로 자꾸 뒤로 미루기 마련이다. 하지만 시험에 임박해 어렵게 생각하는 과목을 공부하려고 하면 좀처럼 집중하기도 어렵고, 다른 과목들에 대한 부담으로 아예 포기하는 사태가 생길 수 있다. 그러니 어려운 과목부터 공부하는 것이 현명하다.

주말 시간 활용이 성적을 결정한다

주중과 달리 주말에는 두 과목을 공부할 계획을 세운 것도 눈여겨 봐야 한다. 주말 동안 공부할 수 있는 시간은 주중 5일을 모두 합한 시간보다 많다. 주중에는 최소 7~8시간은 학교에 있어야 한다. 학교에 있는 동안에는 수업을 들어야 하므로 개인적으로 시험 공부를 할 시간이 없다. 하지만 주말에는 이 시간을 고스란히 공부하는 데 쓸 수 있다. 주말에 어떤 과목을 공부하는가는 각자의 선택이지만, 우리 형제는 주로 외울 것이 많은 암기 과목이나 부족한 과목을 공부했다.

주말을 어떻게 보내는가는 아주 중요하다. 사실 주말에는 마음이 느슨해지기 쉽다. 아침에 늦잠을 자고 싶은 유혹에 빠지기도 쉽고, 일주일 동안 열심히 공부했으니 잠시 게임을 하면서 머리를 식히고도 싶다. 재미있는 텔레비전 프로그램을 보면서 쉬고 싶은 생각도 간절하다. 하지만 주말은 의외로 빨리 지나간다. 이런 저런 유혹에 어물쩍 시간을 보내다 보면 어느새 주말이 훌쩍 지나고 월요일이 와버린다.

우리 모두에게 주어진 주말이라는 시간은 같다. 주말에 얼마나 공부를 효율적이고 효과적으로 하느냐가 성적을 결정한다. 즉 주말을 전략적으로 잘 활용하는 것이 좋은 성적을 좌지우지한다고 할 수 있다.

암기 과목은 하루에 한 과목씩

이외에도 하루에 한 과목을 정해 시험 범위까지 끝내는 전략을 추천한다. 어떤 학생은 하루에 조금씩 여러 과목을 공부한다. 물론 개인의 취향과 성향에 따라 학습법은 다르겠지만, 한 과목을 하루에 몰아서 공부하면 좋은 점이 많다. 각 단원들은 서로 유기적인 관계를 맺고 있다. 따라서 전체 흐름을 파악하려면 여러 날에 나누어 공부하는 것보다는 하루에 시험 범위를 모두 공부하는 편이 효과적이다. 한 단원씩 조금씩 공부하면 흔히 얘기하는 숲과 나무의 이야기처럼 나무는 보되 숲을 보지 못하는 우를 저지를 수 있다. 또한 한 과목씩 끝내면 다시 공부할 때는 좀 더 자신감을 갖고 공부할 수 있고, 한 번 공부했던 내용이라 공부하는 데 속도가 붙는다.

마지막으로 시험을 앞둔 마지막 일주일 동안에는 국어, 수학, 과학, 영어보다는 암기 과목인 사회, 국사, 도덕, 기술가정, 한문 등을 하루에 한 과목씩 배정했다.

"이거 이상하네요, 주요 과목을 공부해야죠. 뭔가 착각하시는 거 아닌가요?"

옳은 이야기이다. 주요 과목을 열심히 공부해야 한다. 그러나 더 좋은 성적을 받고 싶다면, 전교 등수권에 진입하고 싶다면 주요 과목은 평소에 해두는 것이 원칙이다. 즉 주요 과목은 미리 공부해두고, 시험을 앞둔 때는 주로 암기 과목에 집중해서 공부했던 것을 잊어버리지 않도록 계속 암기해야 한다. 시험을 일주일 앞두고 수학이나 과학 과목을 붙잡고 끙끙대고 있다면 공들여 외웠던 암기 과목 내용들이 하나둘씩 기억에서 사라질 위험이 크기 때문이다.

시험 3주 전, 주요 과목에 집중

시험 준비 기간으로 잡은 3주. 첫 1주는 무엇을 해야 할까? '아니 아직 다 배우지도 않았는데 무슨 시험 공부래? 공부해도 다 까먹겠네'라고 투덜대는 학생도 있을 것이다. 당연하다! 아무리 똑똑한 사람이라도 미리 공부하면 까먹게 되어 있다. 어떻게 사람이 모든 것을 다 기억하고 살겠는가? 특히나 재미도 없는 시험 공부 내용을 말이다. 그렇기 때문에 첫 1주는 암기 과목에 집중해서는 안 된다.

첫 1주는 암기 과목이 아니라 이해해야 하는 과목에 주력해야 한다. 가장 적합한 과목은 국어이다. 국어, 언어영역은 일단 분량이 많기 때문에 단기 완성이 불가능한 과목이다. 국어를 잘하려면 '감'이 있어야 한다. 지문에 익숙해지는 것, 문장을 보고 해석할 수 있는 능력이 감이다. 감을 키우는 방법은 206페이지에 있는 '과목별 3Step 학습법'에서 자세히 소개하겠다.

또한 첫 1주에는 국어 외에도 수학, 영어, 과학을 공부해두어야 한다. 이들 과목의 공통점은 전부 평소에 공부해야 하는 과목으로 단기간에 완성할 수 없다는 점이다. 그 중에서도 수학은 특히 그렇다. 혹시 수학을 '시험 기간에 공부해야지' 혹은 '시험 전날 벼락치기 해야지'라고 생각한 학생들은 다시 한 번 벽을 보며 반성하자. 그렇게 해서 100점을 받아본 적이 있는가? 절대 그런 일은 있을 수 없다. 수학,

영어, 과학은 평소에도 준비해야 하지만 시험을 위한 공부와 실력을 위한 공부가 따로 있기 때문에 필히 첫 1주에는 국어와 함께 공부해두어야 한다. 이러한 과목들은 수업 진도와 상관없이 미리 해두어도 기억에 오래 남는다.

시험 2주 전부터 암기 과목은 보고 또 보고

초등학교를 졸업하고 중학교에 입학하면 과목 수가 엄청나게 많다는 데 놀란다. 예체능 과목까지 합하면 공부해야 할 과목이 열두 개에 달한다. 이해 과목인 국어, 영어, 수학, 과학을 빼면 사회를 비롯한 나머지 여덟 과목은 모두 암기 과목이라 할 수 있다.

이 많은 과목을 완벽하게 암기하기란 하늘에 별 따기처럼 어려운 것이 사실이다. 평소 관심이 있고 재미를 느끼는 과목은 그래도 괜찮지만, 그렇지 않은 과목을 공부하려면 머리에 쥐가 날 정도로 힘들고 고통스럽다. 게다가 애써 외워도 며칠만 지나면 기억이 가물가물해 애간장을 녹인다.

도대체 이 애물단지 암기 과목을 어떻게 해야 할까? 방법은 없다. 계속 공부한 내용을 잊어버리지 않도록 반복해서 공부하는 것만이 살길이다. 그래서 적어도 2주 동안은 꾸준히 계획적으로 외워야 한다.

"그 많은 것을 어떻게 외워요? 저는 머리가 나빠요."

걱정하지 않아도 된다. 열 번 찍어 넘어가지 않는 나무 없고, 아무리 단단한 바위도 계속 긁으면 흠집이 나기 마련이다. 머리가 아주 나쁘다면 모를까 반복적으로 공부하면 누구나 외울 수 있다. 보통 외워도 금방 까먹으니 머리가 나쁠 것이라 생각하는데, 사실 머리가 나쁜 것이 아니라 단지 암기력이 떨어지는 것뿐이다. 암기력이 약한 학생들도 원리를 이해하며 암기하면 잘 외울 수 있다. 자신의 머리가 돌이라고 생각한다면 돌에 새긴다는 마음으로 외우도록 하자. 한 번 돌에 새겨진 것은 지워지지 않고 오랫동안 남기 마련이다. 그러니 머리 핑계 대지 말고 완전히 머리에 새겨질 때까지 보고 또 보고, 외우고 또 외우기를 반복하기 바란다.

시험 1주 전, 선생님이 흘리는 시험 문제에 주목

자, 이미 우리는 앞서 2주 동안 시험 공부를 했다. 2주 동안 공부를 했다면 시험을 1주 앞둔 시점에는 최소한 전 과목을 한 번 이상 보았을 것이다. 여기서 한 번 보았다는 의미는 수학, 과학, 영어는 당장 시험을 봐도 90점 이상 나오고, 암기 과목은 지나가는 사람이 손가락으로 쿡 찔러 물어보았을 때 당장은 대답을 못하더라도 어느 정도는 기억이 날 정도이다. 이 정도가 안 된다면 지난 2주 동안 최선을 다해 공부했다고 볼 수 없다.

드디어 마지막 주. 즉 시험 보기 전 1주가 가장 중요하다. 이때 선생님들은 시험 문제를 마구 흘려준다. 아직도 '나는 학원에서 배웠으니깐', '과외 선생님이 있으니깐', '뭐 혼자 해도 대충 점수 나오겠지' 라는 생각으로 수업 시간 내내 같은 페이지를 펴놓고 눈 감고 기도하거나 아예 선생님을 향해 절을 하면서 엎어져 있는 학생이 있다면 꼭 이렇게 얘기해주고 싶다.

"돈 들여 족집게 과외 받지 말고 바로 앞에서 무료로 시험 문제를 가르쳐주시는 시험 문제 출제자의 직강을 들으세요."

앞서 말했듯이 시험 보는 마지막 1주 전이 제일 중요한데, 그 이유는 시험 스케줄 때문이다. 세 번 반복 중 두 번째 반복은 이 기간에 이루어진다. 이 기간에는 두 번씩 시험 범위까지 미리 공부하고 마지막 수업을 듣는 것이 좋다.

시험 보기 마지막 1주 전은 이미 대부분의 시험 문제가 출제되어 있을 시기이다. 적어도 과목에 대한 전체적인 그림과 흐름을 알고 있어야 선생님께서 가르쳐주는 시험 힌트를 잡아낼 수가 있다. 그리고 이 기간에 맞추어 선생님께 질문을 하는 것도 잊지 말자. 모르는 것보다는 시험에 대한 질문을 많이 하는 것이 포인트이다. 모르는 것은 평소에 친구들에게 물어보거나 스스로 노력해보고 그래도 해결하지 못했을 때 질문하도록 한다.

"선생님 OO페이지 이 표, 이 문제 나오나요?"

"호동아, 그 문제는 안 나온단다. 공부하지 않아도 돼."

설마 이런 대화를 상상하는 학생은 없으리라 생각한다. 선생님께는 시험 예상 문제를 풀면서 까다롭게 여겼던 것을 여쭤보도록 한다.

"선생님 이 문제는 이렇게 풀 수도 있을 것 같아요. 방법이 여러 가지고 복잡한데 좀 더 쉽게 푸는 방법이 없을까요? 아무래도 교과과정 수준을 넘는 게 아닐까요?"

이런 식으로 질문을 했을 때 중요한 문제라면 선생님께서 친절히 답변해줄 것이고, 그렇지 않으면 얼버무리실 것이다. 물론 함정은 있다. 보통 중·고등학교에는 앞반과 뒷반 선생님이 다른데, 선생님에 따라 중요하게 생각하는 내용이 조금씩 다를 수 있으므로 100퍼센트 믿어서는 안 된다.

사실 이 방법은 시험을 잘 보기 위한 일종의 요령이다. 공부를 열심히 해서 차곡차곡 지식을 쌓는 것이 중요하지만, 시험 점수가 정 급한 학생들은 이런 방법을 활용해보는 것도 나쁘지 않다. 확률을 높이려면 시험 문제를 출제한 뒤인 마지막 수업 시간에 집중적으로 질문을 하는 것이 좋다.

D-1, 하나라도 더 외워라

시험 전날 '아 내일이 시험이네. 어떻게 하지'라는 걱정으로 잠 못 이룰 때가 많다. 하지만 잠도 못자면서 걱정하는 시간에 암기 과목을 하나라도 더 외우도록 하자.

대부분 수학이나 과학 같은 이론 중심의 과목을 같은 날에 시험을 보는 경우는 없다. 내일이 당장 시험이라면 수학이나 과학 등 이론 중심 과목부터 공부하는 것이 좋다. 수학이나 과학 등은 평소에 공부해 둔 과목이므로 자주 실수하는 것, 학교에서 나누어준 프린트 등을 중심으로 공부하고, 교과서에 시험 예상 문제로 표시해둔 것을 꼭 본다.

그런 다음 암기 과목을 공부하기 시작한다. 사람은 망각의 동물이기 때문에 시간이 지나면 암기한 것을 잊어버리므로 암기 과목은 가장 나중에 하는 편이 좋다. 암기 과목은 놓친 부분이 없는지 꼼꼼히 확인하도록 한다.

내일이 시험인데 새로운 것을 암기하려고 하는 것은 자살 행위이다. 이는 마치 성냥불로 장난하다가 카펫에 불이 붙었을 때 옆에 있는 소화기를 쓰지 않고 119에 신고하여 소방차가 왔을 때는 이미 집을 홀라당 태워먹는 것과 같다. 새로운 것을 암기하기보다는 내가 암기했던 것을 다시 상기시키는 것이 중요하다. '앗 이거 내가 알고 있었던 건데……. 근데 뭐였지? 아, 이 멍청이!'라고 시험을 보던 중 자신의 머리를 콕 쥐어박고 싶지 않다면 이미 외운 것이라도 확실히 기억하는 편이 좋다. 시험 기간에 선생님께서 강조하셨던 부분, 내가 교과서에 표시해두었던 부분, 항상 헷갈리던 표나 문장 등을 꼼꼼히 체크하며 만반의 준비를 하자.

1. 시험 기간에는 절대로 밤을 새지 않는다

'내일이 시험이네. 오늘은 올나이트~ 밤새야지~'

행여 이런 생각을 한다면 일찌감치 마음을 바꾸기 바란다. 특히 수학 같은 과목은 밤을 샌 상태에서 시험을 보면 머리가 멍해져 문제가 공부했던 유형에서 조금이라도 벗어나면 실제보다 훨씬 어렵게 느껴진다. 머리에 퓨즈가 나가기 때문이다. 암기 과목 또한 마찬가지이다.

아무리 못 자도 최소 세 시간 이상은 자야 한다. 자는 시간이 아깝다는 생각이 들면 누워서 잠을 청하는 동안 암기한 것을 다시 생각해보자.

"음. 을지문덕 장군은……. 을사조약은 ……."

이런 식으로 생각하면서 공부한 내용을 되새기며 잠을 청한다. 잠을 조금이라도 자두어야 내가 기억한 것을 머릿속에서 끄집어내어 답을 적을 수 있다.

2. 시험 당일 아침에는 꼭 포도당을 섭취한다

"아니, 이 사람. '아침밥을 먹어라'가 아니라 포도당을 섭취하라고 하네? 무슨 소리야?"

시험에 대한 부담감이 큰 학생들은 아침을 먹기가 어려울 것이다. 나도 그랬다. 그렇다고 굶으면 절대로 안 된다. 우리 뇌는 포도당을 섭취해야 잘 돌아가므로 아침을 굶으면 그만큼 머리가 잘 돌지 않는다. 정 아침밥이 잘 넘어가지 않는다면 초코바라도 먹자. 그렇게라도 뇌가 에너지로 사용하는 포도당을 공급해주는 것이 좋다. 가뜩이나 시험 기간에 혹사당할 뇌에게 아침밥도 안 주면 너무 가혹하지 않을까?

3. 시험 중간 쉬는 시간 10분도 허투루 보내지 말자

시험을 보고 나면 다들 웅성웅성 한다. "야, 그거 답 뭐지? 5번 답 뭐야? 그거 맞냐?" 이런 식으로 답을 맞춰보며 시간을 보내는 행위는 아마추어나 하는 것이다. 프로는 그 10분 동안 내가 외워도 외워도 까먹는 것이나 부족하다고 생각하는 부분을 공부해야 한다. 지나간 시험 문제는 되새겨보았자 도움이 절대로 안 된다. 그리고 친구들이 말하는 답은 대부분 정답이 아니다. 어차피 시험 끝나고 선생님께서 주는 정답지를 체크해볼 텐데 굳이 지금 맞출 필요는 없다. 10분 동안 내가 무엇을 보느냐에 따라 한 문제가 왔다 갔다 할 수 있다. 특히 암기 과목에서는 말이다!

4. 족보를 활용한다

'족보'란 작년이나 재작년 등 최근의 학교 기출 문제를 말한다. 선생님들께서 시험 문제를 낼 때 작년과 완전히 유형이 다른 문제를 낼 확률은 매우 낮다. 대부분 비슷하게 나온다. 예를 들어 작년에 사회를 가르치셨던 선생님께서 올해도 같은 학년의 사회를 가르친다면 올해 문제가 작년과 비슷하게 나올 확률이 높다. 또한 선생님들마다 문제 출제하는 스타일이 있기 때문에 문제집과 전혀 다른 유형의 문제가 나올 수도 있다. 따라서 반드시 작년 기출 문제를 풀어보는 것이 좋다.

'어? 올해는 선생님이 바뀌셨으니 족보를 안 봐도 되겠네' 같은 생각도 아마추어나 하는 생각이다. 프로는 이렇게 생각해야 한다. '음 선생님이 바뀌셨네. 하지만 선생님께서 출제할 때 족보를 참고하여 출제하겠지'라고 말이다.

시험 기간 동안 공부를 할 때는 꼭 족보를 먼저 본 뒤 시험 공부를 시작하도록 하자. 문제 유형이 어떤지 알 수 있으므로 공부하기가 한결 수월해진다. 그리고 꼭 시험 보기 전에 다시 한 번 풀어서 나올 만한 문제는 머릿속에 집어넣고 시험장에 들어가자.

5. 그날 시험을 마치면 꼭 휴식을 취한다

시험을 보고 나면 머리가 복잡해진다. '아, 내가 왜 그 문제를 놓쳤을까?', '아, 처음 쓴 답이 맞았는데 왜 바꿨을까?' 등 정말로 너무나도 아쉬운 문제들이 머릿속을 어지럽히고 있을 것이다. 하지만 이러한 생각은 바로 접어두고 내일 있을 시험을 위하여 집으로 와서 휴식을 취하도록 하자. 우리 형제는 집에 오자마자 바로 샤워를 하고 낮잠을 두 시간 정도 잤다. 밤에 공부에 집중할 수 있도록 체력을 보충하고, 시험을 보면서 쌓인 스트레스를 풀기 위해서였다. 이렇게 충분히 휴식을 취한 뒤 새로운 마음으로 다음 날 있을 시험에 대비하도록 하자.

6. 시험 대비 강의는 필요 없다

시험 기간에는 학원에서 시험 대비를 위한 특강을 한다며 학생들을 불러 모은다. 하지만 정말로 내일 보는 과목의 책을 한 글자도 보지 않은 것이 아니라면 절대 특강을 들으러 가는 실수는 하지 말도록 하자. 시험을 잘 보려면 시험 기간 동안 내가 공부했던 것을 다시 머릿속에 정리하는 시간이 필요하다. 이미 새로운 것을 머릿속에 넣기에는 늦었다. 괜히 새로운 것을 넣으려고 했다가는 마음만 심란해질뿐더러 왔다 갔다 시간 낭비이다.

우리 형제는 시험 기간이 되면 2주간은 학원에 가지 않고 집에서 시험 공부를 했다. 학원에서 새로운 것을 배우기보다는 시험 기간에는 배운 것을 우리만의 방식으로 정리하기 위해서였다. 물론 우리뿐 아니라 학원의 우열반 학생들은 시험 기간에 대부분 학원에 가지 않는다. 지금까지 시험 기간에 여기저기 특강을 들으려 쫓아다녔다면 반성하자. 평소 공부를 해두고 시험 기간은 자신이 공부한 것을 스스로 정리하는 시간이라는 점을 잊지 말자.

한 권으론 부족해
문제집 3권 준비하기

쌍둥이인 우리 형제는 늘 같은 학교에 다녔기 때문에 자습서나 문제집 등의 참고서를 두 권씩 사야 했다.

'어차피 두 권씩 사야 한다면 똑같은 것보다 서로 다른 것을 사서 바꿔 보는 편이 좋지 않을까?'

3Step 학습법의 중요한 축 중 하나인 문제집 세 권 풀기는 이렇게 시작됐다. 모든 과목별로 참고서를 두 권씩 각기 다른 출판사의 것을 구매했고, 취약한 과목은 한 권을 더 사서 같이 풀어보았다. 하지만 절대로 같은 출판사 문제집을 중복해서 구매하지는 않았다.

'한 권도 다 풀기 어려운데……. 두 권도 아니고 세 권이래. 정말 대단한 형제군' 이라고 생각하겠지만, 앞서 누누이 말했듯이 우리 형제는 절대로 대단하지 않다. 단지 우리가 두 권 이상 문제집을 보기 시작한 이유는 쌍둥이라는 특별한 환경에서 공부를 했기 때문이다.

이렇게 시작은 단순했지만 효과는 놀라웠다. 둘이 같이 공부를 해야 하는 환경에서 자연스럽게 두 권의 문제집을 사서 보았지만, 차츰 문제집을 두 권 이상 보아야 완벽하게 공부할 수 있음을 깨달았다.

처음 문제집 한 권만 보고 시험을 봤을 때는 '이건 어떻게 풀어야 하지? 무슨 원리를 이용해야 할까?' 곰곰이 생각하면서 문제를 풀어야 했다. 간혹 모르는 문제를 접하면 머릿속이 하얗게 지워졌다.

'이건 어떻게 하지? 찍어야 하나 보다. 이런 문제가 나올 줄은 몰랐는데. 선생님도 너무 하지. 어떻게 이런 문제를 낼 수가 있는 거야. 그런데 이 부분 한 번 보긴 보았던 것 같기도 한데……. 뭐였더라?'

대부분의 학생이 시험을 볼 때 나처럼 이런 생각을 한 경험이 많을 것이다.

'이 문제는 어디선가 본 내용과 관련이 있기는 한 것 같은데, 아 모르겠다. 생각이 안 나~!'

나는 이런 생각을 몇 번이나 했는지의 차이가 성적의 차이를 결정한다고 믿는다.

내 경험으론 문제집 세 권을 보고 시험을 보았을 때는 이런 생각을 거의 하지 않았다. 전혀 하지 않았다고 하면 솔직히 거짓말이고, 전체 시험 중 두세 문제만 알쏭달쏭한 정도였다.

'아, 이 문제! 풀어본 문제잖아. 보기만 조금 바뀌었네.'

'아, 이 문제! 문제는 비록 살짝 다르지만 같은 이론을 가지고 만들

었네. 이렇게 풀면 되겠다.'

세 권의 문제집으로 공부한 뒤 문제를 접했을 때 쩔쩔매는 일이 대폭 줄었다. 문제집 세 권을 보면서 많은 문제를 풀어본 결과 문제의 유형이 눈에 보였기 때문이다.

꼭 세 권의 문제집을 풀어야 할까?

가끔 이런 말을 하는 학생이 있다.

"개념과 원리가 중요하잖아요. 이 둘만 있으면 모든 문제를 풀 수 있지 않나요? 오죽 하면《개념원리》라는 책이 다 있겠어요. 하하하."

이는 너무나도 천진난만하다 못해 위험하기까지 한 생각이다. 개념과 원리만을 이해하고 실제로 문제를 풀어보지 않는다면 '앗, 치사하다! 이런 문제를 내다니. 기억이 가물가물하네. 이런 게 문제로 나올 줄 몰랐네' 하며 당황할 일이 분명 생긴다.

그래도 문제를 풀어봐야 한다는 데, 그것도 세 권을 풀어봐야 한다는 데 고개를 끄떡일 수 없는 학생들을 위해 꼭 세 권의 문제집을 풀어야 하는 이유를 설명하면 다음과 같다.

■ 첫째, 생각해보는 것과 문제를 푸는 것은 다르다

처음 보는 내용을 공부할 때는 대부분 '이러한 내용이 있구나'라는 생각을 하며 내용을 접한다. 또한 중요해 보이는 부분은 한 번 더 보기 마련이다. 예를 들어 고등학교 물리를 배울 때 항상 처음에 다음과 같은 공식이 나온다.

$$a = \frac{(v - v_0)}{t}$$
$$v = V_0 + at$$
$$s = V_0 t + \frac{1}{2}at^2$$

이런 수식을 보면 대부분의 학생은 '아 외워야지' 하면서 열심히 외운다. 하지만 이 수식을 외우고, 한 번 생각을 해본 것만으로는 절대로 문제를 풀 수 없다. 벼락치기를 해본 학생들은 경험했을 것이다. 시험 보기 10분 전 공부 잘하는 친구를 붙잡고 묻는다.

"야, 한 문제만 찍어주라. 뭐만 외우면 돼?"

"그래, 그럼 이 수식 외워. 이거 꼭 나와."

꼭 나온다며 던져준 수식은 $s = V_0 t + \frac{1}{2}at^2$이다. 그래서 정말 열심히 외웠다. 하지만 과연 이런 식으로 외워서 문제를 풀었던 기억이 있는지 생각해보자.

'아, 이건 아까 그 식을 써야 하는 문제인 것 같은데 어떻게 써먹어야 하는 거야?'

이 정도라도 생각할 수 있다면 그나마 다행이다. 때로는 공식에 숫자를 대입하면 바로 풀리는 문제를 앞에 두고, '뭐야, 그 자식. 중요하다고 가르쳐준 게 하나도 안 나왔네. 이렇게 뻥을 치다니. 어디 두고 보자'라고 속으로 복수심을 불태운 경우도 분명 있을 것이다.

수식과 공식이 존재하는 수학, 과학 같은 과목은 문제를 꼭 풀어보아야 한다. 문제를 풀어보는 것과 풀어보지 않는 것의 차이는 하늘과 땅 차이처럼 크다.

'수학과 과학은 이해가 중요하다'라는 말을 많이 들어보았을 것이다. 물론 내용을 이해하는 것은 매우 중요하다. '이해'를 해야 머리에 들어오고 문제도 풀 수 있으니까 말이다. 하지만 절대로 '이해'만으로는 문제를 풀 수가 없다.

중학교 3학년 때부터 간단한 개념을 통해 접하게 되는 운동의 제2법칙 'F=ma'를 생각해보자. 힘은 질량과 가속도에 비례한다는 것을 설명해주는 식이다. 이 식을 달달 외우고도 정작 이 식을 적용해야 하는 문제를 풀지 못했던 경험을 해본 학생이 많을 것이다.

수학도 마찬가지이다. 중학교 1학년 과정 중 교집합과 합집합에 대한 개념이 나온다.

'음, 그래. 교집합은 집합들 사이의 공통적인 원소만 모아놓은 것이고, 합집합은 모든 원소를 모아놓은 것이지'라고 이해를 한다고 해도 문제를 풀어보지 않으면 금방 이해했던 내용을 잊어먹기 일쑤이다. 또한 시험을 볼 때 문제를 풀었던 것을 기억한다고 해도 문제를 많이 풀어 매우 익숙해진 학생보다 문제를 푸는 데 시간이 많이 걸린다. 결국 시간이 없어 검토를 하지 못해 점수가 낮게 나올 가능성이 크다.

수학과 과학뿐이 아니다. 국어는 특히 더 어렵다. 언어적 감각이 뛰어난 학생들은 국어를 따로 공부하지 않고 시험을 보아도 대부분 다른 과목에 비해 비교적 높은 점수를 받을 수 있다. 그야말로 국어에 '감'이 있는 학생들이다. 이런 학생들은 수학능력시험 언어영역에서 강세를 보인다. 하지만 언어적 감각이 아무리 탁월해도 중·고등학교 내신을 위한 국어 시험에서는 공부하지 않고 100점을 받기란 불가능하다. 왜냐하면 중·고등학교 내신 문제는 암기가 일정 부분 필요하기 때문이다. 아래의 문제를 보자.

> **Q** 다음 말들이 나타내는 표현상의 효과가 무엇인지 두 가지 쓰시오.
>
> > 세상은 그 얼마나 아름다운가.
> > 사랑도 눈물 없는 사랑이 어디 있는가.
> > 그 얼마나 고요한 아름다움인가.

이러한 문제는 절대로 언어적 감각만 가지고 풀 수가 없다. 답이 떠오르지 않는 학생이라면 대부분 이러한 생각이 들 것이다.

'아름다운가, 있는가, 전부 가로 끝나네. 무언가 할 말이 더 있어 보이는데 말이야.'

'계속 사랑 이러한 것들을 강조하는 것 같기는 한데……. 그런데 뭐라고 써야 하지?'

느낌은 오지만 막상 답을 쓰려면 단어가 떠오르지 않는 안타까운 상황이다. 정답은 '의미 강조'와 '여운 형성'이다. 문제를 몰랐다기보다는 정답을 지시하는 용어를 몰라 답을 쓸 수 없는 상황인데, 국어 문제에는 이런 경우가 상당히 많다. 얼마나 안타까울까?

중·고등학교 국어는 이해만으로는 부족하다. 암기가 일부분 필요하다. 이해하고 암기까지 했다고 끝나는 것도 아니다. 워낙 문제 유형이 다양하기 때문에 유형에 익숙해져야 문제를 당황하지 않고 풀 수 있다. 또한 중학교 이후에는 글을 읽을 때 글 자체를 읽는 데 목적을 두지 말고 분석할 줄 알아야 한다. 사회를 비롯한 다른 암기 과목도 마찬가지이다.

보통 교과서를 볼 때 '음, 이런 게 중요한 건가?' 하며 눈으로 쭉쭉 읽어가기 마련이다. 눈으로 쭉쭉 읽고 책을 덮으면 내 머릿속의 기억 장소 또한 함께 덮이고 만다. 그리고 망각이라는 자물쇠로 기억을 단단하게 잠근다. 공부한 내용이 문제로 어떻게 활용될지 모르기 때문에 오래 기억하지 못하는 것이다.

책을 읽으면서 '음, 이런 게 중요한가 보다' 라고 생각만 해서는 절대로 100점을 맞을 수 없다. 문제를 풀면서 '음, 이런 내용은 이런 식으로 문제가 나오는 구나' 하고 파악할 줄 알아야 시험장에서 당황하지 않고 문제를 풀 수 있다. 그뿐이 아니다. 문제를 풀면 어느 부분이 중요하며, 현재 공부하고 있는 단원이나 과목이 우리에게 궁극적으로 무엇을 가르치려 하는지를 알 수 있다. 아무래도 연습 문제들은 중요한 내용을 묻기 마련이다. 따라서 공부할 때 어느 부분이 중요한지 잘 모르겠다면 연습 문제를 풀어보자. 어떤 부분이 중요한지 자연스럽게 알 수 있다.

위와 같은 훈련이 잘 되어 있는 학생은 내용을 공부하면서 이런 생각을 한다.

'이 부분은 주관식으로 나오기에는 너무나 긴데, 아마 객관식으로 나오겠다.'

'이 부분은 개념을 확실히 요구하는군. 그럼 객관식으로 옳고 그름을 묻는 문제가 나올 거야. 헷갈리는 부분이 무엇인지 확실히 해두어야지.'

'중요한 단어가 많이 나오는군. 단답식으로 나올 확률도 높겠다. 그렇다면 노트에 써가면서 확실히 단어를 익히는 게 중요하겠어.'

내용을 공부할 때 머릿속으로 스스로 예상 시험 문제를 만들어보면서 공부하는 것이다. 이렇게 하는 이유는 그만큼 문제를 풀어보는 것이 중요함을 알기 때문이다. 문제를 통해 '이 내용은 이런 식으로 문제가 출제되는구나' 하고 깨달아야 한다. 문제를 통해 공부한 내용을 정리해야 높은 점수를 받을 수 있음을 기억해두자.

■ 둘째, 문제를 많이 풀어야 중요한 내용을 확실히 알 수 있다

처음 배우는 내용을 공부할 때는 어떤 내용이 중요한지 알기가 어렵다. 그래서 대부분의 학생은 참고서에 굵은 글씨로 써 있는 부분 혹은 수식이나 공식이 나오면 형광펜으로 박박 그으면서 '음, 이게 중요하군' 하고 생각하며 공부한다.

모든 문제가 형광펜으로 표시한 부분에서만 나온다면 얼마나 좋을까? 불행히도 현실은 그렇지 않다. 자신이 중요하다고 생각하는 것과 문제 출제자가 중요하다고 생각하는 것이 100퍼센트 일치할 확률은 제로에 가깝다. 80퍼센트만 일치해도 공부 잘하는 학생이라고 볼 수 있다.

이렇듯 처음 공부할 때부터 무엇이 중요한지 다 알기란 불가능하다. 따라서 문제를 통해 꼭 중요한 내용이 무엇인지 다시 짚어보아야 한다. 처음 내용 공부를 하고 문제를 풀면 앞에서 공부한 내용만으로 바로 풀 수 있는 문제도 있지만, 전혀 예상하지 못한 내용을 묻는 문제도 적지 않다. 바로 이 점 때문에 문제를 풀어보는 것이 중요하다. 문제를 통해서 중요하지만 정작 본인은 그렇게 생각하지 못했던 부분을 다시 머릿속에 되새길 수 있기 때문이다. 물론 시험 문제에 자신이 접했던 문제와 비슷한 유형이 나온다면 쉽게 해결할 수 있을 것이다. 하지만 만약 문제를 풀어보지 못해서 그러한 내용을 그냥 지나쳤는데 그 내용이 시험에 그대로 나왔다면?

'헉 모르겠다. 이런 문제가 왜 나왔지? 이게 중요한 건가?'

가슴을 친들 소용이 없다. 찍어서 맞히면 다행이지만 모르는 문제를 찍어서 모두 다 맞히는 것은 불가능하다. 찍어서 잘 맞힐 자신이 있다고? 그렇다면 공부 쪽보다는 일찌감치 길거리에 자리를 펴는 것이 성공의 지름길이다.

대다수의 학생이 공부를 하다가 무엇이 중요한지 몰라 지나치기 쉬운 과목으로는 사회와 국사 등 암기 과목이 많다. 왜냐하면 이들 과목에서 가장 많이 차지하는 문제 유형은 사실과 다른 것을 고르는 객관식이 많기 때문이다. 다음의 예를 보자. 중학교 3학년 국사에 나오는 문제이다.

Q 정조가 추진한 개혁 정치의 내용으로 옳지 않은 것은?

① 규장각을 설치하여 자신의 권력과 정책을 뒷받침할 수 있는 정치 기구로 삼았다.

② 백성들의 군역 부담을 줄여주기 위해 균역법을 시행하고 국가 재정을 개혁하였다.

③ 친위 부대로 자용영을 설치하고 수원에 화성을 쌓았다.

④ 《대전 통편》, 《동문휘고》, 《탁지지》, 《규장전운》 등 수많은 책을 편찬하였다.

⑤ 농업을 발달시키고 상업 활동을 보다 자유롭게 할 수 있도록 하였으며, 광산 개발을 장려하였다.

물론 이 문제는 전형적인 암기 과목인 국사이기 때문에 국사에 특별한 관심이 있거나 좋아하지 않는 학생이라면 풀기 어렵다. 현재 이 내용을 배우는 학생이라도 정조가 추진한 개혁 정치에 대해 일일이 중요하게 생각하지 않았다면 쉽게 답을 찾을 수 없을 것이다. 이 내용은 교과서의 수많은 내용과 마찬가지로 그냥 글로 술술 적혀 있어 중요한 내용임을 알아차리기가 쉽지 않다.

이 내용을 공부한 학생들은 한번 답을 맞혀보기 바란다. 정답은 ②번이다. 균역법은 영조가 시행하였기 때문이다. 물론 이 사실을 알고 있었다면 한 치의 망설임 없이 바로 답을 고를 수 있다. 하지만 위의 보기들은 전부 그럴듯하여 정조의 개혁 정치를 정확하게 알지 못했다면 정조가 모두 한 것처럼 보인다.

문제를 푸는 일은 공부하는 내용을 완벽히 이해해 내 것으로 만드는 중요한 과정 중의 하나이다. 문제를 풀면서 무엇이 중요한지 체크하고 아는 것을 적용하는 능력을 키워야 높은 점수를 얻을 수 있다.

■ **셋째, 남들이 맞히지 못하는 문제를 풀려면 모든 유형의 문제를 익혀야 한다**

"좋아요. 문제를 푸는 것이 얼마나 중요한지 알았어요. 그렇다면 문제집 한 권만 풀면 안 되나요? 꼭 여러 권의 문제집을 풀어야 하나요?"

그렇다. 남들 다 맞히는 문제를 맞혀봤자 평균이다. 고득점의 비결은 남들이 맞히지 못하는 문제를 푸는 데 있기 때문에 여러 권의 문제집을 풀어야 한다.

시험 문제를 많이 접해본 학생들은 이미 눈치를 챌 수도 있겠지만, 내신 문제를 출제하는 학교 선생님들뿐 아니라 모든 시험의 출제자들은 문제의 난이도를 조절하여 '평균 점수'라는 것을 잡고 문제를 출제한다. 그래서 난이도를 조절하고자 항상 전형적인 문제, 항상 나왔던 문제를 계속 출제하거나 거기서 크게 벗어나지 않는 범위 내에서 문제를 낸다.

자주 나오는 전형적인 문제도 물론 중요하다. 하지만 항상 나오는, 나올 게 뻔한 문제를 열심히 공부하여 시험을 보면 점수는 평균 수준에 그친다. 그런 문제는 나만 맞히는 것이 아니라 남들도 대부분 다 맞히기 때문이다.

높은 점수를 받으려면 남들이 많이 틀리는 문제를 한 문제라도 더 맞혀야 한다. 조금 더 노력해 이런 문제를 많이 맞힐수록 등수가 올라간다. 사실 성적표에 적힌 시험 점수가 전부는 아니다. 성적은 상대적인 점수가 중요하다. 30명 중 10명이 100점일 때 100점을 받는 것보다, 비록 95점이라도 30명 중 1등일 때가 더 가치가 있다는 얘기다. 따라서 남들보다 한 문제라도 더 맞히기 위해 노력하는 것은 매우 중요하다. 다른 학생들이 주로 공부하는 국어, 영어, 수학, 과학뿐 아니라 기술가정, 사회, 국사 등의 시험도 신경 써야 하는 이유 또한 상대적인 평가에서 조금 더 우수한 성적을 받으려는 데 있다.

그러면 어떻게 해야 남들이 맞히지 못하는 문제를 풀 수 있을까? 방법은 여러 가지가 있겠지만, '모든 문제의 유형을 익히는 것'이 가장 효과적이다. 그러려면 여러 출판사의 문제를 참고하여 예상치 못한 문제의 유형도 내 것으로 만들어야 한다. 그래야 남들은 문제를 풀지 못하고 쩔쩔맬 때 나는 회심의 미소를 지으며 자신 있게 문제를 풀 수 있다.

'음, 새로운 유형이네. 애들이 풀기 좀 어렵겠는걸. 하지만 나는 이 문제와 비슷한 것을 몇 번이고 풀어봤지.'

이런 생각을 하며 씨익~ 웃음 짓는 자신의 모습을 상상해보라. 생각만 해도 짜릿하지 않은가?

전교 1등과 2등은 한 문제 차이로 판가름 난다. 중위권 등수는 한

두 문제 더 맞히고 덜 맞히느냐에 따라 10~20등 정도까지 격차가 벌어진다.

시험 문제의 난이도가 적절했다면 시험 성적의 점수 분포는 대부분 중간 점수대에 왕창 몰려 있다. 따라서 한 문제만 더 맞혀도 등수가 많이 오를 수 있고, 몇 문제 더 맞히면 등수가 세 자리 수에서 두 자리로 혹은 두 자리에서 한 자리로 바뀌는 것이 가능하다. 또한 등수는 높을수록 올리기가 더 어려우므로 속칭 전교 등수권의 세계에서는 '실수'가 곧 '실력'이 된다.

실수로 틀리는 일이 없기 위해서, 또 남들보다 한두 문제라도 더 맞히기 위해서는 모든 문제 유형을 익혀야 한다. 바로 이 점 때문에 서로 다른 출판사의 문제집을 최소 세 권 이상 풀어야 한다는 말이다. 우리 형제의 경험상 세 권의 문제집을 보고 시험을 보았을 때 33문제 중 30문제 이상은 한 번 이상 풀어본 문제였다. 세 권의 문제집을 풀면서 우리도 모르는 사이에 모든 문제의 유형을 익힌 것이다.

내신 성적에서 고득점을 얻는 비법은 모든 문제의 유형을 익힘으로써 '실수'와 문제 푸는 '시간'을 줄여 완벽한 점수를 얻는 것이다. 시험에서 완벽함을 추구하는 3Step 학습법에서 세 권의 문제집을 준비하는 것은 문제 유형을 모두 익히기 위함이다.

문제집 사러 가기 전에 잠깐!

"문제집을 많이 풀어보는 것이 중요하단 말이죠? 알았어요. 지금 당장 문제집 사러 갈래요."

잠깐! 문제집을 사러 가기 전에 책장을 한번 살펴보자. 혹시 이미 문제집이 있는지, 없다면 어떤 과목의 문제집이 없는지 알아보아야 한다.

내가 가르치는 학생들은 대부분 수학처럼 어렵다고 생각하는 과목 이나 국어, 영어, 과학 등 주요 과목의 문제집은 여러 권 갖고 있었다. 반면 상대적으로 덜 중요하다고 생각하는 몇몇 과목들은 아예 참고서 가 없는 경우도 적지 않았다. 특히 예체능처럼 이론보다는 실기가 중 요한 과목은 더더욱 참고서를 구매하지 않는 학생이 많았다.

하지만 전체 등수는 주요 과목만으로 결정되지 않는다. 주요 과목 이라고 특별히 점수 배정이 높은 것도 아니고, 모든 과목의 점수는 100점으로 동일하므로 한 과목이라도 소홀히 해서는 절대 안 된다. 따라서 주요 과목 외의 과목도 꼭 참고서(문제집과 자습서)를 준비해야 한다.

책장을 살펴보고 어떤 참고서가 없는지 알았다면 이제 참고서를 사러 가자. 룰루랄라 즐거운 마음으로 서점에 가면 너무도 많은 참고 서가 기다리고 있을 것이다. 어떤 참고서를 골라야 할지 혼란스럽다. 그렇다고 해서 당황하지 말자. 몇 가지만 주의하면 자신에게 딱 맞는 참고서를 살 수 있다.

■ 초등학생이라면 어떤 출판사 것이라도 오케이

초등 과정 교과서는 모두 국정교과서이므로 출판사가 달라도 내용이 거의 비슷하다. 따라서 출판사에 신경 쓰지 않고 원하는 문제집을 사도 괜찮다. 또한 초등학교 때는 주요 과목만 시험을 보므로 주요 과목 중심으로 참고서를 구매한다.

초등 과정 참고서 중에는 모든 과목을 한꺼번에 정리한 '전과'가 있다. 전과를 사도 좋지만 전과에는 교과서에 실린 모든 문제의 풀이가 달려 있으므로 신중을 기해야 한다. 의지가 약한 학생들은 수학 같은 과목의 숙제를 할 때 친절한 전과의 도움을 받고 싶은 유혹을 뿌리치지 못하고 베끼기 쉽기 때문이다.

저학년 때는 전과 없이 공부하는 것이 좋다. 어느 정도 공부하는 틀이 잡히고, 학습 내용이 어려워지는 고학년 때부터 전과를 봐도 충분하다. 우리 형제는 6학년 때 처음으로 전과를 보았다. 초등학교 내내 전과 없이 공부한 것과 마찬가지인데, 스스로 공부하는 습관을 들이는 데 많은 도움이 되었다.

■ 중·고등학교 때는 출판사를 보고 사야 안전

중학교와 고등학교는 국어와 국사 같은 국정교과서를 제외하면 대부분 학교마다 출판사가 다르므로 참고서를 구매할 때 주의해야 한다. 참고서는 크게 자습서와 문제집 두 종류가 있다. 자습서는 학교 교과서를 요점 정리해놓고 자세한 설명을 덧붙인 것으로 학교마다 채택한 교과서의 출판사가 다르므로 반드시 같은 출판사에서 나온 것으로 구매해야 한다. 예를 들어 학교 교과서가 '교학사'라면 반드시 자습서도 '교학사' 것을 사야 한다는 얘기다.

요즘은 문제집도 요약 정리가 잘 되어 있기 때문에 굳이 자습서를 살 필요는 없다. 하지만 공부하는 데 익숙하지 않거나 좀 더 확실하게 공부하고 싶다면 자습서가 있는 편이 좋다. 자습서의 가장 큰 장점은 교과서를 그대로 해석해놓았기 때문에 학교 수업을 복습하는 데 많은 도움이 된다는 점이다. 그래서 그동안 공부에 소홀했던 점을 반성하고 새로운 마음으로 열심히 공부하려는 학생들에게 매우 유용하다. 또한 교과서에 나오는 문제들의 정답과 자세한 풀이가 있어 시험 공부를 할 때 큰 도움이 된다. 보통 선생님들이 시험 문제를 낼 때 교과서에 나오는 문제를 활용할 확률이 높기 때문이다.

문제집을 살 때는 학교 교과서와 같은 출판사에서 나온 문제집을 꼭 한 권씩 사야 한다. 국어는 교육부에서 책을 출판하기 때문에 서점에서 팔리는 다양한 문제집 중에서 고르면 된다. 그러나 다른 과목들은 대부분 출판사별로 내용이 조금씩 다르므로 해당 교과서와 같은 출판사의 문제집을 사서 풀어보아야 한다. 특히 기술가정 과목은 출판사마다 내용이 많이 다르고, 특별한 자습서나 문제집이 매우 적다. 따라서 학교 교과서 내용을 충실하게 공부하고 중요한 부분을 문제를 통해 되새기기 위해서는 반드시 해당 출판사 문제집을 사야 낭패를 보지 않는다. 한편 수학은 출판사가 달라도 책 내용이 비슷하기 때문에 군이 교과서와 동일한 출판사 문제집을 고집할 필요는 없다.

과목	참고서
국어	자습서 : 각 학년마다 또는 교육과정마다 국어로 유명한 자습서 활용 　　　　비유와 상징, 두산동아, 한샘 등 출판사 추천(한 권) 문제집 : 구매한 자습서 출판사 문제집 한 권 + 다른 출판사 것 두 권
영어	자습서 : 교과서 출판사의 자습서. 꼭 필요한 것은 아니나 영어가 약한 학 　　　　생들에게 추천(한 권) 문제집 : 교과서 내용을 기본으로 하는 출판사 문제집 한 권(시험 대비용) 평소에 공부할 문법 책 한 권 : 《맨투맨》 기본 영어 추천 평소에 공부할 독해 책 한 권 : 《리딩 튜터》 추천 평소에 공부할 듣기 및 기타 토플 또는 토익 책 한 권
수학	자습서 : 수학 교과서 문제가 어려운 학생들에게 추천. 같은 출판사 한 권 문제집 : 두 권 이상 준비(수학이 어려운 학생들은 자습서와 마찬가지로 　　　　교과서 같은 출판사 문제집 한 권 포함) 　　　　내용 정리 문제집 한 권 + 계산력을 위한 문제집 한 권
과학	자습서 : 교과서 출판사 한 권 추천 문제집 : 교과서 출판사 한 권 + 다른 출판사 것 한 권 이상
사회	자습서 : 교과서 출판사 한 권. 필요시 구매 문제집 : 교과서 출판사 한 권
국사	자습서 : 교과서 출판사 한 권. 출판사 중요하지 않음. 필요시 구매 문제집 : 출판사 한 권
도덕	자습서 : 출판사 중요하지 않음. 필요시 구매 문제집 : 한 권 필수
한문	자습서 : 교과서 출판사 한 권. 추천 문제집 : 교과서 출판사 한 권. 필수
기술 가정	자습서 : 교과서 출판사 한 권 추천 문제집 : 교과서 출판사 필수
미술 · 체육 · 음악	음악 자습서 : 교과서 출판사 각 한 권. 필요시 구매 문제집 : 교과서 출판사 각 한 권. 필수 ※ 예체능은 출제하는 선생님들마다 문제 경향이 크게 달라지므로 시험 　　기간에 하는 수업과 수업 자료가 기본 참고서이다.

▲ 과목별로 참고서 준비하는 기준(※중학교 기준)

자습서는 학교 선배에게 물려받는 것도 좋은 방법이다. 하지만 문제집은 꼭 새로 사서 볼 것을 권한다. 이미 답이 표시되어 있는 문제집은 문제집의 효력을 잃은 것이어서 문제집 본연의 임무를 수행할 수 없다. 혼자 고민하고 문제를 해결해나가면서 공부했던 내용을 되새겨야 하는데, 문제집에 정답과 풀이가 적혀 있으면 이것이 힘들기 때문이다.

문제집은 풀어야 빛난다

문제집이 없는 학생은 드물다. 형편이 좋지 않아 학원에 보내주지 못하는 부모님들도 문제집만큼은 선뜻 사주기 때문이다. 내가 가르쳤던 학생들 역시 많은 문제집을 가지고 있었다. 그 중에서도 유난히 문제집을 많이 갖고 있던 학생이 있었다. 심지어 같은 출판사의 똑같은 문제집이 세 권이나 됐다.

"호동아, 왜 같은 문제집이 이렇게 많아?"

"아! 그게~ 제가 문제집을 풀다가요 한동안 안 풀고 있으면 샀던 사실을 까맣게 잊고 다시 사서 그래요. 부모님이 사다주시거든요."

설마 아무리 그래도 샀던 문제집을 또 살 수 있느냐고, 그 학생은 아주 특이한 경우가 아니냐고 생각할 수 있지만 의외로 이런 학생이 제법 많다. 주요 과목은 중요하다고 생각해서 무조건 책부터 사고 보는 것이다.

그러나 거기까지만 열을 올리고 정작 문제집을 열심히 푸는 학생은 많지 않다. 똑같은 문제집을 세 권이나 갖고 있던 호동이도 처음부터 끝까지 모두 푼 문제집은 하나도 없었다. 마치 국어사전이나 영어사전처럼 일부분에만 펼쳐본 흔적이 있었다. 중간중간 본 흔적이 있으면 그나마 다행이다. 아예 새 책처럼 깨끗한 문제집도 여러 권이었다.

단 한 권이라도 문제집을 완벽히 소화했을 때 비로소 효과를 볼 수 있다. 문제집을 산 것으로 저절로 공부가 된다고 생각한다면 착각이다. 그러니 여러 문제집을 책상에 펼쳐놓고 흐뭇해하지 말고, 손때가 묻어 공부한 흔적이 있는 책이 많다는 것을 기뻐하도록 하자. 새 책은 아무런 의미가 없다. 시간과 정성을 들인 만큼 점수가 나온다. 시간을 들이지도 않고 높은 점수를 바라는 요행은 꿈도 꾸지 말아야 한다.

다 본 참고서도 버리는 건 싫어

필요한 참고서를 사거나 물려받아 한 학기를 공부하고 나면 어느새 책장에는 더 이상 보지 않을 참고서와 교과서가 잔뜩 꽂혀 있기 마련이다. 과목별로 세 권 이상 참고서를 보았으니 그 수가 장난이 아니다.

다 본 참고서는 어떻게 해야 할까? 이젠 더 이상 볼 필요가 없으니 그동안 그 참고서들 공부하느라 받은 스트레스도 날릴 겸 불살라버릴까? 그렇게 심한 짓을 하는 학생들은 없지만 다 본 참고서를 그대로 폐휴지함에 버리는 학생은 아주 많다.

하지만 너무 허무하지 않은가? 나와 열심히 함께했던 책들인데 말이다. 그 책에는 내가 졸면서 흘렸던 침도 묻어 있고, 나의 콧기름도 묻어 있고, 나의 공부에 대한 애환(?)이 담겨져 있다. 만약 그렇지 않다면 심각하게 반성하고 반드시 그렇게 되도록 노력해야 한다.

한 학기가 끝나면 해당 참고서를 다시 볼 일이 없을 것 같지만 그렇지 않다. 모든 책을 보관하기는 어렵겠지만 꼭 필요한 책은 챙겨두어야 한다. 특히 수학 참고서 및 내용 정리와 문제가 적절히 조화를 이룬 참고서는 버리지 않는 것이 좋다. 확실히 이해하지 못한 교과과정이 혹시라도 있다면 반드시 참고서를 다시 꺼내볼 날이 있기 때문이다. 과학도 남겨두는 편이 좋다. 교과과정은 그때그때 끝나는 것이 아니라 서로 연계되어 있기 때문에 이번 학기에 배운 내용이 다음 학기에 형태를 달리해 나올 수 있기 때문이다.

 Tip 문제집 활용 팁

특히 《하이탑》, 《수학의 정석》, 《개념원리 수학》 등 과외의 바이블로 사용되는 책들은 꼭 버리지 말고 모아두자. 혹시 대학생이 되어 과외를 할 때 학생들을 가르치는 데 도움도 되고, 과외를 받는 학생들에게도 자신이 어떻게 공부했는지 보여줄 수 있어 교육 효과가 뛰어나다.

★ 서술형 문제와 단답형 문제 효과적으로 풀기

◆ 서술형 문제 풀 때는 '핵심 키워드'가 생명

객관식은 보기를 하나하나 보다 보면 생각나지 않았던 것들이 떠오르기도 하고, 보기 자체에 문제의 힌트가 많아 주관식 문제보다 쉽게 풀 수 있다. 또한 정 모르면 찍어도 된다. 하지만 주관식은 힌트가 없으므로 확실히 답이 떠오르지 않는다면 엉뚱한 답을 쓰기 마련이다.

주관식은 단답형과 서술형 두 가지 종류가 있다. 단답형은 교과서나 참고서의 중요한 단어에 표시를 하고 써가면서 외우면 연습이 된다. 하지만 서술형은 단답형과는 차원이 다르다. 모르면 답을 쓰기도 어렵고, 애써 머리를 쥐어짜며 답을 적어도 정확한 답이 아니어서 아예 점수를 받지 못하거나 감점을 당하는 경우가 비일비재하다.

서술형 문제의 답을 적을 때는 '핵심 키워드'를 꼭 포함하여 서술하는 것이 중요하다. 다음 문제를 한번 풀어보자. 중학교 3학년 과학의 화학 파트에 나오는 문제이다.

> **Q** 다음 그림은 질소 기체와 수소 기체가 반응하여 암모니아 기체가 생성되는 반응을 모형으로 나타낸 것으로 암모니아가 어떤 모형으로 표시가 되

어야 하는지 그리고 이유를 설명하시오. (단, 암모니아는 2부피이다.)

질소 1부피   수소 3부피

같은 문제를 보고 두 학생이 아래와 같이 대답하였다.

학생 A : 암모니아의 부피는 정수비로 나와야 하기 때문에 2부피가 나와야
한다. 암모니아와 수소의 원자는 쪼개지지 않아야 한다. 따라서 질소 원자와
수소원자 세 개를 가진 형태로 2부피가 나오게 된다.

기체의 부피비는 1 : 3 : 2 이다.

정답은 [이미지] 이다.

학생 B : 돌턴의 원자설에 따르면 원자는 쪼개질 수 없으므로 위 모형에서
각 원자를 상징하는 구를 쪼개지 않으면서 암모니아를 만들어야 한다. 아보
가드로의 가설에 따르면 온도와 압력이 일정할 때 기체의 종류에 관계 없이
같은 부피에는 분자의 개수가 같으므로 각각 암모니아 분자는 질소 원자 한
개와 수소 원자 한 개를 가지고 각각 한 부피당 한 개씩 들어가야 한다.

정납은 [이미지] 이다.

　학생 A와 B 모두 결론적으로 정답을 썼다. 하지만 학생 A는 절대로 만
점을 받을 수가 없다. 왜냐하면 핵심 키워드인 '돌턴의 원자설'과 '아보가드
로의 법칙'이 빠져 있기 때문이다. 어떤 학생은 이러한 핵심 키워드를 포함하
여 자신이 아는 모든 내용을 적는데, 이 또한 감점의 요인이 될 수도 있다.
특히 경시대회에서는 불필요하게 많은 내용을 쓰지 않도록 주의한다. 서술형

문제의 정답을 적을 때는 반드시 '핵심 키워드'만을 포함하여 간결하게 논리적으로 적는 연습을 하도록 하자. 문제를 푼 뒤 답안지의 답을 확인해가며 나의 논리성과 키워드가 맞는지 체크해본다.

◆ 단답형 문제! 이렇게 풀면 정말 쉽다

1. 꼭 손으로 여러 번 써본다

단답형 문제는 대부분 중요한 단어 혹은 중요한 단어를 설명하는 문제가 많다. 눈으로만 보아서는 이런 문제의 답을 쓰기가 어렵다.

'응, 빗살무늬 토기? 아, 이 단어가 중요하구나. 빗살무늬 토기, 빗살무늬 토기.' 이런 식으로 생각만 하고 손으로 써보지 않고 시험장에 들어가면 헷갈리기 시작한다.

'민무늬 토기였나? 아랫무늬 토기였나? 빗살무늬 자기였나?'

그러다가 엉뚱한 답을 적기 마련이다. 가끔 단답식 답을 비슷하지만 엉뚱하게 적는 학생들이 있는데, 이러한 학생들의 공통점은 대충 눈으로만 공부하고 시험을 봤다는 데 있다. 중요한 단어는 꼭 손으로 여러 번 써보아서 문제를 보면 손이 먼저 답을 쓰도록 하자.

2. 나만의 문제를 만들어보면서 연습하자

중요한 것을 체크해보았으면 이젠 나름대로 나만의 문제를 만들어보자. 중요하다고 생각하는 단어에는 괄호를, 객관식으로 나올 것 같은 내용에는 번호를 붙여본다. 예를 들어보자. 다음은 중학교 3학년 국사 교과서 '조선 사회의 변동'에 나오는 내용이다.

〈문제 만들어보기 예〉

실학의 의의

(실학)은 자유로운 비판 정신을 바탕으로 하여 실증적인 방법으로 학문을 연구하고, 그 성과를 실생활에 활용하려는 학문이었다. 따라서 실학자들은 모든 결론을 확실한 증거에 의해 내리려고 하였다. 이러한 자세가 이른바 (실사구시)의 학문 태도였다. 실사구시의 특색은 학문 연구에서 객관적으로 사실을 밝혀내는 것이었다.

실학은 ①민족적 성격을 띠고 있었다. 실학자들이 관심을 가진 현실이 바로 조선의 현실이었기 때문이다. 또한 ②실학은 근대 지향적인 성격을 가지고 있었다. 실학자들은 사회 모순을 개혁하고, 산업을 발달시켜 새로운 사회로 나아가기를 원하였다. ③이러한 실학의 정신은 개화 사상가들에게도 영향을 끼쳤다.

④실학자들의 개혁안은 정책에 반영되지 못하였다. ⑤실학자들은 대체로 일생을 학문에만 힘써왔기 때문에 정치와는 거리가 멀어 그들의 주장과 생각을 국가 정책에 적극적으로 반영시키기가 어려웠다.

위에서 괄호는 단답식 문제로 나올 만한 것을 표시한 것이다. 그리고 나머지 번호는 실학의 특징으로 물어볼 수 있는 객관식 또는 서술식 답안을 위해 번호를 매긴 것이다. 이런 식으로 중요한 것은 다시 한 번 살펴보며 나만의 문제를 만들면서 머릿속에서 정리해가며 공부하도록 하자.

3번은 반복해야 100점이 보인다

 과학을 가르쳤던 학생 중 '장비'라는 아이가 있다. 나는 수업을 할 때 항상 모르는 것이 있으면 언제든지 물어보라고 하는데, 장비는 질문을 많이 하지 않았다. '질문이 없으니 다 안다는 거겠지? 장비는 똑똑한 아이구나'라고 생각하며 내 수업에 만족했고, 장비도 만족하는 것으로 알고 있었다.

 그러던 중 진도가 반 정도 나갔을 때 장비에게 시험 문제를 내주고 풀게 했다. 나는 항상 책 한 권당 두 번의 평가 시험을 낸다. 장비는 평소 수업 내용을 잘 이해했으니 별 어려움 없이 문제를 풀 수 있으리라 생각했다. 그런데 이게 웬걸. 예상과 달리 결과는 참담했다. 점수는 70점. 물론 70점이 형편없이 낮은 점수는 아니지만 평소 질문을 많이 하지 않았던 장비가 70점을 받았다는 것은 나는 물론 장비에게도 큰 충격이었다.

"장비야, 이게 어떻게 된 거야? 이 문제는 내가 가르쳐준 문제 그대로잖아?"

"그게……. 선생님, 저도 잘 모르겠어요. 이 문제 우리가 풀었던 건가요?"

"자, 우리가 공부했던 교재 꺼내봐. 봐봐 여기! 이 문제 그대로 있잖아. 보기 말이랑 순서만 조금 바뀌었네. 기억 안 나? 별표 쳤네."

"아, 이거요~ 모르겠는데…… 배운 기억이 안 나요."

'모르겠는데…… 모르겠는데…… 모르겠는데……'

한동안 이 말이 계속 내 머릿속에 맴돌았다. 망치로 세게 머리를 한 대 맞은 듯한 기분이었다.

열심히 공부하는 것 같은데도 성적이 오르지 않거나 분명 아는 것 같은 문제인데 틀리는 학생들의 공통점은 바로 '별표 그리기'에만 열중한다는 점이다. 그것만으로는 절대로 책에 있는 내용을 내 것으로 만들 수 없다. 반드시 내 힘으로 다시 풀어보아야 내용을 확실하게 알 수 있다. 따라서 한 번 공부한 문제집이라도 반복해서 풀어야 한다. 반복은 문제집을 풀 때만 필요한 것이 아니다. 문제를 풀기 전 내용을 공부할 때도 반복이 필수이다. 그것도 최소한 세 번 이상은 반복해야 한다. 처음 보았을 때는 무슨 말인지 잘 이해가 안 가고, 두 번째 보았을 때는 '아, 그런가 보다'라는 정도로 이해를 하고, 세 번째 보았을 때 비로소 '이게 이런 의미였구나'라고 깨닫기 때문이다.

천재가 아닌 이상 처음 본 것을 완전히 자기 것으로 만들기란 아주 어렵다. 더군다나 한 번 본 것만으로 어떤 내용이 시험에 나올지, 무엇이 중요한지를 안다는 것은 절대 불가능하다. 대부분의 학생이 완전 벼락치기로 시험 전날 몇몇 암기 과목을 시도하는데, 시도한 만큼 점수가 나오지 않는 것도 이 때문이다.

최소 세 번을 반복해야 한다면 십중팔구 학생들은 "어휴, 한 번 본 걸 어떻게 또 봐. 답도 다 쓰여 있잖아" 하고 말할 것이다. 하지만 지금이라도 당장 풀어보았던 문제집을 들추어보자. 앞을 살살 넘겨보면 깨끗한 부분도 있을 것이고(이러한 학생은 지금 당장 벽 보면서 반성하자), 때론 나를 미소 짓게 만들어주는 동그라미 채점도 있을 것이고, 별표 모양이나 세모 모양도 있을 것이다. 그렇다면 이제 별표 모양이나 세모 모양 10문제만 골라서 풀어보자. 과연 몇 개나 맞힐까? 10문제 중 10문제 모두를 맞힐 수 있는 학생은 아주 훌륭하지만, 대부분은 7문제를 맞히기도 힘들 것이다. 10문제 중 10문제를 다 맞히고 싶다면, 100점을 받고 싶다면 불평하는 시간에 한 번이라도 더 보고 반복하자.

이론을 세 번 반복해 공부하는 것이 먼저

시험을 잘 보려면 어떤 유형의 문제가 나와도 당황하지 않도록 문제를 많이 풀어 익숙해져야 한다. 하지만 무턱대고 문제를 많이 풀면 별로 효과가 없다. 문제를 풀기 전 이론 공부부터 하는 것이 순서이다. 이론을 확실히 공부하지 않고 문제만 풀면 전체 숲은 보지 못하고 나무만 보는 것처럼 핵심 내용을 꿰뚫지 못하고 헤맬 수밖에 없다. 똑같은 문제라도 말을 조금만 바꾸면 풀지 못하는 학생이 많은데, 모두 이론을 제대로 공부하지 않은 탓이다.

이론도 최소한 세 번은 반복해야 머릿속에 온전히 넣을 수 있다. 그냥 쓱쓱 세 번 반복해서 보는 것은 의미가 없다. 반복을 하는 데도 요령이 필요하다.

■ 처음에는 노란색 색연필로 중요한 부분을 짚어가며 정독한다

처음 배우는 이론을 공부할 때 드는 느낌은 다들 비슷할 것 같다. 일명 '안개 속에서 길 찾기' 같은 느낌일 것이다. 일단 처음 보는 용어가 기를 죽인다. 여기에 모르는 문자가 잔뜩 들어 있는 공식까지 등장하면 한숨이 절로 나온다. 하지만 그렇다고 좌절은 절대 금지! 처음부터 이론을 확실히 이해할 수 있는 사람은 없으니까 말이다.

이론을 효과적으로 공부할 수 있는 좋은 방법이 있다. 바로 '정독하기'이다.

"정독하기? 그거 누구나 다 하는 말 아닌가요?"

맞다. 누구나 정독하기를 강조할 만큼 중요하다. 비록 앞뒤 연결이 안 되어 무슨 말인지 모르겠더라도 처음부터 끝까지 읽어보아야 전체적인 흐름이 눈에 들어온다. 처음 책을 펼쳤을 때는 일단 차례를 보면서 내용이 어떻게 구성되어 있는지 살펴본다. 그런 다음 각 단원의 소단원 제목을 보고 전체적인 흐름을 파악한 뒤 정독하도록 한다.

이때 어떤 학생들은 무조건 연필로 줄을 긋거나 형광펜으로 알록달록 색칠을 하면서 공부하는데, 처음부터 눈에 확 띄는 색으로 표시하는 것은 좋지 않다. 한 번 정독하는 것만으로 중요한 것을 잡아내기란 불가능하기 때문이다. 괜히 여기저기 중요하다고 생각하는 부분에 요란하게 표시를 해놓으면 나중에 시험 공부를 할 때 어떤 것이 정말 중요한지 헷갈려 효율성이 떨어진다.

그렇다고 표시를 안 하면서 보면 너무 지루하고, 내용도 머리에 잘 들어오지 않는다.

"그럼 대체 어쩌란 말인가요?"

성급하게 화내지 말 것! 방법은 있다. 처음 보는 내용을 공부할 때는 눈에 띄지 않는 '노란색 색연필'을 활용하면 된다. 노란색 색연필로 중요하다고 생각하는 부분에 줄을 긋거나 동그라미를 치면서 정독한다. 노란색 색연필로 줄을 그으며 공부해본 학생은 알겠지만, 노란색 색연필은 얼핏 보아서는 눈에 잘 띄지 않으므로 혹 중요한 부분이 아닌데 잘못 줄을 그었어도 걱정할 필요가 없다. 가끔 연필이나 검은색 펜 등으로 줄을 그으며 공부했다가 책 내용이 안 보여 고생한 경험이 있다면 꼭 이 방법을 활용하기 바란다.

"그럼 아예 줄을 긋지 않으면 더 좋지 않을까요?"

그렇지가 않다. 줄을 그으면서 책을 보면 집중력이 높아진다. 줄을 긋다 보면 색연필 끝을 따라 책을 보게 되므로 중간에 빠뜨리는 부분 없이 시선을 책에만 집중할 수 있다.

처음 접하는 내용을 집중해서 봐야 하는 이유는 가능한 한 확실하게 내용을 익혀두기 위해서이다. 처음 보는 내용을 공부할 때 정독하지 않고 슬슬 넘어가는 학생들이 있다. 한때 나도 그랬고, 아마 지금도 많은 학생이 그렇게 공부할 것이다.

하지만 이처럼 처음 보는 내용을 대충 보는 것은 상당히 위험하다. 사람을 만날 때 첫인상이 중요하듯이 새로운 내용을 공부할 때도 처음 기억하는 것이 상당히 오래가기 때문에 처음부터 확실하게 익히는 것이 중요하다. 또한 기존에 배웠던 내용과 비슷하다고 해서 대충 보는 것도 안 좋은 습관이다. 일명 '자신만의 세계'에 빠져 공부하는 오류를 범할 수 있기 때문이다. 처음 용어를 외울 때 잘못 보고 그것이 맞는 줄 알고 그대로 외운다거나, 공식이 기존에 알고 있던 것과 비슷해서 잘못 암기하여 적용을 못 하는 등의 실수를 할 수 있다.

나 또한 이러한 실수로 크게 혼이 난 적이 있다. 고등학교 때 이야기이다. 고등학교 물리 교과서에 전류가 흐르는 두 도선 간에 작용하는 힘은 아래와 같이 표현된다는 내용이 나온다.

$$F = 20 \times 10^{-7} \frac{I_1 I_2 \ell}{r}$$

이 식은 두 도선에 작용하는 힘(F)은 거리(r)에 반비례하고 도선에 흐르는 전류의 세기(I)에 비례한다는 의미를 담고 있다. 당시 나는 힘이라고 하면 당연히 거리의 제곱에 반비례하는 것으로 알고 있었다.

$$\text{만유인력의 법칙 } F = G\frac{m_1 m_2}{r^2} \; : \text{질량을 가지는 물체 간 인력의 크기}$$

$$\text{쿨롱의 법칙 } F = K\frac{q_1 q_2}{r^2} \; : \text{전하를 띠는 물체 간 인력의 크기}$$

대부분의 힘이 거리의 제곱에 비례하기 때문이다. 처음 배우는 것인데도 '예전 것과 비슷하겠지'라는 생각으로 식을 대충 보고 다음과 같이 머릿속에 집어 넣는다.

$$F = 2 \times 10^{-7}\frac{I_1 I_2 l}{r^2}$$

이렇게 외우고 문제를 풀었는데, 이 공식과 관련된 모든 문제를 틀리고 난 뒤에야 그동안 식을 잘못 알고 있었음을 깨달았다. 하지만 그나마 다행이라고 생각했다. '지금이라도 알았으니 얼마나 다행이야. 시험 볼 때 이런 일이 있었으면 어쩔 뻔 했어'라며 놀란 가슴을 쓸어내렸다.

그러나 한 번 머릿속에 박힌 잘못된 공식은 문제를 풀 때마다 나를 괴롭혔다. '이러면 안 된다. 절대 안 된다. 시험 볼 때는 실수하지 말아야지'라고 마음속으로 수백 번을 외쳤지만, 결국 시험 때도 똑같은 실수를 저지르고야 말았다.

대부분의 학교가 그렇듯이 성적을 확정하기 전에 일명 '꼬리표'라는 임시 성적이 나온다. 꼬리표가 나오자 같은 반 친구들이 나한테 모여들어 외쳤다.

"현준아, 너 물리 점수 왜 이래? 78점? 너 뭐 잘못된 거 아니야?"

지난 번 시험에서 100점을 받은 내가 78점을 받았으니 친구들이 놀라는 것은 당연했다. 하지만 나는 그 이유를 알고 있었다. 내가 우려했던 공식 때문에 이를 이용하는 문제를 다 틀린 것이다. 나는 조용히 친구들에게 말할 수밖에 없었다.

"그거 내 점수 맞아……."

그때 그 기분은 아직도 기억이 생생하다. 너무나도 억울했지만, 남에게 억울함을 호소할 수조차 없는 기분이란 겪어보지 않는 사람은 모를 것이다. 나처럼 어이없는 실수를 하지 않으려면 처음 배우는 내용을 공부할 때 중요한 것을 확실히 짚어가며 공부해야 한다.

■ 진짜 중요한 부분과 약한 부분 체크는 두 번째 반복할 때

처음 배우는 것을 정독하며 무슨 내용이 있는지 무엇이 중요한지 나름대로 노란색 색연필로 표시를 해놓았을 것이다. 하지만 문제를 풀어보면서 자신이 중요하다고 생각했던 것이 실제로는 별것이 아닐 수도 있고, 반대로 별것이 아니라고 생각했던 것이 중요한 것일 수도 있다. (이것이 문제를 푸는 목적이기도 하다. 확실히 짚고 넘어가야 할 것이 무엇인지 알려주는 것이 문제이다.)

처음에 노란색 색연필로 나름대로 줄을 그으며 정독했다면, 이번에는 '연두색 색연필'을 활용하자. 꼭 연두색일 필요는 없지만 노란색보다 잘 보이는 색을 준비하는 것이 좋다.

이제 중요 단어에 줄을 쳐가며 공부할 차례이다. 문제를 풀어보았으니 무엇이 중요한지 알 수 있을 것이다. 다시 한 번 줄을 치고 동그라미를 쳐가며 확실히 내 것으로 만든다. 또한 중요한 단어는 꼭 손으로 써보는 연습을 한다. 손으로 써보면 암기가 더 잘 될 뿐 아니라 실제로 단답형 문제로 나왔을 때 자연스레 손으로 익혔던 단어를 답으로 적을 수 있다.

● 엽록체(chloroplast)

기능●●● 엽록체는 원생물물 중의 조류와 식물들에 존재하는데, 태양에서 오는 빛에너지를 광합성을 통해 당이나 다른 유기 물질 등의 화학 에너지로 변환시키는 세포 내 소기관이다.

구조●●● 엽록체는 보통 원반 모양이며, 미토콘드리아와 마찬가지로 2중막으로 싸여 있다. 외막은 엽록체 전체를 감싸며, 내막은 속으로 함입되어 주머니 모양의 틸라코이드(thylakoid)를 만들고, 이 틸라코이드가 동전을 쌓아 놓은 모양으로 여러 층으로 쌓여 그라나(grana)를 형성한다. 그리고 틸라코이드의 막 사이에는 스트로마(stroma)라고 하는 기질로 채워져 있다.

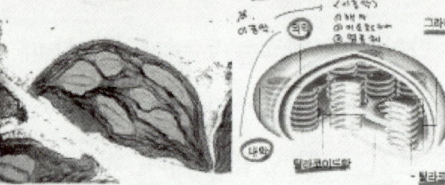

엽록체의 사진(TEM, ×10000)과 모식도

그라나 그라나를 형성하는 틸라코이드의 표면에는 엽록소, 카로티노이드 등의 광합성 색소가 들어 있어 빛에너지를 화학 에너지로 전환시키는 광합성의 명반응이 일어난다.

스트로마 스트로마에는 탄소 고정에 관계하는 여러 가지 효소가 있어 CO_2를 포도당($C_6H_{12}O_6$)으로 합성시키는 광합성의 암반응이 일어난다.

색소체●●● 식물 세포에는 엽록체 외에도 다른 색소체가 있는데, 색소를 가지지 않은 백색체, 카로틴(적황색)과 크산토필(담황색)과 같은 카로티노이드 색소만 함유한 잡색체(유색체) 등이 있다. 녹말 등 양분을 저장하는 백색체는 줄기나 뿌리 등의 흰 부분에 많으며, 잡색체(유색체)는 꽃이나 과일 등의 색깔을 나타낸다. 백색체는 빛을 쬐면 엽록체로 전환되기도 한다.

● 엽록체의 자기 증식 엽록체도 미토콘드리아와 마찬가지로 자신의 DNA와 RNA 및 리보솜을 거질스트로마에 포함하고 있어서, 핵의 도움 없이 독자적으로 증식하고 단백질을 합성하기도 한다.

● 카로티노이드 식물에 존재하는 황색 계통의 지용성 색소로 광합성을 할 때 빛에너지를 흡수하여 엽록소로 넘겨주는 보조 색소 역할을 하기도 한다. 카로틴(적황색)과 크산토필(담황색) 등이 있다.

● 카로틴 카로티노이드 중 분자 내에 산소를 함유하지 않는 것으로, 당근의 적색이나 수박과 토마토의 적색 등이 이에 해당한다.

▲ 참고서나 교과서 한 페이지가 단계별로 바뀌는 사진

■ **세 번째는 시험 예상 부분 다시 체크하고 별표 다시 보며 마무리**

마지막으로 세 번째 볼 때는 시험 보기 바로 전날 필요한 것만 체크한다. 주로 시험 기간에는 시험을 하루에 여러 과목 보기 때문에 처음부터 꼼꼼히 볼 시간이 절대적으로 부족하다. 게다가 100점을 목표로 과목마다 책과 세 권의 문제집을 보았기 때문에 다른 학생들보다 공부할 분량이 두세 배가량 많다.

'나는 공부한 양이 많으니깐 시험을 잘 보겠지?'라고 생각한다면 착각이다. 본 것과 그것을 시험장까지 잊지 않고 가져가는 것의 차이가 실력의 차이이고 점수로 나타난다. 이를 위해 시험 전날 볼 것들을 미리 체크해두어야 한다.

길동이가 처음에 3Step 학습법으로 공부하고 첫 시험을 본 다음 말했다.

"선생님, 확실히 여러 문제집을 보니까 시험 문제가 거의 아는 문제였는데……."

"그런데?"

"아는 문젠데…… 정답을 몰라서 못 푼 게 많아요. 분명히 시험에 나올 거라고 생각하고 있었는데……."

"아~ 길동아. 시험 전날에는 반드시 중요한 것을 체크해서 다시 기억하고 시험장에 들어가야 하는데 그걸 놓쳤구나!"

정말 안타까웠다. 어떤 유명한 학습법이나 자신만의 학습법을 이용해 공부를 했어도 시험을 위한 공부를 하지 않는다면 시험을 잘 볼 수 없다. 공부하면서 모르는 문제에 별표를 하고, 중요한 것에 동그라미를 쳤어도 시험장에서 '이거 내가 별표 쳐두었던 건데'라고 후회하면 소용이 없다. 따라서 마지막 정리는 시험을 위한 공부를 중심으로 시험 전날 꼭 봐야 하는, 꼭 나올 만한 문제, 꼭 내가 잘 틀리는 문제에 체크를 해두어야 한다.

이번에는 '형광펜이나 핑크색 또는 빨간색 펜'을 사용하자. 이처럼 눈에 잘 띄는 색깔로 꼭 시험을 나올 만한 문제나 교과서의 문장 또는 단어, 선생님께서 시험에 나올 것이라고 말씀하셨던 부분, 몇 번을 풀어도 실수하는 문제 등을 체크하도록 한다. 시험 전날에 또는 시험 보는 날 쉬는 시간 10분 동안 볼 것을 준비하는 것이다. 이를 통해 시험장에 들어서서 문제지를 받기 직전까지 꼭 나올 만한 것, 내가 실수하는 것을 그대로 머릿속에 가지고 가야 목표했던 만점에 가깝게 다가갈 수 있다.

 고득점 비법서는 바로 교과서

교과서는 참고서와는 달리 내용이 깔끔하게 정리되어 있지 않고 글로 풀어서 쓰여 있다. 그래서 대부분의 학생이 교과서보다는 참고서를 보고 공부하는데, 참고서의 요약 또는 정리된 것만을 봐서는 절대로 원하는 점수를 얻을 수가 없다. 기본적으로 시험 문제는 교과서를 중심으로 출제되기 때문이다. 객관식의 보기 또한 교과서의 문장이 그대로 나오는 경우가 많다. 따라서 공부할 때는 항상 교과서를 충실히 보는 습관을 들이자.

문제집! 어떻게 푸느냐에 따라 효과는 천지 차이

이론을 공부하면 반드시 문제를 풀어봐야 한다. 그래야 내가 이해한 것이 정확한 것인지, 무엇이 중요한지 그리고 혹 놓친 것은 없는지 체크해볼 수 있다. 또한 문제를 풀면서 문제 유형을 알 수 있으므로 문제를 많이 풀어보는 것은 아주 중요하다.

하지만 문제를 그냥 마구 마음대로 풀면 큰 효과가 없다. 높은 점수를 받으려면 문제를 풀 때도 전략적으로 풀어야 한다.

■ 문제를 풀 때 찍기는 절대 금물!

초등학교 6학년인 호동이와 선행 학습으로 중학교 과학을 공부할 때였다.

"호동아, 오늘도 질문이 얼마 안 되네~ 대단한걸?"

"네, 선생님. 하하하."

"이 문제 좀 헷갈릴 수도 있는데 잘 풀었네. 왜 답이 5번이야? 선생님한테 설명을 해보겠니?"

> **Q** 다음 중 파동에 대한 설명으로 옳은 것을 모두 고른 것은?
>
> ㉠ 횡파는 파동의 진행 방향과 매질의 진동 방향이 수직인 파동 등을 말한다.
>
> ㉡ 종파는 파동의 진행 방향과 매질의 진동 방향이 나란한 파동을 말한다.
>
> ㉢ 횡파의 종류로는 지진파의 S파, 소리, 물결파가 있다.

ⓔ 종파의 종류로는 지진파의 P파와 빛이 있다.

ⓜ 소리는 고체, 액체, 기체 중에서 기체가 매질일 때 가장 빨리 전달된다.

① ㉠, ㉡, ㉢, ㉣, ㉤　　　　② ㉠, ㉡, ㉢, ㉣

③ ㉠, ㉡, ㉤　　　　　　　④ ㉢, ㉣, ㉤

⑤ ㉠, ㉡

"㉠, ㉡은 맞는 거구요 ㉢은 맞는 것 같은데 보기에 없으니까……. ㉣은…… 잘 모르겠어요. ㉤은 고체, 액체, 기체순으로 속도가 빠르니깐 보기 중에 답은 5번이네요. 하하."

"음, 그래……. 찍은 거네? 자, 창문 열어라! 뛰어내려도 괜찮아. 하하하."

문제집을 많이 풀어본 학생이라면 내가 푼 문제집의 동그라미가 얼마나 되는지 살펴보자. 동그라미가 많으면 기분이 좋겠지만 정말로 그 동그라미가 진짜 동그라미인지 확인해볼 필요가 있다. 문제를 풀면서, 특히 객관식 문제를 풀면서 가장 안 좋은 습관은 '찍으면서 풀기'이다. 찍어서 맞힌 문제는 순전히 운이 좋아 맞힌 것뿐이다. 나중에 다시 찍어 맞힌다는 보장이 없는데도 많은 학생이 찍어서 맞힌 문제를 안다고 착각한다.

문제를 푸는 가장 큰 목적은 '공부한 것을 확실히 익혔는지' 확인하는 것이다. 그런데 문제를 푸는 것이 아니라 찍는다면 나에게 전혀 도움이 되지 않는다. 찍는 것은 시험장에서 정 모를 때 활용할 수 있는 선택으로, 확실히 아는 것부터 제외해나가면서 찍어야 한다. 공부할 때 찍는다는 것은 문제집을 '로또'로 바꾸는 것과 마찬가지이다.

앞의 문제는 일명 수능형 문제로 수능과 국가고시에 등장하는 전형적인 객관식 유형이다. 이런 문제를 풀 때 가장 어려운 점은 바로 맞는 것처럼 보이는 보기가 여러 개여서 하나라도 헷갈리면 점수를 통째로 날려버릴 수 있다는 것이다. 고등학교 객관식 문제는 주로 이런 유형으로 나오므로 중학생이라면 지금부터 문제를 확실히 푸는 연습을 해야 한다. 고등학생이라면 혹시라도 문제를 찍으면서 푸는 나쁜 습관이 있다면 지금 당장 바꾸도록 하자.

호동이가 찍어서 맞혔던 문제를 제대로 다시 풀어보자.

Q 다음 중 파동에 대한 설명으로 옳은 것을 모두 고른 것은?

㉠ 횡파는 파동의 진행 방향과 매질의 진동 방향이 수직인 파동 등을 말한다. ○
㉡ 종파는 파동의 진행 방향과 매질의 진동 방향이 나란한 파동을 말한다. ○
㉢ 횡파의 종류로는 지진파의 S파, ~~소리~~, 물결파가 있다. ✕
㉣ 종파의 종류로는 지진파의 P파와 ~~빛~~이 있다. ✕
㉤ 소리는 고체, 액체, 기체 중에서 ~~기체~~(고체)가 매질일 때 가장 빨리 전달된다. ✕

① ㉠, ㉡, ㉢, ㉣, ㉤   ② ㉠, ㉡, ㉢, ㉣
③ ㉠, ㉡, ㉤   ④ ㉢, ㉣, ㉤
⑤ ㉠, ㉡

㉠과 ㉡은 횡파와 종파의 정의를 말하는 것으로 맞고, ㉢에서 소리는 종파니까 틀리고, ㉣에서 빛은 횡파여야 맞는 말이다. ㉤은 고체, 액체, 기체순으로 전달되니까 고체가 가장 빨리 전달된다고 해야 맞다.

　이런 식으로 문장 하나하나 틀린 것은 고쳐가면서 문제를 풀어야 한다. 맞는 것을 모두 고르는 객관식 문제뿐 아니라 5지선다의 유형도 하나씩 고쳐가면서 공부한 개념을 체크하는 것이 정석이다.

Q 다음 사항 중 소리의 회절에 의해 나타나는 현상으로 바르지 않은 것은?

① 소리가 담 너머까지 들린다. ○
② 방파제 뒤쪽에도 파도가 밀려온다. ○
③ 문틈으로 바깥의 소리를 들을 수 있다. ○
④ 방송국에서 보낸 전파가 산이나 건물 뒤쪽에 있는 라디오나 텔레비전에 도달한다. ○
⑤ 가구가 없는 빈방에서 소리를 지르면 소리가 많이 울린다. ✕

　'회절은 입자가 아닌 파동에서만 나타나는 성질로 파동이 장애물 뒤쪽으로 돌아 들어가는 현상이지. 그렇다면 ①, ②, ③, ④번은 다 맞는 말이군. ⑤번은 전혀 장애물이 없는데 소리가 울린다고 했네. 가구는 소리를 흡수하지. 아, 흡수되지 못한 소리가 울려서 그런 거구나.'

이렇게 한 문장씩 살펴보며 항상 맞는 보기 옆에는 ○를, 틀린 보기에는 ×를 표시하며 문제 푸는 습관을 가져야 한다.

그런데 가끔 문제가 틀린 보기를 고르라고 하는 경우가 있다. 그럴 때 '응, 옳은 것은 답이 아니니깐 ×라고 표시해야지' 하며 옳은 보기에는 ×를, 틀린 보기에는 ○를 해가며 문제를 푸는 학생이 있는데, 그런 학생들은 꼭 실수를 하기 마련이다. 보기 옆에 표시를 다 해놓고 반대로 옳은 것들만 모아놓은 번호를 답으로 표시하는 실수를 종종 한다. 이러한 실수를 방지하려면 먼저 문제를 읽고 보기 옆에 ○, ×를 표시한다. 그리고 만약 ×라면 왜 ×인지 틀린 보기를 올바르게 고쳐서 모든 보기를 체크한 다음 다시 문제를 읽어보고 문제에서 원하는 정답을 고르도록 한다. 이런 식으로 습관을 들여야 시험장에서 시험을 볼 때도 실수를 최대한 줄일 수 있다. 또한 모르는 문제를 찍을 때도 맞힐 확률을 높일 수 있다.

■ 모르는 문제는 공부했던 부분을 찾아보며 풀고, 꼭 체크!

이론 공부를 한 뒤 혹은 수업을 듣고 나서 혼자 문제집을 풀 때 바로 문제가 술술 풀리지 않는 것은 당연하다. 모르는 문제가 나오면 어떻게 하는지? 당연히 모르는 부분을 다시 찾아가며 공부를 해야 하는데, 귀찮아서 그런지 아니면 게임하고 만화 볼 시간은 있어도 책 뒤져볼 시간은 없어서 그런지 그냥 별표를 치거나 풀지 않고 넘어가는 학생이 있다.

철수라는 아이도 그랬다. 과학고에 가고 싶다며 눈을 반짝이던 학생이었는데, 정확히 두 달 수업을 하고 그만둘 수밖에 없었다. 숙제를 내주면 절반은 모르겠다며 별표 표시를 했다. 풀어오는 문제가 몇 개 안 되는데, 그나마도 찍은 것이 많았다. 별표를 해놓은 문제를 보면 절대 어려운 문제가 아닌데, 왜 풀지 못하는지 안타까웠다. 답답한 나머지 철수에게 물어보았다.

"철수야, 이 문제 왜 모른다고 표시해놓은 거야?"

"그게요, 선생님…… 이해가 안 돼요."

철수가 별표를 한 문제들은 참고서 앞부분의 이론 정리 부분을 다시 한 번 읽어보면 풀 수 있는 쉬운 문제였다.

"그래? 그럼 이 문제 보자. 앞에 그대로 내용이 나와 있네. 보기 중에 틀린 것을 찾아서 표시하면 풀 수 있는 건데."

수업을 할 때마다 똑같은 대화가 반복되었다. 계속 질문만 받다 보니 똑같은 수업을 수도 없이 되풀이할 뿐, 진도를 나갈 수가 없어 결국 내가 손을 들고 그만두었다. 철수를 비난하고자 이런 이야기를 하는 것이 아니다. 혹시 이 책을 읽는 학생 중에 그런 학생이 있을까 봐 걱정이 되어 하는 이야기이다. 문제를 풀다가 조금만 몰라도 그냥 별표를 하고 '나중에 선생님한테 물어봐야지', '이건 이것 아닌가? 찍자'라는 식으로 공부를 하면 하나 마나이다.

문제집이 별표 그리기 연습장도 아니고, 운으로 맞히기를 기대하며 찍는 로또 연습장은 더더욱 아니다. 문제를 풀다가 모르는 것이 있으면 당연히 앞으로 넘어가서 이론 부분을 보든지 아니면 다른 참고서나 교과서, 인터넷 등 최대한 동원할 수 있는 여러 방법을 통해 문제를 풀려고 노력해야 한다. 그래야 내 것이 되어 기억에 오래 남는다.

모르는 문제가 있다면 반드시 스스로 찾아가며 풀도록 하자. 그리고 반드시 체크하자. 아무리 고민해도 풀 수 없을 때는 어쩔 수 없이 답안지를 볼 수도 있다. 하지만 답안지를 보고 풀면 답안지를 덮는 것과 동시에 그 문제는 머릿속에서 사라진다. 이런 문제는 꼭 체크해두었다가 나중에 혼자 힘으로 풀어 내 것으로 만들도록 하자.

■ 같은 문제집을 세 번 풀면 막히는 게 없다

'무슨 문제집을 세 번이나 풀어? 답도 다 써 있는데. 문제 보려면 답부터 보일 거 아냐? 왜 세 번이나 풀지? 지겨워서 어떻게 풀어?'

같은 문제집을 세 번 풀라고 하면 대부분의 학생은 시작도 하기 전에 진저리를 친다. 그런데 왜 우리 형제는 같은 문제집을 세 번이나 보게 되었을까? 앞서 말했듯이 우리 형제의 3Step 학습법은 둘이 같이 공부하는 과정에서 자연스럽게 만들어진 것이다. 한 문제집을 두 형제가 풀어야 하니 상대방을 배려해 문제집을 깨끗하게 보아야 했고, 문제집이 깨끗하니 세 번 반복해서 공부할 수 있었다. 문제집마다 세 번씩 반복해서 풀다 보니 문제집에서 어느 한 문제를 찍어서 물어보면 쉬운 문제부터 어려운 문제까지 바로바로 대답할 수 있을 정도의 수준이 되었다.

"근데 왜 세 번이나 보아야 하나요?" 라고 묻는다면, "같은 문제집 세 번 풀어본 적 있나요? 아니면 그런 말을 하지 마세요!" 라고 대답해 주고 싶다.

왜 같은 문제집을 세 번이나 풀어야 할까? 앞에서도 강조했듯이 3Step 학습법의 기본은 '완벽성'이다. 한 문제집을 풀어도 완벽하게 문제집 속에 존재하는 모든 문제를 내 것으로 만들어야 한다. 그러려면 한 번 푸는 것으로는 부족하다. 적어도 세 번 이상은 풀어보아야 한다.

처음 문제집을 풀 때는 이론 내용을 완전히 머릿속에 담지 못한 상태이기 때문에 문제를 풀 때마다 앞에 나온 내용을 뒤적이거나 다른 참고서를 보는 경우가 많다. 따라서 맞다고 동그라미를 쳐도 절대로 그것이 내 것이 되었다는 보장은 없다. 보통 처음 문제를 풀 때 순전히 자기 실력만으로 푼 문제는 100문제 중 50문제가 채 안 된다. 다시 풀어도 100문제를 다 맞히기란 불가능하다. 그러므로 100문제 모두 완벽하게 내 것으로 만들려면 최소한 세 번은 풀어야 한다.

문제집 푸는 방법, 그때그때 달라요

3Step 학습법은 문제집 한 권당 세 번씩 반복해서 푸는 것을 기본으로 한다. 그렇다면 세 번을 어떻게 풀어야 할까? 물론 풀 때마다 새로운 마음으로 최선을 다해 풀어야겠지만 학습 효과를 극대화하기 위해 풀 때마다 약간 방법을 달리하는 것이 좋다.

■ 처음에는 모르는 것 찾아가며 깨끗하게 풀기

처음 문제를 풀 때는 모르거나 헷갈리는 문제가 많을 것이다. 당연하다. 머릿속에 이론을 완벽하게 정리하지 못한 상태인데 척척 문제를 푼다는 것은 있을 수 없는 일이다.

그런데 문제는 모르는 문제가 나왔을 때 어떻게 대처하는가이다. 지레 주눅이 들어 포기하거나 답답한 마음에 얼른 해답지를 보고 풀거나 대충 찍으면 절대 안 된다. 시간이 많이 걸리더라도 앞에 있는 이론 정리를 보거나 교과서 혹은 다른 참고서를 뒤적이면서 스스로 문제를 풀려고 노력해야 한다.

문제는 스스로 노력해서 풀어야 한다. 그래야 그 문제와 관련 있는 모든 내용을 머릿속에 정리하고 기억할 수 있다. 또한 당장 중·고등학교 때는 해답지가 있지만 대학교나 대학원에 가 연구를 할 때는 해답지가 없는 문제가 훨씬 많다. 이때 늘 해답지를 보면서 답을 찾았던 학생들은 적응하지 못하고 헤맬 수밖에 없다. 대학교나 대학원에서 좀 더 전문적인 공부를 할 때 낭패를 보지 않으려면 늘 스스로 문제를 풀기 위해 노력하고 또 노력해야 한다.

차근차근 문제를 풀었다면 한 단원을 끝낸 뒤 채점을 하도록 한다. 간혹 옆에 해답지를 펼쳐놓고 한 문제 풀고 답 체크하고, 또 한 문제 풀고 ○나 ×표를 그리면서 문제를 푸는 학생들이 있다. 이런 방법으로 문제를 풀면 집중해서 푸는 연습을 하지 못한다. 시험 문제는 25문제 혹은 33문제 정도 나오기 때문에 고도의 집중력이 필요하다. 그런데 평소 집중력을 키우는 연습을 하지 않았으니 많은 문제를 계속 풀기가 어렵고, 시간 관리를 잘 못해 시간이 모자라 미처 다 풀지 못하는 불상사가 일어날 수밖에 없다. 그러니 반드시 한 단원의 문제를 모두 풀고 한꺼번에 답안지를 체크하는 습관을 들이도록 한다.

틀린 문제가 있으면 바로 답안지를 보면서 왜 틀렸는지 체크해서는 안 된다. 해답지를 덮은 뒤 다시 풀어보아야 정말 몰라서 틀린 것인지 실수로 틀린 것인지 알 수 있기 때문이다. 몰라서 틀렸건, 실수로 틀렸건 처음 풀 때는 체크하지 말자.

"아니, 왜 체크하지 말라는 것이지? 이상한 사람이네."

이렇게 말할 사람이 분명 있을 것이다. 처음 문제를 풀 때는 오로지 내 실력만으로 푼 것이 아니다. 찍었는데 맞힌 것도 있을 것이고, 실수로 틀린 것도 있을 것이니 처음 풀고 체크하는 것은 의미가 없다. 살짝 잘못 이해해서 틀린 것을 체크해놓으면 앞으로 다시 볼 때 괜히 눈에 거슬리기만 할 뿐이다.

또한 처음 풀 때 표시를 해놓으면 나중에 다시 풀 때 표시가 되어 있는 문제의 경우 자기도 모르게 주의를 하면서 풀기 때문에 새로 푸는 마음으로 풀 수가 없다. 마치 시험장에서 시험을 보듯이 새로 푸는 마음가짐으로 실수할 여지를 남겨둔 채 문제를 풀어야 진정한 실력을 평가할 수 있다. 따라서 처음 문제를 풀고 나서 채점할 때는 절대로 어느 문제에도 체크를 하지 말자. 동그라미도 별표도 세모도 전부 체크할 필요가 없다. 처음에 푸는 것은 실제로 문제를 푸는 것이 아니라 단지 새로운 내용을 정리하는 과정이고, 내가 공부하면서 놓친 부분을 체크하는 과정에 불과하다. 단, 처음 풀 때 답만큼은 페이지 제일 아래에 표시해두도록 한다.

■ 두 번째는 새로운 마음으로 풀어 자신의 실력 체크하기

처음 문제를 풀고 전혀 체크를 하지 않았기 때문에 두 번째 문제를 풀려고 문제집을 펼치면 새것처럼 깨끗한 문제들이 기다리고 있을 것이다. '음 깔끔한데~'라며 씨익 미소를 한 번 지어주고 새로운 마음으로 문제를 풀어보자.

두 번째 풀 때는 이미 이론 부분을 두 번이나 본 상태이므로 이때 문제를 얼마만큼 푸는가가 곧 내 실력이라 할 수 있다. 문제를 풀면서 느끼겠지만 두 번째 문제를 풀 때는 속도도 훨씬 빠르고 정답률도 대폭 올랐을 것이다.

두 번째 문제를 풀 때 정답은 어디에 적어야 할까? 이미 처음 문제를 풀 때 페이지 아래쪽에 정답을 적어놓았는데 말이다. 이때는 두 페이지씩 문제를 풀어 다른 노트에 정답을 적은 뒤 다음 페이지로 넘기지 말고 바로 페이지 아래에 있는 답과 맞춰보도록 하자. 그래야 시간을 절약할 수 있다. 객관식은 문제를 빨리 풀 수 있다면 손으로 아래의 답을 가리고 한 문제씩 풀면서 바로 답을 제크해도 괜찮다.

여기서 주의할 점은 객관식보다는 주관식이다. 특히 서술형 문제는 각별히 주의해야 한다. 시술형 문제를 풀 때 아는 문제라면 답의 내용이 대충 머릿속에 떠오를 것이다. 그렇다고 적기가 귀찮아 바로 전에 적어놓은 답을 보면 안 된다. 반드시 답을 적어봐야 한다. 내용을 알고 있어도 막상 시험장에서 답을 적으려고 하면 중요 단어만 떠오를 뿐 그 단어들을 어떻게 연결시켜야 하는지 잘 생각나지 않을 수 있기 때문이다. '이거 분명히 내용은 아는데……. 답을 어떻게 써야 할지 모르겠네'라며 애태우지 않으려면 서술형 문제를 꼭 직접 써봐야 한다.

두 번째 다시 풀 때 틀린 것은 더 이상 실수가 아니다. 실력이다. 실수로 틀린 것도 몰라서 틀린 것과 똑같다. 상위권에서는 실수도 곧 실력이라는 점을 반드시 명심하자. 그러므로 실수로 틀린 문제는 몰라서 틀린 문제와 함께 과감하게 표시를 해두자. 다만 실수한 것은 세모로, 몰라서 틀린 것은 별표로 다르게 표시해 구분하도록 한다. 이렇게 하는 이유는 마지막으로 세 번째 반복해서 풀 때 실수를 얼마나 줄였는지, 또한 내용을 얼마나 완전히 이해하였는지를 점검하기 위해서이다.

■ 마지막 세 번째 풀 때 틀린 문제는 커다란 왕 별표로 체크

세 번째 문제를 풀 때는 시험이 코앞에 다가와 있을 것이다. 이미 시험 기간에 돌입했거나 내일 당장 시험을 봐야 하는 상황이다. 이때는 이미 같은 문제를 세 번째 푸는 것이어서 자신도 모르는 사이에 문제를 완벽하게 익힌 데다 다른 두 권의 문제집까지 세 번씩 풀었기 때문에 문제를 아주 빠르게 풀 수 있다. 문제를 보자마자 문제가 어떤 유형인지, 문제가 어떤 답을 요구하는지 보일 정도로 실력이 늘었을 것이다.

마지막으로 문제를 풀 때는 객관식 답은 적을 필요가 없다. 바로

바로 페이지 아래에 적어놓은 답을 보며 한 문제를 풀 때마다 체크하자. 당장 내일이 시험이라면 최대한 시간을 줄여야 하고, 문제 푸는 시간을 관리하는 것도 더 이상 고민거리가 아니기 때문에 한 문제씩 풀며 답을 바로 맞춰봐도 괜찮다. 서술형도 중요 단어를 적어가며 내용을 머릿속에 만들어가면서 푼다. 이때 실수로 틀리거나 몰라서 틀려 표시해둔 문제를 주의해서 풀어야 하는데, 아마 몰라서 풀지 못하는 문제는 더 이상 없을 것이다.

하지만 반복해 문제를 풀어도 똑같은 실수를 되풀이한다면 실수한 문제가 있는 페이지를 바로 찾을 수 있도록 과감하게 접거나 왕 별표 표시를 해둔다. 시험장에 들어가기 전까지 실수하는 것이 무엇인지 기억하기 위해서이다. 그리고 마지막으로 절대로 외워지지 않는 것, 절대로 바로 풀 수 없는 문제들도 체크해 바로 찾을 수 있도록 한다. 그래야 시험 보기 전에 한 번이라도 더 빨리 보고 한 문제라도 더 맞힐 수 있기 때문이다.

 같은 문제집을 세 번 보려면 문제집이 늘 새것 같아야 한다. 풀이와 답이 적혀 있는 문제집을 또다시 풀면 제대로 실력을 쌓을 수 없다.

대부분의 학생은 새 문제집 또는 새 자습서를 보면서 답을 쓱쓱 적어나 갈 것이다. 우리 형제도 처음에는 그런 식으로 문제를 풀었다. 하지만 우리 형제는 형이 본 것은 동생이, 동생이 본 것은 형이 보는 등 누군가가 한 번 본 책을 다시 보아야 했다. 누군가가 문제를 풀어놓은 책을 본다면 얼마나 김 새겠는가? 같은 자습서 또는 문제집을 보기 때문에 이는 어쩔 수 없이 생기는 현상이었다. 처음에는 이것 때문에 걸핏하면 다투었다.

"형, 뭐야. 답 다 쓰여 있잖아!!! 답 쓰여 있음 문제를 어떻게 풀어!"

"야, 그럼 어떻게 해. 마음으로 풀리? 알았어. 푼 다음에 지우면 되잖아."

"야, 박현성! 너 지우개로 지우려면 똑바로 지워야지! 다 보이잖아~"

"형은 잘 지웠나~ 어쩔 수 없잖아. 자국 남는 건~"

"아니, 이 자식이~!"

그렇게 열심히 말다툼을 하고 때로는 주먹다짐까지 한 뒤 우리는 이 문제를 가지고 논의하기 시작하였다. 어떻게 하면 항상 새 문제집처럼 문제를 풀 수 있을까?

그래서 머리를 짜내어 생각한 방법이 '문제의 답을 적는 곳에 직접 답을 적지 않고 책 페이지의 제일 아래 여백에 답을 적는 것'이었다. 그리고 절대로 아래 여백을 제외하고는 문제지에 푼 흔적을 남기지 않았다. 다음 사람이 문제를 볼 때 항상 새 책을 보는 기분이 들도록 하기 위해서였다. 이 방법으로 우리는 항상 새 책을 보듯이 문제집을 세 번 반복해서 볼 수 있었다. 책 페이지 아래를 손으로 가리거나 종이로 살짝 가리면 언제든 새 책이 되었기 때문이다.

"그럼 저는 노트에 따로 풀래요. 페이지 아래 여백은 좁기도 하고."

이런 말을 하는 학생이 있다면 일단 답은 '노우 노우 노~~~~'이다. 페이지 아래에 답을 적는 이유는 항상 새 책으로 보기 위한 목적이 가장 크기는 하지만 앞으로 두 번째 세 번째 볼 때 시간을 단축시키기 위해서이기도 하다. 두 번째, 세 번째 볼 때는 아무래도 한 번 풀어보았고 배운 내용에 익숙해지기 때문에 그만큼 문제 푸는 속도가 빨라진다. 이때 답이 맞는지 체크하기 위해 일일이 해답지를 보는 것보다 페이지 아래를 가렸던 손을 살짝 떼어 바로 답을 보면 시간을 절약할 수 있다. 이 방법은 나중에 시험 전날 '꼭 다시 풀어보아야 할 문제'로 체크한 것을 다시 풀 때도 효과적이다.

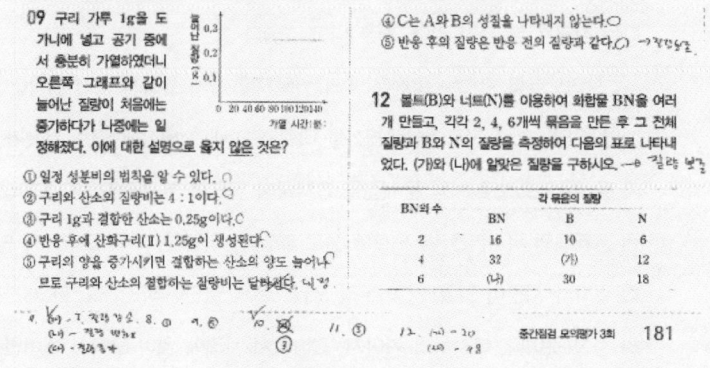

▲ 아래 여백에 답을 적어놓은 문제지

★ 오답노트 만드는 건 시간 낭비

독서실에서 열심히 공부하고 있을 때였다.

'사각 사각 사각 사각 찌익~ 슥 슥 슥 탁 탁……'

어디선가 계속 오리고 붙이는 소리가 들려왔다. "이게 무슨 소리야?" 하며 뒤돌아보니 조그마한 여학생이 앉아서 열심히 문제집 복사한 것을 노트에 오려 붙이고 있었다.

'내일모레가 시험인데……'

살짝 당황하였다. 저것이 바로 말로만 듣던 오답노트구나! 그렇게 오답노트의 실체를 확인한 뒤 오답노트를 만드는 친구들을 살펴보았다. 하지만 내 주위에 전교 1등을 다투는 학생들 중에는 오답노트를 만드는 학생이 하나도 없었다. 그리고 대학교, 대학원에 올라와서도 고등학교 때 오답노트를 만들었다는 친구를 본 적이 없다. 물론 나도 그렇다.

오답노트를 만드는 목적은 틀리는 문제를 다시 틀리지 않기 위함이다. 하지만 오답노트를 만들 때 문제집을 바로 오려내면 뒷장에 있는 문제가 없어져 풀 수 없으므로 보통 문제집을 복사하여 필요한 부분만 오린다. 그리고 오린 문제집의 복사본을 빈 노트에 풀로 붙인다. 과연 한 과목 오답노트 만드는 데 얼마나 시간이 걸릴까? 아무리 오답노트의 달인이라고 해도 한 시간은 족히 걸릴 것이다. 복사하러 가야지, 갔다와서 자리에 앉아 오려서 붙이면 기본

두 시간이다. 물론 집에 복사기가 있다면 이야기가 달라질지 모르겠지만 말이다.

그렇게 정성껏 만든 오답노트가 과연 효과가 있을까? 오답노트 만드느라 진을 빼 바로 공부하기도 어렵고, 더욱 중요한 건 그렇게 공들인 오답노트를 볼 수 있는 시간이 많지 않다는 것이다. 언제 볼 수 있을까? 시험 전날? 또 한 몇 번이나 볼 수 있을까? 한 번? 두 번? 두 번 이상 볼 수 있다면 그나마 다행이지만 보통 한 번 보기도 바쁘다.

오답노트 절대 만들지 말자. 차라리 그 시간에 문제를 반복해서 풀어보는 편이 낫다. 또한 3Step 학습법에 따라 문제집을 세 번 이상 본다면 오답노트를 만들 필요도 없다. 이미 머릿속에 문제가 다 들어 있기 때문이다. 세 번 이상 풀어도 자꾸 틀린다면 그 문제에 표시를 해두자. 시험 전날 필요할 때만 바로 찾아서 보면 된다.

"저는 오답노트 시험 보기 바로 전에 보려고요~"

시험 보기 전 10여 분의 쉬는 시간 동안 오답노트를 보기보다는 단답식이나 서술형을 대비하여 표시해둔 중요 내용을 보면서 머릿속에 내용 정리를 하는 편이 훨씬 효과적이다. 다시 그와 관련된 문제와 내용을 머릿속에 상기시키는 것이다. 특히 수능을 공부하는 학생들이 기를 쓰고 오답노트를 만드는데, 수능 수험생들에게도 오답노트를 만들기보다는 차라리 문제를 더 풀라고 권하고 싶다. 수능에는 절대로 문제집의 문제가 그대로 나오지 않는다. 차라리 문제를 자주 풀어 문제 유형을 익히고 그와 관련된 내용을 다시 숙지하는 편이 효과적이다.

3Step 학습법을 더욱 빛내는
과목별 학습 전략

"국어는 조금만 열심히 공부하면 점수가 잘 나오는데, 수학은 아무리 죽어라 공부해도 80점 넘기가 힘들어요."

"수학은 처음 본 문제도 물고 늘어지면 풀 수 있는데, 영어는 재미도 없고 공부했을 때와 안 했을 때 점수 차이가 별로 없어요."

그럴 수 있다. 분명 특정 과목을 남들보다 빨리 이해할 수 있는 '감'이 존재한다. 똑같은 노력을 들여도 감이 있는 과목은 아무래도 수월하게 공부하고 좋은 점수를 얻을 수 있지만, 감이 떨어지는 과목은 공부하기도 고통스럽고 공부를 해도 성적이 잘 나오지 않는 것이 사실이다.

하지만 타고난 감도 후천적인 노력을 당해내지는 못한다. 비록 처음에는 감이 떨어져 고전하더라도 끊임없이 반복해 공부하면 얼마든지 높은 점수를 얻을 수 있다.

어떤 과목이든 기본적인 공부법은 3Step 학습법을 따르면 된다. 다만 과목별 특징이 조금씩 다르므로 이를 이해하면 3Step 학습법의 효과를 한층 배가시킬 수 있다.

국어, 교과서 모든 지문을 완벽하게 이해하라

언어에 대한 감을 타고난 학생들이 있다.

"그거 그냥 지문 보고 맞히면 되지 뭐가 어려워?"

잘난 척하는 것 같아 살짝 마음이 상하기도 하지만 실제로 감이 있는 학생들은 특별히 국어 공부를 열심히 하지 않고도 시험을 잘 본다. 이런 학생들을 보면 참 부럽다. 우리 형제는 국어에 대한 감이 없어 정말 열심히 공부하지 않으면 시험을 잘 볼 수 없었으니까 말이다.

국어는 참 묘한 과목이다. 일상생활에서 항상 사용하는 말이기에 공부를 안 하면 문제를 다 풀 수 없는 수학과는 달리 어느 정도 기본 점수는 확보할 수 있다. 하지만 공부를 열심히 한다고 시험을 꼭 잘 보리란 보장도 없다. 나중에 답을 보아도 왜 그린 답이 나오는지 이해할 수 없는 경우도 종종 있다.

이 오묘한 국어를 대체 어떻게 공부해야 높은 점수를 얻을 수 있는 것일까? 결론부터 이야기하면 '교과서의 지문을 완벽하게 이해해야 한다'는 것이다. 초등학교 때는 느끼지 못하겠지만 중학교, 고등학교로 학년이 올라가면 갈수록 교과서 지문의 종류도 다양해지고 길이도 길어진다. 이 지문을 완벽하게 이해하지 못하면 결코 높은 점수를 받을 수 없다.

학교에서 보는 시험 문제의 90퍼센트 이상은 교과서의 지문에서 출제된다. 보통 33문제가 출제되는데, 시험 시간은 한 시간도 채 안 된다. 즉 한 문제당 2분도 안 되는 짧은 시간에 문제를 풀어야 한다는 계산이 나온다. 따라서 시험지를 받아들고 '어랏, 이 지문이 뭐였더라?' 하면서 지문을 차근차근 읽고 문제를 풀면 시간이 모자랄 수 있다.

시험 문제에 나오는 지문은 대부분 교과서에 있는 것이다. 지문을 완벽하게 이해한 상태에서 시험을 보면 45분 혹은 50분 정도의 시간 안에 33문제를 푸는 것은 물론, 혹 실수를 하지는 않았는지 검토할 시간도 충분하다.

교과서 지문을 완벽히 이해하는 데는 자습서를 활용하는 것이 최고다. 국어 자습서를 펼쳐보면 국어책의 지문들이 하나하나 모두 순서대로 실려 있고 부연 설명들이 깨알같이 적혀 있다. 예를 들어 소설이라면 등장인물의 성격과 대화에 대한 설명이, 시라면 각 문장이 의미하는 것이나 표현 기법 등이 모두 적혀 있고, 그 옆에는 관련 연습문제까지 있다. 따라서 지문을 완벽하게 이해하고 파악하는 데는 자습서만큼 좋은 것이 없다.

하지만 자습서를 세 번씩 보기에는 시간이 턱없이 부족할 수도 있다. 물론 자신이 얼마나 국어에 취약한지에 따라 다르겠지만 세 번을 보는 게 무리라면 한두 번 정도 보아도 좋다. 국어는 몇 번 보았는가보다 지문에 익숙해지고 감을 익히는 것이 더욱 중요하다. 평소에 책을 많이 읽은 학생이라면 지문을 빨리 이해할 수 있다. 지문을 완벽하게 익히고 세 권의 문제집을 세 번 반복해 푼다면 100점을 기대해볼 만하다.

문제집은 교과서에서 문제가 출제될 만한 중요한 파트만을 발췌해서 지문으로 제시하기 때문에 문제를 많이 풀면 주요 지문을 쉽게 눈에 익힐 수 있다.

"전 한 번 보기도 어려워요. 선생님."

내가 가르쳤던 수많은 학생이 똑같은 말을 한다. 이해한다. 문제집 세 권을 세 번씩 보는 일은 결코 쉽지 않다. 하지만 항상 새로운 것을 세 번 보자는 이야기가 아니라 비슷한 내용을 세 번 공부하자는 것이니 지레 할 수 없다고 못 박지 말자.

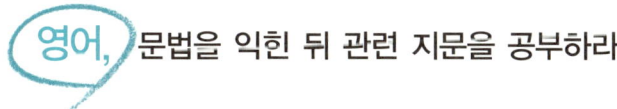

영어, 문법을 익힌 뒤 관련 지문을 공부하라

영어 또한 국어처럼 생활에서는 물론 대학교나 대학원에 진학할 때 그리고 학교를 졸업한 뒤에도 항상 활용해야 하는 과목이다. 다만 영어는 국어와는 달리 TOEIC, TOEFL 등과 같은 영어 시험을 통해 자신의 실력을 측정하므로 더더욱 공부를 게을리해서는 안 된다. 지금 학교 다닐 때 영어 공부를 착실히 해두면 공인인증 시험에서 분명 높은 점수를 받을 수 있다. 왜냐하면 영어의 기초 문법은 중학교 때 완성되기 때문이다. 나머지는 발음과 어휘력이다. 영어라는 언어의 특성상 기초만 잘 닦아놓으면 이를 활용하기는 그리 어렵지 않다.

학교 시험에서 100점을 받으려면 두말할 것도 없이 교과서를 열심히 봐야 한다. 요즘은 유치원 다닐 때부터 영어를 공부하고, 꾸준히 영어 학원을 다니거나 해외에서 살다 와서 영어를 잘하는 학생이 많다. 회화도 유창하게 한다. 고등학교 때까지 비행기 한 번 타보지 못한 우리 형제로선 상당히 부러운 모습이다. 그런데 이렇게 영어 잘하는 학생들을 가르치다 보면 이런 질문을 많이 받는다.

"선생님, 저는 평소에 영어를 열심히 해요. 그리고 제가 봐도 영어를 잘하는 것 같은데 학교 시험은 꼭 이상한 것만 물어봐서 성적이 잘 안 나와요. 왜 그렇죠?"

당연하다. 영어를 잘하는 것과 시험을 잘 보는 것은 다른 문제이다. 영어를 잘한다고 무조건 시험도 잘 볼 수 있다고 생각하는 것은 큰 착각이다. 그렇게 따지면 국어가 모국어인 한국인이 국어 시험에서 높은 점수를 받지 못할 이유가 없다.

영어 시험을 잘 보고 싶다면 영어 교과서를 공부해야 한다. 물론 영어를 어릴 적부터 하면 교과서를 충실히 공부하지 않아도 시험을 어느 정도는 잘 볼 수 있다. 그러나 영어 시험도 국어처럼 교과서의 지문을 활용하므로 이에 대비를 하지 않고서는 100점을 받을 수 없다.

영어도 국어처럼 자습서를 보면서 지문을 이해하는 것이 좋다. 영

시험 성적 확실히 올려주는 쌍둥이 형제의 3step 학습법

어 교과서는 국어 교과서와는 달리 출판사별로 지문이 다르고, 지문을 통해서 영어 문법의 활용 등을 전달하는 데 주로 초점이 맞추어져 있다. 영어 수업 시간에 영문법이나 단어를 배우고 이를 지문을 통해 활용하는 것이다. 따라서 지문을 공부할 때도 이에 초점을 맞추어야 한다. '아, 이 문장은 현재완료형을 활용한 것이구나' 하면서 각 단원별로 학생들에게 가르치려는 문법이 무엇인지 파악하고 관련 지문을 공부하면 이해가 더 잘 될 것이다.

단, 학교 시험을 위한 영어 공부를 따로 해야 한다는 말을 평소에는 영어 공부를 하지 않아도 된다는 말로 오해하지 말기 바란다. 영어를 꾸준히 공부해 기본 실력을 탄탄하게 닦아놓으면 학교 시험을 위한 영어 공부를 할 때 한결 수월하다.

영어는 정말 평생 필요한 언어이다. 영어를 못해서 30년 뒤, 지하철이나 버스 안 출근길에서 영어 공부를 하고 싶지 않다면 평소 성실하게 공부해야 한다. 참고로 형이나 누나들이 그렇게 열심히 공부한다는 TOEIC 시험 또한 중·고등학교 과정을 충실히 공부했다면 어렵지 않게 볼 수 있는 시험이다. 대부분 중·고등학교 때 배운 내용들이 TOEIC 시험에 나오는데, 어렵게 느껴진다면 학교 다닐 때 제대로 공부하지 않았다고 봐야 한다.

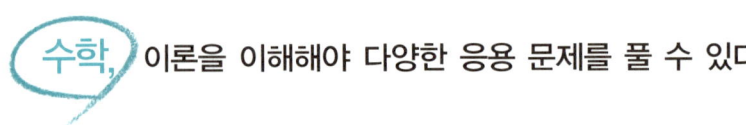

수학, 이론을 이해해야 다양한 응용 문제를 풀 수 있다

수학만큼은 평소에 공부해두기를 바란다. 암기 과목이 절대 아니므로 시험을 앞두고 잠깐 공부한다고 성적이 오르지 않는다. 다시 한번 얘기하지만 교과서에 나오는 연습 문제를 시험 전날 풀어보면서 밤샘 공부를 한다면 절반 정도는 맞힐 수 있겠지만 그 이상은 어렵다. 이론을 완벽하게 이해하고 있어야 다양한 응용 문제를 풀 수 있다.

우리 형제는 수학만큼은 시험을 위한 공부보다는 평소 기초 실력을 닦고 다양한 문제를 풀면서 꾸준히 공부했다. 그래서 시험을 준비하는 기간에는 수학에 너무 많은 시간을 소비하지 않도록 했다. 시험 준비 기간에는 평소 자주 틀리는 문제와 교과서에 있는 문제들 그리고 참고서에 있는 중간고사 및 기말고사 대비 문제들을 다시 풀었다. 즉 새로운 것을 공부하기보다는 이미 공부한 것을 되새긴다는 느낌으로 공부할 수 있도록 평소에 미리 공부를 해두었다.

수학을 평소에 공부하는 것은 매우 중요하다. 만약 수학 과목을 시험 기간에 공부한다면 상대적으로 많은 시간이 소비되는 과목이라 그만큼 다른 암기 과목에 투자할 시간과 영어, 국어를 비롯한 과목들의 지문을 공부할 시간이 대폭 줄어든다. 따라서 중위권의 성적이 아닌 중상위권의 성적으로 들어가는 가장 첫 번째 준비는 수학을 비롯한 과학과 영어 등 주요 과목을 평소에 공부하는 것이다. 그리하여 시험을 준비하는 기간에는 문자 그대로 시험을 위한 공부만을 해도 충분하도록 대비해야 한다.

학비를 벌기 위해 잠깐 중학교 3학년 학생들을 대상으로 학원에서 수학을 가르친 적이 있다. 학생 수가 열 명이어서 한 명씩 충분히 소통을 하며 가르칠 수 있는 상황이었다.

그런데 어느 날, 수업 시간보다 훨씬 일찍 도착한 한 학생이 노트에 무엇인가를 열심히 적는 것을 보았다. 얼핏 보니 글쎄 "$a^2+2ab+b^2 = (a+b)^2$이고, $a^2-2ab+b^2$은…… 어? 뭐였지? 아! '$-$'가 붙어 있으니까 $(a-b)^2$이었지!" 하면서 곱셈 공식과 인수분해 공식을 열심히 적어가며 외우고 있는 것이 아닌가?

"아니, 너 지금 이걸 왜 외우고 있니?"

"아, 공식이라서 외우고 있는 건데요? 왜요? 공식은 외우는 거잖아요."

이 학생처럼 수학은 공식이라며 공식만 적어놓고 계속 외우는 학생이 종종 있다. 공식이라는 단어가 머릿속에 박힌 나머지 교과서에 나오는 공식들이 무엇을 의미하는지 생각하기보다는 그냥 무조건 외운다. 다음을 살펴보자.

■ 인수분해 공식

$$a^2+2ab+b^2 = (a+b)^2$$
$$a^2-2ab+b^2 = (a-b)^2$$
$$a^2-b^2 = (a+b)(a-b)$$
$$x^2+(a+b)x+ab = (x+a)(x+b)$$
$$acx^2+(ad+bc)x+bd = (ax+b)(cx+d)$$

위의 공식을 접하는 순간, 어떤 학생들은 '공식이다! 외워야지!' 하면서 열심히 연습장에 공식을 써가며 달달달 외운다. 그러고는 수학 공부를 열심히 했다며 만족하기도 하고, 잘 외워지지 않으면 '수학은 적성에 안 맞아. 왜 이리 어려운 거야. 이런 거는 배워서 어디에 써먹으려고 하는지. 생활에 도움도 안 되는 데 왜 배우는지' 등등 볼멘소리를 하기도 한다.

많은 학생이 공식은 외워야 한다고 알고 있지만, 사실 공식은 외우기보다는 이해를 하는 것이 중요하다. 다음 문제를 보자.

> 'x^2+5x+6'을 인수분해 하시오.

위 문제를 푸는 방법은 다음과 같다.

$$x^2+5x+6 = (x+2)(x+3)$$

$$\begin{matrix} x & & 2 \\ & \times & \\ x & & 3 \end{matrix}$$

문제를 풀어보면 앞에서 소개한 인수분해 공식 중 4번을 응용하는 문제임을 확인할 수 있다. 따라서 공식을 무턱대고 외우기보다는 왜 그러한 공식이 나왔는지를 문제 푸는 연습을 통해 깨달아야 한다. 그렇게 해야 공식을 오래 기억할 수 있을 뿐 아니라 수학에 대한 자신감과 재미를 얻을 수 있다. 참고로 과학고에 입학했을 때 처음 한 달간은 곱셈 공식과 인수분해를 연습했다. 즉 관련 문제 100개 정도를 서너 번 반복해서 풀었다. 처음에는 '왜 계속 인수분해와 곱셈 공식만 공부할까? 왜 저 선생님은 다른 건 안 가르쳐주지?' 하며 의아해했지만, 계속 하다 보니 그 이유를 알 것 같았다. 고등학교 수학에서 곱셈 공식과 인수분해는 매우 중요한데, 선생님은 그동안 무턱대고 외웠던 것을 연습과 문제를 통해서 이해시키려고 노력했던 것이다.

덕분에 이후 대학교와 대학원 과정에서도 곱셈 공식과 인수분해는 어렵지 않았으며, 신속하고 정확하게 풀어냈다. 학원에서 중3 학생들에게 그와 같은 학습법을 시도해보았더니 대부분의 학생이 쉽게 이해하였다. 공식을 먼저 보여주고 외우게 하는 것이 아니라, 문제를 통해서 공식을 이해시키고 스스로 그 원리를 알아낼 수 있도록 반복해서 설명했다. 어떤 학생이 나를 찾아와 "선생님께서 가르쳐주신 대로 공부하니까 수학이 재밌어졌어요"라고 얘기했을 때, 수학은 공식이 전부가 아님을 확신할 수 있었다.

이제 또다른 예로 이차방정식의 근의 공식을 살펴보자.

이차방정식 $ax^2+bx+c=0$ $(a \neq 0)$의 근은

$$x = \frac{-b+\sqrt{b^2-4ac}}{2a} \ (단, b^2-4ac \geq 0)$$

많은 학생들이 이 공식을 열심히 외우기만 하거나 이차방정식 관련 모든 문제를 근의 공식을 이용해 풀려고 한다. 하지만 근의 공식을 차근차근 유도해보면, 이차방정식을 푸는 모든 방법이 근의 공식 유도 과정에 녹아 있는 것을 알 수 있다.

예를 들어, $2x^2 \times 4x + 1 = 0$ 방정식을 푸는 과정을 살펴보자. 왼쪽의 방정식을 푸는 과정은 오른쪽의 근의 공식 유도 과정과 정확히 일치한다. 이처럼 무조건 공식을 달달 외우려 들지 말고, 공식을 직접 유도해보고 그 과정을 익히도록 하자. 그러면 공식은 절로 외워지고 관련된 응용문제가 나와도 쉽게 해결할 수 있다. 공식을 맹신하지 말자. 공식만 안다고 모든 문제를 풀 수 있는 것은 아니다. 공식에게 배신당하지 말고, 공식은 단지 이해를 돕기 위하여 있다고만 생각하자!

$$2x^2 \times 4x + 1 = 0 \ \text{----------} \ ax^2 + bx + c = 0$$

$$2(x+1)^2 - 1 = 0 \ \text{----------} \ a\left(x + \frac{b}{2a}\right)^2 - \frac{b^2}{4a} + c = 0$$

$$2(x+1)^2 = 1 \ \text{----------} \ a\left(x + \frac{b}{2a}\right)^2 = \frac{b^2}{4a} - c = \frac{b^2 - 4ac}{4a}$$

$$(x+1)^2 = \frac{1}{2} \ \text{----------} \ \left(x + \frac{b}{2a}\right)^2 = \frac{b^2 - 4ac}{4a^2}$$

$$x + 1 = \pm\sqrt{\frac{1}{2}} \ \text{----------} \ x + \frac{b}{2a} = \pm\sqrt{\frac{b^2 - 4ac}{4a^2}} = \pm\frac{\sqrt{b^2 - 4ac}}{2a}$$

$$x = -1 \pm\sqrt{\frac{1}{2}} \ \text{----------} \ x = \frac{-b \pm\sqrt{b^2 - 4ac}}{2a}$$

 **평소 기초를 닦고 다양한 문제를 풀어라**

과학 또한 수학과 마찬가지로 이해를 바탕으로 해야 문제를 풀 수 있는 과목이다. 따라서 시험을 위한 공부보다는 평소에 공부해두어 기초 실력을 쌓고 다양한 문제를 풀어보는 노력을 해야 한다. 학교 수업이 끝나면 집에 돌아와서 책가방을 던져놓고 텔레비전을 켜거나 친구들과 놀러 가는 대신, 그날 과학 시간에 배운 부분을 참고서를 보면서 복습하자.

과학은 수학과 비슷하면서도 미묘하게 다르다. 비슷한데도 수학보다 공부하기가 한결 수월하다. 기본적인 수학을 활용하고 이에 과학적 지식을 추가하는 것이므로 수학보다 어렵지 않다. 따라서 한 시간만 투자하면 충분히 복습할 수 있다.

■ 물리, 공식의 원리를 이해해야 쉽다

물리를 공부할 때 저지르기 쉬운 큰 실수 중의 하나가 공식에만 집착하는 것이다. 숫자들을 공식에 대입만 하면 모든 문제가 술술 풀릴 것으로 생각하는데, 그렇지 않다. 과학에서 공식, 그러니까 수학은 하나의 도구일 뿐이다. 자연적인 현상을 이해하기 쉽도록 수학적인 언어로 풀어낸 것뿐이다. 따라서 왜 그러한 공식이 나왔는지를 고민하며 이해하는 것이 중요하다. 이를 바탕으로 문제를 풀면 어떤 문제든 어렵지 않게 해결할 수 있다.

중학교 때까지 전자기나 역학 부분을 공부하다가 고등학교에 올라와서 물리를 배우면 대부분의 학생은 이렇게 외친다.

"뭐가 이리 어렵나요! 머리털 다 빠지겠습니다. 선생님, Help~"

하지만 물리학 본질을 이해하면 물리는 그리 어렵지 않다. 중학교 3학년에 올라가면 일의 원리에 대하여 배운다. 그리고 이때부터 많은 공식을 접하면서 대부분의 학생은 열심히 공식을 외운다. 그러고는 숫자를 공식에 대입하며 문제를 해결한다. 그런데 공식을 외우면서 왜 그런 공식이 나왔는지는 생각해보지 않고 넘어가는 경우가 부지기수다. 공식을 잊어먹지 않으면 다행이고 막상 시험을 볼 때 긴장한 나머지 '이런! 공식이 기억이 나지 않아! 아, 어쩌지?' 하면서 물리는 과학이 아니라 수학이라며 울분을 토하기도 한다. 물리는 정말 공식으로 가득 찬 수학일까?

아래의 그림을 보자. 중학교 3학년 학생이라면 아래의 공식이 매우 익숙할 것이다. 첫 번째로 지렛대의 원리를 배우면서 아래의 공식을 외우게 된다.

'음, 지렛대에서는 이런 공식이 있군! 밑줄 좍~~! 외우자, 외워!'

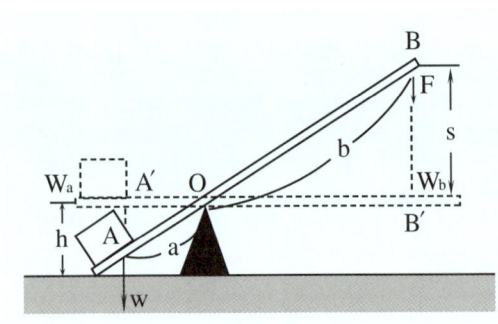

$$W \times a = F \times b \quad \therefore F = \frac{a}{b}W \cdots (1)$$

$$h:s = a:b \qquad \therefore s = h\frac{b}{a} \cdots (2)$$

$$Wb = F \times s = (\frac{a}{b}W) \times (\frac{b}{a}h) = (3) = Wa$$

이제 그 다음에는 빗면에 대해서 배운다.

'아, 빗면에서는 이러한 공식이 있네? 이것도 열심히 외워야겠군!'

$$F \times s = W \times h$$

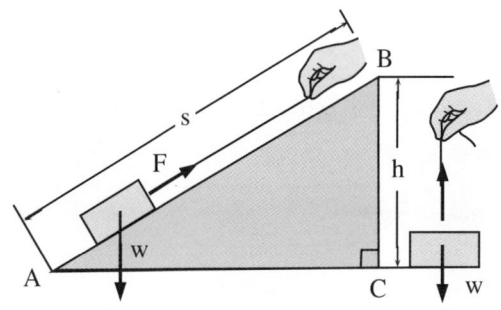

그리고 고정도르래와 움직도르래에 대해서 공부하면서 또다시 공식을 외운다.

'여기도 공식이 있네? 물리는 무슨 공식이 이렇게 많아? 아, 아까 지렛대에서 뭐가 어떻게 되었더라? 기억이 안 나네? 모르겠다.'

이렇게 각각의 공식을 열심히 외우다 보면 학생들은 물리를 포기하려 든다. 그러고는 각각의 공식이 헷갈리고, 문제를 풀 때 어떤 공식을 써야 하는지 머리를 싸매게 된다.

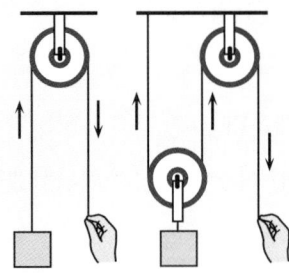

$$W \times h = \frac{1}{2}W \times 2h$$

그러나 위의 공식들을 잘 살펴보면 단 하나의 공식으로 통하는 것을 알 수 있다.

일 = 힘×거리

단 한 개의 공식이 어쩜 저렇게 다양하게 바뀔 수 있는 걸까? 위의 공식들이 얘기하고자 하는 것은 무엇일까? 이러한 고민 없이 그동안 공식만 외우려고 했던 학생들은 반성하도록 하자. 위의 공식이 전하고 싶은 바는 바로 일은 항상 같다는 것! 즉 힘을 적게 들이면 그만큼 더 많이 움직여야 한다는 점이다. 결국 하는 일의 양은 같다는 얘기다. 마치 인생에서 한 개를 얻으면 한 개를 잃을 줄 알아야 한다는 것과 같은 이치이다. 이를 깨닫고 위의 수식들을 살펴보면 달리 보일 것이다. 그리고 공식을 따로 외울 필요가 없다는 사실도 깨달을 것이다. 중요한 건 원리이다! 이는 바로 일의 원리인 '도구를 사용할 때나 사용하지 않을 때나 한 일의 양은 같다' 이다.(참고로 일의 원리는 주관식으로 나올 확률이 높으므로 현재 중학교 3학년 학생이라면 꼭 알아두자.)

물리를 잘하고 싶다면 절대로 수식에만 매달려서는 안 된다. 수식이 나온다면 왜 그러한 수식이 나왔는지 본질을 파악하도록 하자. 물리도 마찬가지로 평소에 공부해두고 시험 기간에는 다시 그 기억을 상기시키도록 하자. 시험 기간에 물리를 잡고 이해할 시간적 여유는 없다. 하지만 시험 기간에도 기억을 살리기 위하여 문제를 꼭 풀어보아야 하는데, 물리는 내용을 이해하는 것과 문제를 풀 수 있는 것은 하늘과 땅 차이이기 때문이다. 꼭 다시 문제를 풀어서 문제를 푸는 감각을 되살리고 시험을 보아야 높은 점수를 얻을 수 있다. 평소에는 이론과 문제를 중심으로 공부를 하고, 시험 기간이 되면 꼭 다시 문제를 풀어 문제 푸는 감각을 되살리자.

■ 화학, 이해와 암기! 모두 잡아야 한다

화학을 좋아하는 학생들이 있는가 하면, 화학 하면 고개부터 흔들고 보는 학생들이 있다. 화학을 싫어하거나 화학을 어려워하는 학생들은 인생의 진리를 모른다고 할 수 있다. 화학에는 인생의 진리가 담겨 있다. 뜬금없이 웬 인생의 진리냐며 어이없다고 생각할 학생들이 있을지도 모르겠다. 하지만 화학을 공부하면 인생의 진리를 느낄 수 있다. 질량 보존의 법칙, 일정 성분비의 법칙 모두 세상의 진리와 통한다.

화학 공부를 잘하려면 기본적인 화학 반응의 본질이 무엇인지부터 알아야 한다. 화학 공부를 잘하고 싶다면 먼저 원소 기호부터 외우자. 원소주기율표 1번 수소부터 20번 칼슘까지 외워야 한다. 중요한 족과 이온도 모두 외워야 한다(224페이지 참조). 화학을 잘하려면 내 마음대로 화학식을 쓸 줄 알고, 만들 줄 알아야 한다. 화학식의 언어인 원소 기호와 이온을 모른다면 절대로 문제를 풀 수 없다. 마치 한글을 모르는데 국어 시험을 보려고 하는 것과 같다. 다음의 기본적인 화학 반응식을 보자. 수소와 산소가 만나서 물을 만드는 것이다.

$$H_2 + \frac{1}{2}O_2 \rightarrow H_2O$$

화학 반응식을 이해하려면 기본적으로 화학 반응은 분자들이 충돌해 일어난다는 점을 알아두어야 한다. 그런데 충돌이 일어날 때마다 화학 반응이 일어난다면 공기중의 충돌하는 수많은 공기 분자가 반응을 할까? 전혀 아니다. 왜 이러한 반응이 일어나지 않을까? 활성화 에너지가 존재하기 때문이다. 일종의 화학 반응이 일어나는 데 넘어야 할 장벽인 것이다. 활성화 에너지 이상의 에너지를 가지고 충돌이 일어났을 때 비로소 화학 반응이 일어난다.

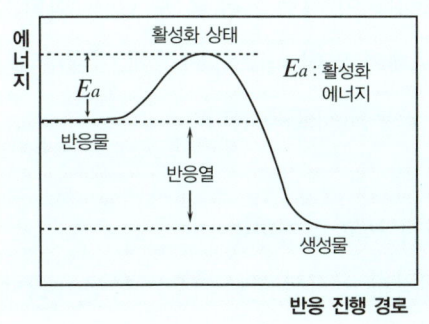

화학 반응은 전자의 교환이다. 서로 전자를 공유하거나 제공하여 완벽한 옥텟, 즉 최외각 전자를 여덟 개 채우기 위하여 화학 반응을 한다. 이러한 사실을 알고 화학을 공부한다면 쉽게 이해할 수 있다.

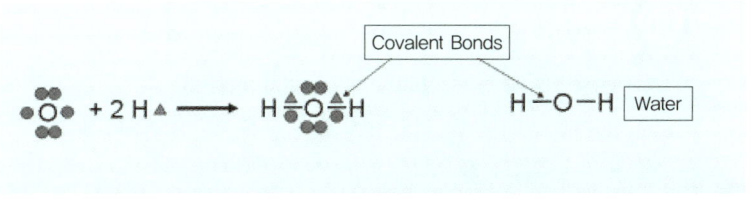

그림에서처럼 각 수소의 최외각 전자 한 개씩 총 두 개와 산소의 최외각 전자 여섯 개가 만나서 물 분자 하나를 만든다. 이런 식으로 화학을 이해해야 화학의 진정한 의미를 알고 쉽게 공부할 수 있다.

화학도 마찬가지로 평소에 공부를 해두어야 한다. 왜냐하면 화학은 물리와 생물의 특징을 반반씩 갖고 있어 내용을 이해해야 하는 것은 기본이고, 일정 부분 암기도 필요하기 때문이다. 따라서 물리와 마찬가지로 평소에는 문제를 풀면서 이해를 하고, 시험 기간에는 문제

를 풀면서 문제 푸는 감각을 살려야 시험을 잘 볼 수 있다. 화학2에서
부터는 식을 이용한 계산 문제가 많이 나오기 때문에 이때부터는 평
소에 수학적 감각을 살려서 공부를 하도록 한다.

■ 생물, 전체 흐름을 먼저 보고 암기하라

생물을 암기 과목이라 생각하고 시험 전날 외우는 학생이 많다. 하
지만 그렇게 해서는 원하는 점수를 얻을 수 없다. 생물도 과학이다.
따라서 이해를 바탕으로 공부해야 쉽게 외울 수 있고 오랫동안 기억
할 수 있다. 그런데 평소에는 책을 들춰보지도 않다가 시험 전날 공부

Tip 주기율표 외우기

주기율표를 외울 때 다음과 같이 앞 글자만 따서 외워보자.
'수 H 헤 He 리 Li 베 Be 붕 B 탄 C 질 N 산 O 플 F 네 Ne 나 Na 막
Mg 알 Al 규 Si 인 P 황 S 염 Cl 알 Ar 칼 K 카 Ca'

화학2까지 배울 학생이라면 전이 원소도 외워둔다.
'스 Sc 티 Ti 바 V 크 Cr 망 Mn 페 Fe 코 Co 니 Ni 쿠 Cu 젠 Ze'

그리고 각 주요 족을 외운다.
1족 알칼리 금속족 H Li Na K Rb Cs Fr (하 리 나 가 루비 사서 버려)
2족 알칼리 토금속족 Be Mg Ca Sr Ba Ra (베 마(뱀 아) 서 로 바 라)
13족 알루미늄족 B Al Ga In Tl (불 알 까 안 들)
15족 질소족 N P As Sb (잘 파 앗 삽이 부러졌다)
17족 할로겐족 F Cl Br I (풀 먹는 염소가 부러워 요)

하려면 마음이 조급해지는 게 당연하다. 그래서 이해할 생각은 하지도 않고 '왜 생물책에는 공식이 없는 거야? 모조리 외워야 하는 암기과목이 무슨 과학이야' 하며 원망한다. 유전법칙의 멘델이 싫다느니, 우리나라의 주입식 교과과정이 문제라는 등 생각나는 대로 원망의 화살을 돌린다.

하지만 평소 시간을 갖고 차근차근 이해하며 공부하다 보면 생물이 암기 과목이 아니라는 사실을 깨닫게 된다. 생물을 잘하려면 나무를 보는 눈이 아니라 숲을 볼 수 있는 눈을 가져야 한다. 즉 전체적인 흐름을 알고 세세히 들어가는 것이 중요하다.

기본적으로 중·고등학교 때 배우는 생물은 크게 다섯 가지로 나뉜다. 인간의 몸을 다루는 생리학(혈액, 배설, 호흡 등), 세포의 구조를 다루는 세포학(세포막, 핵, 미토콘드리아 등), 유전의 원리를 다루는 유전학(멘델의 유전법칙, 유전공학 등), 생물에서 일어나는 화학 반응을 다루는 생화학(TCA 회로, 광합성 경로 등), 기타 생태계와 환경을 배우는 생태학이 있다. 고등학교 때 배우는 생물1은 대부분 생리학이고, 생물2는 세포학과 생화학이다.

생물을 배우는 학생들이 공동적으로 하는 말이 있다.

"선생님, 뭐가 이렇게 외울 게 많나요? 정말 외워도 까먹고 외워도 까먹고 전 바보인가요?"

아무리 열심히 외우고 또 외워도 자꾸 까먹는다고 호소하는 학생들은 대개 생물학의 전체적인 기본 흐름을 보지 못하는 실수를 한다. 예를 들어 생물 교과서에 소화효소의 특징을 나열한 부분이 있다.

＊ 소화효소의 특징

① 생체 내 화학 반응의 촉매 역할을 한다.

② 효소의 주성분은 단백질이다.

③ 35~40℃에서 작용이 왕성하다.

④ 한 가지 효소는 특정한 물질에만 작용한다.

⑤ 적당한 pH에서만 작용한다.

생물을 공부하다 보면 이런 것이 한두 가지가 아니다. 무조건 외우려고 들면 잘 외워지지도 않고 머리만 아프다. 생물학의 전체적인 흐름을 먼저 알고 외워야 쉽게 머릿속에 넣을 수 있다.

소화효소의 특징은 소화효소가 단백질이라는 사실 하나만 알고 있으면 바로 이해할 수 있다. 따라서 단백질의 특징을 이해하는 것이 중요하다. 단백질은 3D 구조에 의해 기능이 결정된다. 따라서 효소가 기질에 작용하려면 작용하는 기질이 단백질 모양에 적합하게 들어맞아야 한다. 기질이 열쇠라면 효소는 자물쇠라 할 수 있다. 열쇠의 모양이 자물쇠의 모양과 딱 맞아야 들어갈 수 있듯이, 기질의 모양이 효소의 기질 부착 부위(활성 부위)에 잘 들어맞아야 한다. 이러한 이유로 효소의 기질 특이성(④번 특징)을 설명할 때 'Key & Lock' 가설이 나오는 것이다.

또한 단백질은 온도와 pH에 민감하게 반응해 구조가 바뀌기 쉽다. 예를 들어 투명했던 계란흰자에 열을 가하면 하얗고 불투명하게 변하는 것도 단백질이 열에 민감하게 반응해 구조가 바뀌기 때문이다. 단백질은 구조가 바뀌면 기능을 할 수가 없으므로 ③번과 ⑤번 같은 특징이 나타난다.

면역 반응도 마찬가지이다. 면역 반응을 배울 때 항원과 항체가 등장한다. 책에서는 항체는 특정한 항원에만 결합한다고 설명한다. 당연히 항체를 구성하는 물질도 단백질이어서 특정한 기질, 즉 항원에만 결합할 수 있기 때문이다.

이렇듯 생물은 암기할 내용이 많은 과목 같지만 전체적인 흐름을 알고 있으면 어렵지 않게 머릿속에 담을 수 있다. 물론 단순히 암기를 해야 할 내용도 있긴 하다. 이럴 때는 자신만의 암기 방법을 만들어서 암기하도록 한다.

생물도 다른 과학 과목처럼 평소에 공부하는 습관을 들이는 것이 좋다. 시험 기간에 한꺼번에 모든 내용을 머릿속에 넣는다는 것은 무리다. 따라서 평소에 전체적인 흐름을 머릿속에 넣어두고, 시험 기간에는 시험에 대비해 체크해두었던 부분을 꼼꼼히 챙겨보면서 기억을 되살리자.

생물은 실험 데이터를 이용한 그래프를 보는 문제가 많이 나온다. 이러한 문세를 잘 풀려면 실험과 관련된 모든 내용을 빼먹지 말고 공부해야 한다. 그래프를 볼 때는 그래프의 x축과 y축이 정확히 무엇을 의미하는지 체크한 뒤 그래프 모양을 살펴보는 것이 순서다. 처음 보는 그래프라고 해서 당황하지 말고 천천히 그래프를 살펴본다면 그래프를 이해할 수 있다.

생물은 암기할 내용이 많다. 전체적인 내용을 이해하고 암기하는 것이 기본이지만 때로는 무턱대고 외우는 것이 더 효과적일 수도 있다. 이렇게 무조건 외워야 할 때는 잘 기억할 수 있는 자신만의 암기법을 연구해보자. 예를 들어 소화기관을 배우는 파트에서 각 영양소와 그에 반응하는 용액의 이름을 외워야 한다고 가정해보자. 지금 생각해도 각각 반응하는 것은 외우는 방법 외에는 다른 방도가 없다.

내가 즐겨 사용하는 방법은 노래를 지어 외우는 것이다. 가령 포도당은 베네딕트 용액에 반응하고, 녹말은 요오드에, 지방은 수단3용액, 단백질은 뷰렛 반응을 한다는 사실을 노래로 만들어 외웠다. 우리 모두가 알고 있는 '신데렐라' 노래를 리듬과 박자를 넣어 불러보자.

"신데렐라는 어려서 부모님을 잃고요. 새엄마와 언니들에게 구박을 받았더래요~"
이를 다음과 같이 바꾸어보자.

"포도당은 베네딕트, 녹말은 요오드 반응. 지방은 수단3, 단백질은 뷰렛 반응~"
비슷하게 리듬이 맞아 앞 음절을 부르면 뒤 음절이 자연스레 나오므로 조금은 더 쉽게 외울 수 있다. 그냥 줄줄이 읊으면서 연습장에 써가면서 외우는 것보다는 외우기도 쉽고 기억에도 오래 남는다.

그리고 이외에도 문자와 그림을 연상시켜 외우는 방법이 있다. 각 비타민이 결핍되었을 때 나타나는 질병을 외울 때 효과적이다. 비타민A-야맹증, 비타민B1-각기병, 비타민B2-피부병, 비타민C-괴혈병, 비타민E-불임증, 비타민D-구루병. 보기만 해도 저절로 암기가 되는 방법이다.

눈이 안 보여요
-야맹증

허리가 굽었어요
-구루병

배가 불러야 하는데
푹 꺼졌어요 -불임증

입에서 피가 철철
흘러요 - 괴혈병

손가락 하나로 팔을 눌러보아요
부어 있네요 -각기병

두 손가락을 입 주위에 대보세요
입 주위에 뭐가 났네요 -피부병

이와 같이 연상시켜놓으면 시험 치는 날에도 일상생활에서도 잊어버리지 않는다. 실제로 나는 이런 방법으로 12년 전에 외웠는데 지금도 이 방법을 아이들에게 가르쳐줄 정도로 기억이 생생하다. 또한 생물뿐 아니라 대부분 과목의 암기는 이미지로 외우는 게 좋다.

 암기보다 먼저 관심을 가져라

사회와 국사를 공부하는 가장 효과적인 방법은 관심을 갖는 것이다. 다른 과목들도 그렇겠지만 특히 사회는 우리가 사는 주변에 대해 배우는 것이기에 조금만 관심을 가지면 재미있게 공부할 수 있다. 관심이 있으면 '아, 예전에 뉴스에서 들었던 곳이 여기였구나. 신문에서 나오던 얘기가 이런 것을 말하는 거였구나'라고 고개를 끄떡이며 수월하게 공부할 수 있지만, 관심이 없으면 그저 암기를 위한 암기를 해야 하는 골치 아픈 과목으로밖에 생각되지 않는다.

국사 또한 우리나라의 역사를 배우는 것이므로 어떻게 해서 전쟁이 났고, 왕조가 쇠퇴했는지 인과관계를 중심으로 공부하면 스트레스를 덜 받으면서 공부할 수 있다. 하지만 국사는 외워야 할 것이 많은 과목이다. 좀 더 쉽게 외우고, 좀 더 오래 기억할 수 있는 좋은 방법이 있다. 바로 사건 발생을 시간순(Time Line)으로 외우는 것이다.

사회나 국사 교과서에는 과거 역사와 생활에 대한 내용이 많이 나온다. 그때마다 각 사건을 시간순으로 나열해놓고 자신만의 연대기표

를 만들어보자. 특히 국사는 각 연도에 어떠한 일들이 있었는지 시간
순으로 외우면 실수로 빼먹고 외우는 경우를 줄일 수 있다.

암기를 할 때 주변 사건들을 연계해 외우면 기억하기가 더 좋다.
예를 들어 국사 시간에 배우는 조선의 역사에 대해 떠올려보자. 아마
도 임진왜란, 이순신, 훈민정음 등이 생각날 것이다. 그런데 그 다음
부터는 기억이 잘 안 나고, 어떤 사건이 먼저 일어났는지, 왜 그런 사
건이 일어난 것인지 가물가물하다. 사람이라면 기억이 안 나는 것이
당연하다. 어떻게 그 모든 것을 다 기억할 수 있겠는가? 절대로 자신
이 능력이 없다고 자책하지 말고, 조금 더 쉽게 암기하도록 해보자.

조선의 초기의 주요 사실 및 사건을 정리하면 다음과 같다.

연도	사건	연도	사건
1392	조선 건국	1498	무오사화
1402	호패법 실시	1592	임진왜란
1416	4군 설치	1623	인조반정
1443	훈민정음 창제	1636	병자호란
1485	《경국대전》 간행	1654	나선정벌

이렇게 정리한 표를 보고 "어떻게 연도를 다 외우라는 거예요? 외
울 것이 너무 많아요"라며 겁을 먹는 학생들도 있겠지만, 중요한 건 연
도를 외우는 것이 아니라 흐름을 파악하는 것이다. 위의 표에서 연도
보다는 주요 사실 사이의 인과관계를 만들어 암기하는 것이 중요하다.

'음, 1392년 조선이 건국되었구나. 나라를 세웠으니 내실을 다져
야했겠지? 그래서 첫 번째로 한 일이 인구를 파악하려고 지금의 주민등

록중 같은 호패법을 만들었구나. 그러고는 그동안 쌓은 국력을 바탕으로 여진족을 몰아내기 위해 4군과 6진을 두만강 방면에 설치하였구나. 1443년에는 지금 우리가 쓰는 훈민정음을 만들었네. 그때 세종대왕이 집현전도 설치했다는데, 4군과 6진도 그분께서 하신 거구나.'

'그 다음 1485년에는 나라를 다스리는 기본 법전으로《경국대전》을 간행했네? 이때 우리나라 조선은 강국이었구나. 그런데 왜 임진왜란을 겪게 되었을까? 무오사화? 이것은 무엇이지? 아! 사림의 화라는 뜻으로 사림이 훈구 세력에게 화를 당한 것이군. 그리고 훈구 세력은 다시 붕당정치를 일삼고. 이때부터 정치가 분열되면서 국력이 쇠했군. 역시 정치가 중요한 거구나. 지금 여의도는 어떻게 되려나? 그건 그렇고 사화 이후 사림은 몰락하지 않고 향약을 보급하고 서원으로 꾸준히 성장해갔네.'

'그리고 1592년에는 임진왜란이 일어났고, 이때 문화재 손실도 컸고 인구도 크게 줄었지만 이순신 장군의 수군과 의병으로 난을 극복했구나. 참 다행이야. 그런데 이괄이라는 사람이 반란을 일으키고, 그 틈을 타 후금이 쳐들어오는 호란이 일어났군. 나중에 후금은 청으로 이름을 바꾸고 병자호란을 일으키고 말이야. 호란이 두 번이나 있었다니. 그리고 우리나라는 청과의 관계를 돈독히 할 수밖에 없었고, 나중에는 청나라를 도와서 러시아의 침략까지 막아내는 나선정벌도 했네.'

이렇게 시간순으로 인과관계를 바탕으로 스토리를 만들어 외운다면 쉽게 이해할 수 있다. 게다가 각각의 주요 사실 및 사건에 덧붙여

그때의 시대 상황이나 중요 단어를 추가해서 외운다면 효과는 더욱 좋다. 예를 들어 훈민정음을 만들 때 세조의 직전법을 통해 나라의 재정 수입을 늘리고 국력을 키웠다는 사실을 추가해 암기하는 것이다. 즉 큰 뼈대를 외우고 거기에 곁가지를 치면서 외우면 술술 잘 외울 수 있다.

기타 암기 과목, 문제집과 프린트를 활용하라

기술가정, 체육, 음악, 미술 등도 만만치 않게 암기할 내용이 많은 과목이다. 주요 과목 공부하기도 벅찬데, 이런 단순 암기 과목까지 배워야 하냐며 불평을 하는 학생들이 간혹 있다. 그런데 우리가 하는 공부 중 쓸데없는 공부는 없다. 기술가정 시간에 배우는 계란 삶는 법이나 망치질 방법 그리고 음악 시간에 배우는 모차르트 교향곡은 모두 살아가는 데 큰 도움을 준다.

단순 암기 과목이라도 암기를 하면서 암기력을 키우면 국어, 영어, 수학, 과학 등 주요 과목을 공부할 때도 편하다. 아무래도 한 번 배운 것을 더 잘 기억하는 사람이 이해도 더 잘한다. 그러니 암기를 너무 싫어하지 말고 암기에 익숙해지고 암기력을 기르는 과정이라고 생각하며 암기 과목을 정복해나가자.

암기 과목을 공부할 때 가장 큰 걸림돌은 어느 부분이 중요한지를 모르겠다는 것이다. 이럴 때는 문제집을 활용해보자. 문제집의 문제를 보면 어떤 부분이 중요한지 대충 감이 올 것이고, 이를 중심으로 외우면 한결 수월하다. 책을 펴고 처음부터 외우려면 너무 막막해 책을 덮고 싶은 생각이 절로 든다. 중요한 부분을 파악하고 중요 단어를 중심으로 공부하면 덜 막막하고 내용도 효과적으로 외울 수 있다.

암기 과목을 공부할 때 꼭 챙겨야 할 것이 학교 선생님이 주신 프린트와 수업 내용이다. 학교마다 다르겠지만, 대부분의 예체능 선생님은 기말고사가 다가오면 어느 부분을 중점적으로 공부해야 하는지 알려준다. 그리고 정리한 프린트를 나눠주시기도 하는데, 이 프린트는 하나도 빼놓지 않고 공부해야 한다. 그런 다음 문제집을 풀면서 공부한 것을 정리하면 만사 오케이다. 물론 3Step 학습법을 상기하며 세 번 반복하는 것도 잊지 말자.

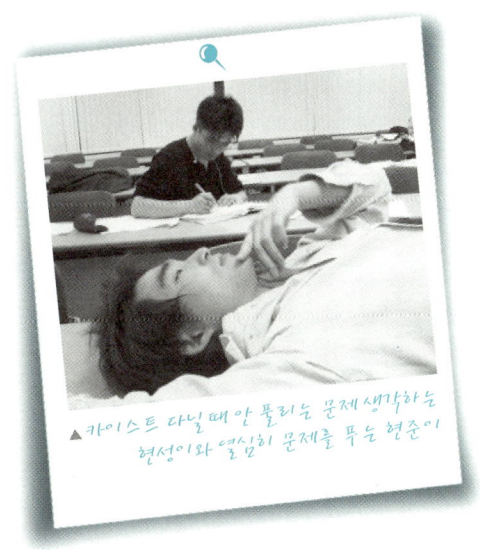

▲ 카이스트 다닐 때 안 풀리는 문제 생각하는 현성이와 열심히 문제를 푸는 현준이

우등생이 되기 위해 꼭 필요한 21가지 공부 습관

기본을 지키지 않으면 그 어떤 학습법도 효과가 없다. 공부의 기본은 '공부를 내 것으로 만드는 것, 즉 습관화해 나만의 공부 방법을 만드는 것'이다. 올바른 공부 습관 없이 공부 비법을 이야기하는 것은 무의미하다. 올바른 공부 습관을 들이는 과정은 누가 대신해줄 수도, 도와줄 수도 없다. 스스로 자기와의 끊임없는 씨움을 해야 한다. 그러한 과정을 거쳐 공부하는 습관이 몸에 배면 공부의 반은 정복한 것이나 다름없다.

닮고 싶은
역할 모델로부터 배워라

　　중학생이 되면서 혹은 고등학생이 되면서 '이젠 공부 좀 해봐야지' 하며 의욕을 불사르는 학생들이 있다. 반갑고 격려해줄 일이다. 하지만 금방 끓고 식어버리는 냄비처럼 얼마 지나지 않아 언제 그랬냐는 듯이 예전처럼 어영부영 시간을 보내는 경우가 많아 안타깝다.

　　"공부? 그거 마음만 먹으면 잘할 수 있을 거라 생각했는데, 생각보다 쉽지 않네요."

　　모처럼 공부하겠다고 마음먹었는데 생각대로 안 되면 힘없는 목소리로 이렇게 말한다. 너무 자책할 필요는 없다. 공부하는 습관이 몸에 배기 전까지는 누구나 다 그렇다. 또한 어디서부터 어떻게 공부를 해야 하는지 잘 모른다는 것도 의욕을 꺾는 데 한몫을 한다. 공부하는 방법을 몰라 공부를 할 수 없는 것보다 안타까운 일이 또 있을까? 이럴 때는 주변 사람들 중 닮고 싶은 역할 모델을 정해 그 사람이 어떻게 하는지 그대로 따라해보는 것도 좋다.

우리 형제는 늘 역할 모델을 정해놓고 그들의 모습을 닮고자 노력했다. 지금까지 여러 명의 역할 모델이 있었지만, 그 중 우리에게 목표를 심어주고 올바른 공부 습관을 갖도록 해준 사람은 중학교 선배였다. 그 선배를 처음 만난 것은 중학교에 입학해서이다. 전교 회장을 맡은 3학년 선배였는데 공부면 공부, 인물이면 인물, 운동이면 운동, 심지어 춤과 노래까지 어느 하나 빠지는 것이 없었다. 물론 그 선배와 직접 말을 해본 적도 없고, 그 선배는 나를 알지도 못했다. 임원 활동을 하면서 선배를 멀찌감치 보며 마음속으로만 동경했을 뿐이다.

지금 생각해도 참 뛰어난 선배였던 것 같다. 사실 내가 다녔던 중학교는 공부를 열심히 하는 분위기는 아니었다. 학생들 대부분 특목고는 꿈도 꾸지 못했는데, 그 선배는 보란 듯이 대원외국어고등학교에 합격했다. 그런 선배가 너무나도 멋져 보였다.

중학교에 입학한 뒤 엄마는 말씀하셨다.

"아들, 과학고는 똑똑한 아이들을 모아놓고 노트북으로 수업을 한대. 기숙사 학교래. 수학여행을 비행기 타고 외국으로 간대."

엄마 말씀을 듣고 우리는 과학고에 가고 싶다는 바람이 더욱 커졌다. 그런데 서울 변두리에 있는 평범한 중학교에 다니면서 과학고에 갈 수 있을지 자신이 없었다. 그때까지 공릉중학교에서 과학고를 간 선배 이야기는 들어보질 못했다. 그런데 우리가 동경했던 그 선배가 대원외국어고등학교에 합격한 것이다. 마치 우리가 합격한 것처럼 기뻤고, 우리도 노력하면 과학고에 갈 수 있으리란 희망을 품었다.

선배를 둘러싼 소문은 많았다. 절대 수업 시간에 칠판에서 눈을 떼지 않는다, 흐트러지지 않고 바른 자세를 유지하며 수업을 듣는다 등 많은 이야기가 전설처럼 학생들 사이에 떠돌았다. 그 중 우리에게 가장 와닿는 것은 바른 자세를 유지하며 칠판에 눈을 떼지 않고 수업을 듣는다는 점이었다.

초등학교 때는 공부하다 심심하면 창문을 보며 들꽃이 흐드러지게 핀 먼 산을 바라보기 일쑤였다. 중학교에 입학하면서 초등학교 때와는 달라져야 한다는 생각을 하긴 했지만 어떻게 해야 할지 막연했다. 그러던 중 선배의 이야기는 우리에게 어떻게 공부해야 하는지 방향을 제시해주기에 충분했다.

선배처럼 무조건 수업 시간에 집중하려고 노력했다. 처음에는 잘 안 됐다. 선배처럼 칠판에서 눈을 떼지 않으려고 애썼지만 어느새 눈에 힘이 풀리기도 하고, 눈은 칠판을 보고 있지만 머릿속으로는 딴생각을 하기도 했다. 그래도 포기하지 않고 계속 노력하니 어느 순간부터는 정말 수업에 집중할 수 있었다.

수업에 집중하자 선생님들이 우리에게 기대를 갖기 시작했다. 그런 선생님들을 실망시키고 싶지 않아 우리는 더욱 더 열심히 공부했고, 그 결과는 성적으로 나타났다.

어떻게 공부해야 할지 갈피가 잡히지 않는다면 주위에서 역할 모델을 찾아보자. 과외 선생님, 학교 선생님, 친척 형, 아니면 감명 깊게 읽은 책의 저자 등 누구라도 좋다. 역할 모델을 찾고, 그 사람이 어떻게 공부했는지, 평소 생활 습관은 어땠는지, 어떤 친구를 사귀는지 등 배울 만한 가치가 있는 것은 무조건 따라해보자. 그러다보면 어느새 역할 모델보다 뛰어난 사람이 될 수도 있고, 자신 역시 다른 누군가의 역할 모델이 될 수 있음을 확인하게 될 것이다.

좋은 성적을 원한다면
시험을 위한 공부를 해라

　놀면서 1등 하는 아이가 있는가 하면, 매일 공부하면서 2등 하는 아이도 있다. 열심히 공부하는데도 성적이 잘 나오지 않는 이유는 뭘까? 시험을 위한 공부를 열심히 하지 않았기 때문이다.

　"이상하네. 공부를 잘하면 시험을 잘 보는 건 당연한 것 아닌가?" 하고 반문하는 사람들도 있겠지만, 공부를 잘하는 것과 시험을 잘 보는 것은 분명 다르다. 그냥 공부를 위한 공부를 해서는 시험을 잘 보기 어렵다. 시험에서 좋은 성적을 얻으려면 시험을 위한 공부를 해야만 한다.

　나는 솔직히 공부하는 것이 좋다. 하지만 시험을 위한 공부는 그리 즐겁지 않은 것이 사실이다. 새로운 지식을 터득하는 것, 새로운 세계에 입문하는 것, 내가 모르는 것을 알아가는 것, 학업을 위한 공부도 있지만 인터넷으로 게임을 하는 것도, 신문을 보는 것도 일종의 공부이다. 어떤 공부건 학습을 통해 새로운 지식을 습득해가는 과정은 참으로 즐겁다.

공부가 다 똑같을 것 같지만 시험을 위한 공부는 다르다. 보통 학생들은 내용을 이해하면 공부를 다 했다고 생각한다. 그래서 시험 공부를 할 때도 이해하고 넘어가는 실수를 많이 한다.

"이해하는 것이 뭐가 실수라는 건가요! 무슨 소리에요!" 라고 반발하지 말고 끝까지 이야기를 들어주었으면 한다. 공부를 위한 공부는 이해하는 것으로 충분하다. 하지만 시험을 위한 공부는 이야기가 다르다. 중학교 3학년 때부터 생물에 나오는 체세포 분열을 예로 들어보자. 교과서나 참고서를 보면 아래와 같은 그림이 나올 것이다.

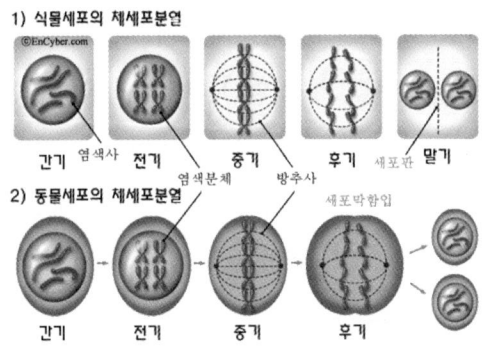

이 그림을 보고 '아, 간기에는 염색사이고, 전기에 염색체가 나타나고, 중기에 모였다가 후기에는 나누어지네. 말기엔 딸세포가 생기

고' 하며 이해하고 넘어가는 학생이 대부분이다.

여기까지는 공부를 위한 공부로 새로운 지식을 습득한 것이다. 그 다음 참고서에서 그와 관련된 문제를 풀 것이다.

Q 위 그림을 보고 식물세포의 체세포 분열과 관련하여 다음 중 옳지 않은 것을 모두 고르면?

ㄱ. 간기에는 염색사 형태로 존재한다.
ㄴ. 전기에는 염색체가 나타나 염색체를 가장 관찰하기 쉽다.
ㄷ. 중기에는 염색체가 방추사에 연결된다.
ㄹ. 체세포 분열 후 염색체의 수와 양이 반으로 줄어든다.
ㅁ. 체세포 분열 말기에 의해 형성된 딸세포는 대부분 곧바로 분열을 위하여 간기에서 전기로 진행한다.

① ㄱ,ㄷ ② ㄴ,ㅁ ③ ㄴ,ㄷ ④ ㄴ,ㄷ,ㄹ ⑤ ㄴ,ㄹ,ㅁ

이 문제의 정답은 ⑤번이다. ㄴ문항에서 전기에 염색체가 나타나는 것은 맞으나 가장 관찰하기 쉬운 것은 중기이다. 실제로 현미경을 보면 전기에도 잘 보이기는 하지만 중기가 가운데 모여 있어 조금 더 잘 보이기 때문에 대부분의 책과 참고서에서 그렇게 표현한다. 그 미세한 차이 때문에 책은 답을 정해놓은 것이다. ㄹ문항에서 분열 후 양이 반으로 줄어드는 것은 맞으나 염색체의 수는 같게 유지된다. 수가

줄어드는 분열은 생식세포를 만들기 위한 감수분열이다.

ㅁ 문항 내용이 아주 헷갈린다. 대부분의 학생은 ㄴ,ㄹ 문항이 틀렸다고 생각할 텐데 뜬금없이 긴 이야기를 늘어놓는 ㅁ 문항이 학생들을 혼란스럽게 만든다. 실제로 대부분의 체세포는 분열을 하지 않고 간기 상태로 있다가 필요에 의해서만 간기에서 전기로 넘어간다. 간기에서 바로 전기로 계속 분열이 일어나는 것은 수정란의 난할에만 해당되는 경우이다. 이러한 문제는 참고서의 문제 앞에 실려 있는 세포분열에 관한 정리 내용만으로는 절대로 풀 수가 없다. 문제를 풀어봐야 새로운 지식을 확실하게 머릿속에 넣을 수 있고, 실전에서 함정에 빠지지 않을 수 있다.

참고서 문제를 한 번 풀고 나서 이젠 공부가 끝났다고 말하고 싶겠지만, 여기까지도 공부를 위한 공부일 뿐이다.

"그렇다면 대체 시험을 위한 공부는 어떻게 하란 말입니까?"

바로 3step 학습법으로 공부하는 것이 시험을 위한 공부를 하는 방법이다. 그런데도 군이 시험을 위한 공부를 강조하는 이유는 아직도 많은 학생이 무조건 열심히 공부하면 시험을 잘 볼 수 있으리라 생각하기 때문이다. 공부를 위한 공부와 시험을 잘 보기 위한 공부가 다르다는 것을 깨닫지 못하면 높은 점수를 받기 어렵다.

100점을 받겠다는
욕심으로 공부하라

지나친 욕심은 화를 부른다. 하지만 공부는 다르다. 욕심을 많이 부리면 부릴수록 공부를 잘할 수 있다. 최상위권 학생들치고 공부에 욕심을 부리지 않는 학생은 없다. 남들보다 더 높은 점수를 얻었다고 만족하지도 않는다. 평균이 50점도 채 안 될 정도로 어려웠던 시험인데, 100점을 받지 못하고 90점밖에 안 된다고 속상해하는 별종이 바로 전교 1, 2등을 다투는 최상위권 학생들이다. 다른 학생들이 보면 참 재수 없는 학생들일 수도 있지만, 바로 그런 욕심이 전교 1, 2등을 만든다.

누구나 공부에 욕심은 있다. 사실 공부를 잘하고 싶지 않은 사람은 없을 것이다. 다만 욕심만큼 성적이 나오지 않으니 실망하고, 실망이 쌓이면서 공부에 대한 욕심을 조금씩 버리는 것뿐이다. 하지만 공부는 욕심이 없으면 결코 잘할 수 없다. 특히 시험을 위한 공부는 성적에 대한 욕심이 없으면 더욱 더 하기 어렵다. 새로운 지식을 습득하는 데 만족하는 것이 아니라 시험에서 높은 점수를 얻기 위한 공부이니만큼 상당한 인내와 집중력을 요구하기 때문이다.

공부에 대한 욕심을 부리려면 제대로 부려야 한다. '난 이 정도면 만족해', '90점만 넘으면 됐지 뭐' 정도의 소박한 욕심으로는 시험을 잘 볼 수 없다. '반드시 모든 문제를 다 풀어 100점을 받고야 말겠다'는 욕심이 있어야 시험을 보러 들어가기 전까지 긴장을 풀지 않고 독하게 공부할 수 있다.

100점을 받겠다는 욕심으로 악착같이 공부해도 실제로 100점을 받기는 참 어렵다. 그런데 처음부터 80점 혹은 90점만 받아도 만족한다는 마음으로 공부하면 자신도 모르게 적당주의가 발동해 마음이 느슨해지기 쉽다. 결과는 불을 보듯 뻔하다. 최선을 다하지 않았으니 좋은 점수를 받지 못하는 것은 당연하다. 목표했던 점수에 근접했다면 그나마 다행이다. 적당히 욕심을 부리고 공부하는 것도 적당히 했다면 그 결과는 상상 이상으로 참담한 경우가 많다.

우리도 그런 쓰라린 경험을 한 적이 있다. 과학고에서 첫 중간고사를 볼 때의 일이다. 처음 우리 형제는 선행 학습을 하지 않은 탓에 수업을 따라가는 것도 힘들었다. 특히 물리, 화학, 생물은 다른 아이들보다 많이 뒤처져서 이 과목을 집중적으로 공부하느라 수학 과목은 준비할 시간조차 없었다. 궁여지책으로 공통수학은 교과서 문제만 풀고 시험을 보았다. 100점은 바라지도 않았다. 다만 수학은 평소 꾸준히 공부했고, 다른 과목에 비해 잘하던 과목이어서 어느 정도 점수를 받을 수는 있으리라고 기대했다.

그 결과는? 68점이라는 형편없는 점수를 받았다. 분명 나름대로 이해했다고 확신하였고, 시험에서 어려운 문제가 나오면 다 풀지는 못하더라도 몇 개 정도는 풀 수 있으리라 생각했다. 하지만 제대로 욕심을 부리지 않고 안이하게 준비했던 결과가 얼마나 치명적인지 뼈저리게 느꼈다.

시험에서는 다양한 문제가 출제된다. 어떤 참고서 한 권에서 나오는 것도 아니다. 선생님 또는 출제자는 문제를 끊임없이 변형시키고 새로운 유형을 제시한다. 이러한 상황에서 100점을 받으려면 모르는 내용이 있어서는 안 되며, 실수는 더욱 더 안 된다. 실수를 줄이기 위해, 아쉽게 헷갈려서 틀리는 문제를 없애기 위해서 시험을 위한 공부를 해야 한다. 바로 모든 유형의 문제를 내 것으로 익히는 공부를 말이다.

시험장에서 푸는 문제의 99퍼센트를 내가 풀어보았던 유형으로 만들겠다는 욕심을 부려라. 시험장에 들어가기 선까지 공부했던 것을 까먹지 않고 모든 문제 유형을 익혀 100점을 받고야 말겠다는 욕심을 가져라. 이런 욕심은 아무리 많이 부려도 결코 지나치지 않다.

나중은 없다. 배운 것을
그때그때 완벽히 소화해라

'텔레비전 조금만 보고 공부해야지.'

'아직 시험이 한 달이나 남았으니 조금만 더 놀고 정말 공부 열심히 할 테야.'

'학원 갔다 오니 너무 피곤해. 오늘은 그냥 자고 내일부터는 제대로 해야지.'

공부를 미루는 이유가 매일 마르지 않는 샘처럼 솟아난다. 그렇게 차일피일 공부를 미루다 보면 어느새 중학생이 되고, 고등학생이 된다. 내일, 내일 하다 대학 입시를 코앞에 두고 '앗! 수능은 어떻게 보지? 공부 좀 할걸!'이라며 후회한다.

아마 많은 학생이 이런 과정을 밟을 것이라 생각한다. '어떻게 되겠지', '조만간 되겠지'라는 생각만큼 위험한 생각도 없다. 공부에 나중이란 없다. 내일부터, 다음부터 공부해야겠다는 생각으로는 평생 제대로 공부하지 못한다.

공부를 차일피일 미뤄서는 안 되는 이유가 또 있다. 많은 학생이 '공부 까짓 거 언제든 마음 독하게 먹고 열심히 하면 되지' 하고 생각을 하지만, 그게 그렇게 간단하지가 않다. 초등학교, 중학교, 고등학교, 대학교, 대학원에서 배우는 모든 교과과정은 서로 밀접한 연관이 있다. 10년 남짓 초·중·고등 교과과정을 가르치다 보니 내 눈에는 그러한 것들이 보이기 시작했다.

예를 들어 중학교 3학년 때 나오는 '근의 공식'을 살펴보자. 왜 선생님들은 항상 이항과 제곱식으로 만들어 제곱근을 사용하는 방법으로 문제를 풀라고 했을까? 그냥 공식에 넣어 풀면 간단한데 왜 시간도 많이 걸리고 복잡한 방법으로 문제를 풀라고 하냐며 불평을 하는 학생들이 있다.

모든 것에는 이유가 있다. 교과서의 필진들은 학생들에게 근의 공식이 유도되는 원리를 이해시키고 싶어서 그러한 과정을 밟도록 만들었다. 이러한 방정식 풀이법은 고등학교 수학, 즉 공통수학에 그대로 나온다. 중학교 3학년 때 배운 내용이 고등학교 1학년 때 또 한 번 나온다는 얘기다.

'아, 이거 중학교 때 나왔던 거잖아? 에구~ 그때 확실하게 공부했다면 지금 이렇게 생고생을 하지는 않을 텐데.'

뒤늦게 후회해도 소용없다. 물론 그때부터라도 열심히 공부하면 중학교 3학년 때 공부하지 않은 것을 회복할 수 있지만, 그 과정이 결코 녹록지 않다. 중학교 3학년 때 이미 충실히 공부했던 학생들은 탄탄한 기본 실력을 바탕으로 한참을 앞서가고 있다. 내가 공부하는 동안 그 학생들이 놀고 있을 리는 만무하기 때문에 한 번 벌어진 격차를 줄이려면 남들보다 두 배, 세 배 열심히 공부해야 한다.

이처럼 공부는 나중으로 미루면 그만큼 하기가 어렵다. 그때그때 배운 내용을 미루지 말고 바로 완벽하게 자기 것으로 소화해야 한다. 현재의 공부를 위해, 앞으로 배울 것을 위해서는 현재 내가 배우는 내용을 확실히 이해하는 것이 중요하다.

고등학교나 대학교 때 예전에 배운 것을 몰라 현재 배우고 있는 것을 이해하지 못하는 일이 생기지 않도록, 그래서 다시 먼지 쌓인 책을 꺼내들고 공부하는 일이 생기지 않도록 지금 현재에 충실히 공부해라. 특히 주요 과목인 영어, 수학, 과학은 한번 흐름을 놓치면 앞으로 나아가기 힘들다. 남들은 앞으로 나아갈 때 혼자 뒤돌아가서 아래 학년부터 공부하고 싶지 않다면 지금 배우는 것에 충실해라. 공부에 나중이란 없다.

시험 성적 확실히 올려주는 쌍둥이 형제의 3step 학습법

늦었다고 후회하는 대신
'오기'를 키워라

'아, 이제 와서 언제 어떻게 공부해. 이미 수업은 나와 거리가 멀어. 절대 따라갈 수 없을 것 같아.'

성적이 나쁜 학생들은 대부분 공부를 시작하기에는 너무 늦었다고 생각한다. 공부를 잘하는 학생들 또한 다른 이유로 늦었다고 생각하며 자신감을 잃는다.

'아, 김 아무개는 이미 수학2를 끝냈대. 나는 이제 공통수학인데…….'

'박 아무개는 과학경시대회 출신이래. 나는 뭐야.'

하위권 아이들은 공부를 시작하기에는 너무 늦어 못 따라간다고 걱정, 상위권 아이들은 그들 나름대로 앞서 나간 아이들에 비해 선행 학습을 못했다고 걱정, 다들 정말 걱정이 많다. 하지만 걱정은 걱정일 뿐! 주눅 들지 말고 가슴을 당당히 펴고 일단 시작하자. 공부할 마음만 있다면 바로 그때가 공부를 시작하기에 가장 좋은 시기이다.

실제로 우리 형제는 중학교 때 집안 사정이 어려워 잠시 학원을 쉰 적이 있다. 중학교 3학년 2학기 때 다시 학원에 등록했는데, 소위 엘리트반이라는 '과학고반'에 들어가지 못하고 다른 반에 들어갔다. 과학고반은 이미 진도를 많이 나가 우리가 도저히 따라갈 수 없는 상태였기 때문이다.

하지만 우리 형제는 과학고에 가고 싶었다. 그러려면 과학고반에 들어가야 했다.

"선생님, 과학고에 가려고 하는데요……."

학원 선생님은 고개를 약간 위로 올리고, 조금은 무시하는 듯이 시선을 아래로 깔면서 말했다.

"벌써 3학년 2학기인데 과학고를 가겠다고? 준비해놓은 것도 없으면서? 너희는 너무 늦었다. 정 특목고를 가고 싶으면 외국어고반에 가라."

얼굴이 확 달아올라 나도 모르게 고개를 떨어뜨렸다. 창피함에 절로 주눅이 들었다. 정말 모기 같은 목소리로 "네, 그럼 외국어고반으로 들어갈게요" 하고 대답할 수밖에 없었다.

당시 과학고반 아이들은 공통수학에 나오는 원의 방정식을 풀고 있었다. 그것도 벌써 두 번째 보고 있었다. 뭔지 모를 열등감과 억울함이 속에서 치밀었다.

'왜 너희는 나보다 더 앞서 나가 있는 거지?'

'단지, 1년 정도 쉬었는데 왜 이렇게 차이가 많이 나는 거야?'

그때는 형편이 어려운 집안 환경이 너무나 싫었다. 학원비를 걱정해야 하는 처지와 남들처럼 충분히 지원해주지 못하는 부모님이 너무도 원망스러웠다.

어쩔 수 없이 들어간 외국어고반은 만족스럽지 않았다. 한 학기 등록금이 수백만 원에 달하는 외국어고등학교를 다닐 수 있는 형편이 아니기도 했지만, 꼭 과학고를 가고 싶었다. 등록금도 싸고, 무엇보다 수준 높은 교육을 받을 수 있으리란 기대로 과학고를 포기할 수가 없었다.

꿈을 이루기 위해 우리는 무턱대고 과학고반에 넣어달라고 떼를 썼다. 결국 우리는 어렵게 과학고반에 들어갈 수 있었고, 그때부터 정말 열심히 공부했다. 우리의 모든 열정을 쏟아부었다. 《수학의 정석》을 매일 들고 다니면서 학원 수업이 끝나면 빈 강의실에 둘이 앉아 공부를 하다가 마지막 학원 차를 타고 집에 들어가곤 하였다. 또한 학원 수업이 없는 날에도 도시락을 싸들고 학원에 가서 독서실이나 빈 강의실에서 공부를 하곤 했다.

뒤늦게 시작한 공부이니 당연히 모르는 것 천지였다. 문제를 풀다 막힐 때마다 선생님을 찾아가 가르쳐달라고 매달렸다. 처음에는 '이것도 모르냐?'라는 표정으로 여전히 고개를 살짝 올리고 시선을 내리깔면서 "이건 이렇게 하는 거야" 하고 설명해주셨다. 자존심이 상했지만 어쩔 수 없었다. 오기를 불태웠다. '꼭 과학고에 가서 선생님께

본때를 보여드리리라' 라는, 3류 영화 같지만 순수한 열정과 오기로 버텼다.

질문하는 횟수가 늘수록 선생님의 태도도 바뀌기 시작했다. 차츰 살짝 올라갔던 고개를 내리면서 우리와 눈높이를 맞추어 설명해주셨고, 앞으로 질문이 있으면 바로바로 찾아오라고까지 하셨다. 나중에는 개인 숙제까지 내주시면서 열심히 지도해주셨다.

공부에 '늦었다'는 말은 있을 수 없다. 할머니들 중에서도 초등학교 공부를 시작하는 분도 계신다. 우리 엄마 나이에도 고등학교를 다시 다니고 대학까지 가는 분들도 있다. 좀 늦었더라도 열심히 하면 주변에서도 도와준다. 뒤늦게 과학고를 간다는 우리를 한심하게 보았던 학원 선생님이 결국 우리의 큰 힘이 되어주셨던 것처럼 말이다.

너무 늦지 않았을까 걱정하지 말자. 쓸데없는 걱정을 하는 대신 어떻게 하든 꼭 해내고야 말겠다는 '오기'를 키워라. 그러면 설령 남들보다 늦게 시작했더라도 충분히 따라잡을 수 있다.

나만의 진도가 중요하다

"선생님, 우리 아이는 어려서부터 수학을 열심히 했어요. 지금 초등학교 6학년인데 공통수학까지 마쳤답니다. 수학1을 가르쳐줄 수 있으세요?"

초등학교 6학년이 고등학교 1학년 때 배우는 공통수학까지 마쳤다니 참 대단하다는 생각이 절로 든다.

'음, 똑똑하겠군. 너무 똑똑하면 내가 가르치는 데 부담스러울 수 있으니 일단 실력 좀 볼까?'

초등학생 아이에게 공통수학의 기본적인 함수 문제를 풀라고 했는데 전혀 손을 대지 못했다. 선행 학습을 했다고 하는 아이들 대부분이 이와 비슷하다.

진도를 나간 것과 확실히 자기 것으로 만든 것은 다르다. 그런데도 부모들은 물론이고 학생들도 그저 진도를 나간 것만으로 공부를 다 했다고 착각한다. 남들보다 앞서 어디까지 배웠다며 마치 굉장히 공부를 잘하는 것처럼 자랑스럽게 으스댄다.

너나 할 것 없이 선행 학습을 하는 탓에 선행 학습을 많이 하지 못한 학생들은 종종 기가 죽는 것도 사실이다. 가르쳤던 학생 중 과학고 지망생이 있었다.

"선생님, 제 친구들은요……. 수학경시 출신이구요. 한 친구는 과학경시에 입상했어요. 이미 고등학교 과정은 다 배웠고 지금은 대학교 과정을 배우고 있대요. 휴, 이런 애들 속에서 제가 과학고를 갈 수 있을까요?"

"그런데? 그래서 과학고 포기하겠다고?"

"네? 그건 아니고……."

"경쟁자들이 앞서 나갔다고 절대 주눅 들 필요 없어. 미리 배웠다고 다 아는 것은 아니야. 선행 학습을 했다는 학생 중 배운 것을 완전히 다 이해하는 애는 많지 않더라."

사실이 그렇다. '어디까지 선행 학습을 했다' 혹은 '경시대회에서 상을 받았다'라는 말만 듣고 부러워하거나 기죽을 이유가 없다. 물론 경시대회에서 입상한 학생이 남들보다 뛰어난 학생인 것은 분명하지만 필요 이상으로 과대평가할 필요는 없다. 경시대회 문제는 한 학교 위의 것을 공부하면 풀 수 있다. 예를 들어 고등학교 경시대회면 대학교 과정을 공부하면 풀 수 있다. 미리 공부하면 누구든 풀 수 있을 뿐,

소수의 특출 난 학생만이 풀 수 있는 수준이 아니라는 얘기다.

다른 사람이 어디까지 선행 학습을 했느냐에 너무 민감하게 반응할 필요가 없다. 얼마만큼 진도를 나갔는가보다 배운 내용을 얼마나 확실하게 이해하고 있는지가 더 중요하다. 현재 나의 상태를 정확하게 점검해 부족한 부분을 채워나가면서 착실하게 한 걸음 한 걸음 걸어야 최후의 승자가 될 수 있다. 토끼와 거북이의 이야기에서 거북이의 자세로 끝까지 포기하지 않고 노력하면 된다.

선행 학습이 뒤처져 있다고 자신 없어 했던 그 학생은 결국 원하는 과학고에 진학할 수 있었다. 조금 늦긴 했지만 다른 학생들의 진도에 휘둘리지 않고 착실하게 과학고 입시를 준비했기 때문이다.

무조건 앞으로 가는 것이 다는 아니다. 물론 지금 배우는 수업을 따라가지 못한다면 배울 내용을 미리 예습하는 것이 좋다. 예습을 해야 수업 시간에 나오는 단어나 수식이 낯설지 않아 선생님께서 무슨 말씀을 하시는지 책의 어느 부분을 가르치는지 알 수 있기 때문이다.

또한 복습도 아주 중요하다. 복습을 해야 배운 것을 완전히 내 것으로 만들 수 있다. 복습을 할 때는 다시 기본으로 돌아가 왜 이해를 하시 못하는지 확실하게 알아내야 한다. 혹 모르는 용어가 있었던 것은 아닌지, 미처 이해하지 못했던 공식이 있었는지 살피고, 몰랐던 부분을 알기 위해 예선 학년의 것이라도 다시 공부할 필요가 있다. 이런 과정 없이 앞으로만 나간다면 아무리 선행을 많이 해도 실력이 늘지 않는다. '어디까지 배웠는가'의 진도는 중요하지 않다. 확실히 내 것으로 만든 것만이 내 진도임을 잊지 말자.

공부에 몰입할 수 있는
환경을 만들어라

"공부할 때는 집중해서 해야 한다."

"공부는 집중력이다."

"학생, 집중하도록 하세요!"

"야, 야. 수업에 집중 안 하고 뭐해? 지금 때가 어느 땐데 딴생각이야?"

'집중'이라는 말은 공부할 때마다, 공부를 시작하려고 하면 항상 나오는 말이다.

"전 원래 주위 산만형이거든요? 원래 이런 식으로 공부해요. 지금껏 내 방식대로 했어도 그럭저럭 공부 잘했다고요"라고 생떼 쓰지 말자. 집중하지 않고 공부를 아주 잘하는 사람은 없다.

시험 성적 확실히 올려주는 쌍둥이 형제의 3step 학습법

사실 나도 집중이 잘 안 돼 공부를 하지 못할 때가 많다.

'내일은 친구들이랑 무얼 먹을까?'

'괜찮은 여자애가 있던데 말을 한번 걸어볼까?'

'시험 끝나면 무엇을 할까?'

평소에는 생각도 하지 않았던 것들이 꼭 공부를 하려고 하면 마구 떠올라 머릿속을 어지럽힌다. 이상하게도 집중하려고 애를 쓰면 쓸수록 잡다한 생각들은 더욱 더 꼬리에 꼬리를 물고 머릿속 전체를 뒤흔든다.

그렇다면 어떻게 해야 집중을 할 수 있을까? '집중'이라는 친구는 사귀기 어렵지만 한번 내 친구로 만들면 쉽게 나를 떠나지 않고 공부를 잘할 수 있도록 도와준다. 마치 게임에서 나오는 방어 주문처럼 온갖 잡다한 생각과 유혹에서 나를 지켜준다. '집중'을 친구로 만드는 일은 생각보다 어렵지 않다.

우선 공부하는 방을 따로 만든다. 단, 공부방에는 공부와 관련이 있는 것만 두어야 한다. 제일 먼저 퇴출시켜야 할 것은 컴퓨터이다. 인터넷에서 자료를 찾아 숙제를 하려면 컴퓨터가 있어야 되지 않느냐며 항의를 할 학생들이 분명 있을 것이다. 하지만 숙제하는 데 필요한 시간은 잠깐이고, 나머지는 책상 앞에 놓여 있는 컴퓨터를 보며 게임을 하거나 다른 재미있는 사이트에 접속하고 싶은 유혹에 시달릴 것이 분명하다. 침대도 치우자. 공부하다 피곤하거나 졸리면 침대에 드러눕고 싶은 충동이 생긴다.

혹 연예인 포스터가 방에 떡 하니 붙어 있다면 이것 또한 당장 떼도록 하자. 연예인 포스터 대신 원소주기율표, 세계지도 등을 붙여놓자. 특히 세계지도는 필수이다. 세계사를 공부할 때 유용할 뿐 아니라 공부하다 힘들 때 나중에 어느 나라를 방문해볼지, 어느 나라에 유학을 가거나 일을 할지 등 목표와 꿈을 잡아가며 공부할 수 있기 때문이다. '가수 김모 씨한테 시집가야지~'라는 상상을 하는 것보다 '대학에 가면 꼭 유럽에 가서 파리의 에펠탑을 봐야지'라는 상상을 하는 것이 훨씬 생산적이지 않을까?

휴대전화도 경계해야 할 대상이다. 요즘은 중·고등학생뿐 아니라 초등학생에게도 휴대전화가 필수품이 되어버렸다. "우리도 친구들이랑 연락하며 지내야 하거든요? 어른들만 휴대전화 필요한 거 아니에요. 아, 세대 차이 나"라고 한다면 할 말이 없어지는 건 사실이다.

하지만 과연 꼭 필요한 연락만 주고받는지 생각해보자. 하루에 평균 50통에서 100통까지 정말 요즘 청소년들은 문자의 홍수 속에서 살고 있다. 문자를 주고받기 위해 공부할 때도 휴대전화를 손에서 놓지 않는다. 책을 볼 때도 쉴 새 없이 꼭꼭 자판을 누른다.

'오늘은 국사를 공부해야지. 그래 삼국시대에는 고구려…… 어? 우리 베프(베스트 프렌드)에게 문자 왔네' 하고 답장 보낸다. '아, 다시 삼국시대에는 고구려 신라……. 어? 가수 김모 씨가 새 앨범 냈다고? 진짜?' 하면서 또 답장 보낸다. 곧 있으면 다른 친구들한테도 문자가 온다. 과연 한 단원이라도 제대로 볼 수 있을까? 휴대전화를 끼고 사는 학생들에게 이 말을 해주고 싶다.

"공부할 때는 잠시 꺼두셔도 좋습니다. 필요할 때만 터져 텔레콤."

공부에 방해되는 것들을 전부 치웠다면, 마지막으로 책상 위와 책장을 둘러보자. 어떤가? 깨끗하게 정리되어 있는가? "저는 주위가 어지럽혀져 있어야 공부가 잘돼요. 그러니 이대로 놔두세요"라고 말하며 방을 치우지 않는 정서불안(?)형 학생들이 가끔 있는데, 진짜 공부가 잘되는지는 모르겠다. 책이 여기저기 꼽혀 있어 책 찾는 데 시간이 많이 걸린 적이 있다면 한 번쯤 정리해보고 공부해보자. 지금 보는 책에만 집중해 효율적으로 공부할 수 있을 것이다.

여러분, 저 공부해요~
'티' 팍팍 내며 공부하자

한 번 책상 앞에 앉으면 한 시간이고 두 시간이고 시간 가는 줄 모른다. 이러면 얼마나 좋겠느냐만 현실은 그렇지 않다. 공부하겠다고 책상에 앉은 지 10분도 채 지나지 않아 엉덩이가 들썩인다. 공부에만 집중하겠다고 공부방에서 방해가 될 만한 것들을 모두 치웠어도 소용이 없다.

'아, 난 정말 의지가 약한가 봐. 이렇게 집중을 못하니 공부하기는 다 글렀네.'

성급하게 자책하지 말자. 공부하겠다고 마음먹은 순간부터 바로 집중할 수 있는 사람은 아무도 없다. 집중력은 어느 날 갑자기 크는 것이 아니라 시간을 두고 천천히 자라기 때문에 조급해하면 안 된다.

시험 성적 확실히 올려주는 쌍둥이 형제의 3step 학습법

혼자서는 도저히 집중하기 어렵다면 일명 '티'를 내면서 공부하는 것도 좋은 방법이다. 다이어트를 할 때 주변 사람들에게 소문을 내면 조금은 수월하게 살을 뺄 수 있다. 동네방네 다이어트 시작했다고 소문을 내면, 식탐을 이기지 못하고 군것질을 하려고 할 때 십중팔구 주위에서 말린다. "넌 다이어트를 한다면서 군것질을 하냐? 쯧쯧쯧" 같은 소리를 들으면 민망함과 오기가 생겨 먹고 싶은 생각이 어느 정도 사라지기 때문이다.

소문을 내는 이유는 또 있다. 주변 사람들이 다이어트를 하는 줄 모르고 맛있는 음식을 먹으러 가자고 한다든가, 앞에서 맛있는 음식을 먹는다면 누구라도 견디기 어렵다. 이런 일을 방지하기 위해서라도 소문을 낼 필요가 있다. 더군다나 공부를 한다는데 그 누가 도와주지 않겠는가. 아마 부모님은 두말할 것도 없고, 친구들이나 선생님 역시 두 팔 걷고 도와줄 것이 분명하다.

공부하는 모습을 많은 사람이 볼 수 있도록 개방된 곳에서 공부하는 것도 효과적이다. 물론 '여러분, 저 공부하거든요~ 잘 보세요. 얼마나 열심히 하는지'라고 광고를 하면서……

공부를 열심히 하는 친구와 함께 공부하면 더욱 너 좋다. 공부하는 모습이 그대로 드러나는 개방된 곳에서 친구와 함께 공부를 하면 중간에 딴짓을 하고 싶어도 주위의 눈치 때문에 하지 못한다. 또한 밖에 나가서 놀고 싶어 주위를 둘러보다가도 열심히 공부하는 친구 모습을 보고 자극을 받아 자신도 모르게 다시 책으로 눈이 돌아갈 것이다.

공부한다고 티 팍팍 내며 광고하는 것은 공부를 열심히 하겠다는 약속이나 마찬가지이다. 그것도 혼자만의 약속이 아니라 나를 아는 모든 사람과 하는 진지한 약속이다. 약속에는 강제력이 있다. 특히 남들 앞에서 한 약속은 더욱 그렇다. 사랑하는 남녀가 결혼식을 통해 많은 사람에게 평생 사랑하며 살겠다는 약속을 하는 것도 다 이런 이유 때문일 것이다.

공부를 하고 싶은데 집중이 잘 안 된다면? 나를 아는 주변 사람들에게 광고부터 하자. 스스로 강제력도 높이고, 주변 사람들의 아낌없는 도움을 받는 일석이조의 효과를 얻을 수 있다.

시험 성적 확실히 올려주는 쌍둥이 형제의 3step 학습법

시간보다 '양'을
목표로 공부하라

공부를 열심히 하다가 '앗! 벌써 한 시간이나 지났네? 가서 좀 쉬어야지' 라며 자리에서 일어나는 학생이라면 당장 그 습관부터 바꾸어야 한다. 게임을 하다가 일명 '필(Feel)'을 받아 만렙(최고 레벨)을 찍듯이, 만화책을 보다가 필 받아 한꺼번에 전권을 독파한다든지 노래방에서 필 받아 주구장창 세 시간 동안 노래를 부르는 등 우리 생활에서 '필', 즉 탄력을 받게 되면 어떤 일에 자기도 모르게 몰입하는 것을 볼 수 있을 것이다.

공부에도 '필'이 필요하다. 공부를 하다가 어느 순간 자신도 모르게 집중할 때가 있다. 이때의 흐름을 타고 계속 공부를 해야 한다. 시간을 정해놓고 공부하다 보면 이 흐름이 깨지기 십상이다. 그래서 공부를 할 때는 시간이 아닌 '양'으로 목표를 정해야 한다. 처음에는 설정한 목표량을 채울 때까지 앉아 있는 것 자체가 어렵겠지만, 그 목표량을 도달하기 전에 절대로 일어나지 않는 습관을 가지다 보면 언젠가 집중해 있는 자신의 모습을 볼 것이다.

목표량을 다 채웠더라도 아직 공부의 흐름을 타고 있다면 계속 공부를 하도록 한다. 흐름을 타고 공부에 몰입하면 세 시간은 훌쩍 지나간다. 혹 공부하다 머리가 타버렸다는 느낌이 든 적이 있는지? 없다면 아직 자신의 집중력을 최대한 이용해보지 못한 사람이다.

아무리 집중을 해도 집중하는 시간은 한계가 있다. 다음은 내가 생각하는 집중 곡선이다. 세로축은 집중력, 가로축은 학습 시간을 의미한다.

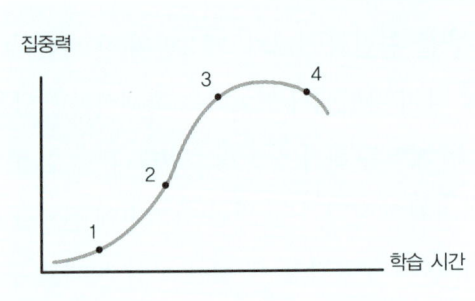

보통 학생들은 1단계에서 책을 덮거나 책상에서 일어나기 쉽다. 조금 더 공부하면 2단계로 들어서고, 그 시간의 두 배만 더 책상에 앉아 있으면 최고의 집중력과 학습 효율을 얻을 수 있는 3단계로 진입할 수 있다. 1단계에서 2단계에 도달하는 시간과 2단계에서 3단계에 도

시험 성적 확실히 올려주는 쌍둥이 형제의 3step 학습법

달하는 시간은 비슷하지만 집중력과 학습 효과는 세 배 정도 차이가 난다.

실제로 집중은 하면 할수록 그 효과가 배로 증가한다. 따라서 공부는 흐름을 타야 한다. 필을 받았을 때 흐름을 타고 3단계까지 가는 것이 가장 좋다. 3단계까지 가는 데 걸리는 시간은 개인에 따라 다 다르기 때문에 공부할 때 시간이 아닌 양으로 목표를 정해 3단계까지 가도록 노력해야 한다. 물론 공부를 하면 할수록 집중하는 것이 쉬워져 3단계까지 가는 데 걸리는 시간은 단축된다.

4단계로 넘어가면 집중력이 떨어진다. 이때부터는 욕심을 버리고 휴식을 취하는 편이 좋다. 집중력이 떨어질 때 공부하는 것은 밑 빠진 독에 물 붓는 꼴이다. 특히 잠이 올 때 억지로 공부하는 학생들이 있는데, 졸릴 때는 잠을 자고 일어난 다음 맑은 정신으로 공부해야 효율적으로 공부할 수 있다. 졸릴 때는 잠을 자야 한다. 절대 억지로 잠을 참지는 말자. 졸리면 자자!

노는 것과 쉬는 것을
혼동하지 마라

"엄마, 저 10분만 쉬었다 다시 공부할게요."

집중력이 떨어져 책을 붙들고 있어도 한 자도 머릿속에 들어오지 않을 때는 쉬는 편이 좋다. 잠깐 쉴 때 무엇을 하는지 생각해보자. 아마 게임을 하거나 텔레비전을 보거나 재미있는 만화책을 볼 것이다. 모두 공부와는 다른 짜릿한 재미가 있다. 그 재미에 빠져 있으면 "10분 넘었어. 이제 공부해야지"라는 엄마의 잔소리가 들려온다.

이제 묻고 싶다. 과연 게임을 하다가 손 떼자마자, 만화책을 보다가 덮자마자, 텔레비전을 끄자마자 다시 공부를 하려고 할 때 바로 공부에 집중할 수 있었는가? 사실 굳이 대답을 듣지 않아도 어떤 대답이 나올지 안다. 분명 대답은 '아니오'일 것이다. 컴퓨터 게임을 하는 것, 만화책을 보는 것, 텔레비전을 보는 것 모두 뇌가 무척 바쁘게 일을 해야 하는 일들이다. 특히 게임을 하거나 텔레비전을 보는 일은 보는 것과 듣는 것을 동시에 해야 하므로 뇌가 쉽게 피곤해진다. 이 순간만은 대부분의 학생이 눈을 반짝이며 집중력의 진수를 보여준다. 이렇게 뇌를 혹사시키고 나서 공부를 한다는 것은 마치 100미터 달리기를 하고 나서 마라톤을 하라는 말과 같다. 또한 책상에 다시 앉더라도 방금 했던 게임과 재미있게 보았던 만화책과 텔레비전 생각이 자꾸 나서 공부에 몰입하기 어려울 수밖에 없다.

많은 학생이 잠깐 쉰다며 하는 행위가 사실은 뇌를 쉬게 해주는 것이 아니라 공부할 때보다 뇌를 더 혹사시키며 '노는' 것임을 알아야 한다. 쉬는 것과 노는 것은 엄연히 다르다. "쉬어가면서 공부하세요"라는 말에서 '쉰다'는 말은 공부할 때 가장 많이 사용하는 뇌와 공부할 때 자세를 잡아주는 근육을 풀어주라는 의미이다. 따라서 텔레비전을 보거나 게임을 하는 것은 쉰다고 볼 수 없다.

뇌를 쉬게 해주려면 명상이나 체조를 하고, 형제나 부모님과 대화를 나누는 게 좋다. 산책을 하거나 지친 뇌에 영양을 공급할 수 있도록 간단한 다과를 즐기는 것도 추천할 만하다. 우리 형제는 공부하다 지치면 함께 슈퍼에 가서 우유나 먹고 싶은 과자를 사다 먹었다. 또는 둘이 거실에 앉아 서로의 고민을 털어놓기도 했다.

놀고 싶을 때는 차라리 시간을 내서 확실하게 노는 편이 좋다. 공부하는 중간 잠깐 시간을 내서 놀 생각은 일찌감치 버려라. 뇌를 더욱 혹사시켜 공부하는 데 방해만 될 뿐이다.

재미있게 공부하려면
스토리를 만들어라

공부 잘하는 사람들, 일명 '공신'들은 항상 같은 말을 한다.

"공부는 즐겁게 하세요!"

이 말을 들으면 대부분의 학생들은 버럭 화를 낼 것이다.

'공부를 즐겁게 하라니요? 대체 당신 정신이 있는 거요?'

하지만 맞는 말이다. 공부는 즐겁게 해야 잘할 수 있다. 어떻게 하면 공부에 조금이라도 재미를 느낄 수 있을까? 하얀 종이에 많은 내용이 빼꼭하게 적혀 있는 교과서나 참고서를 보면 한숨만 나오는데, 보기만 해도 머리 아픈 내용을 어떻게 재미있게 머릿속에 담을 수 있을까?

시험 성적 확실히 올려주는 쌍둥이 형제의 3step 학습법

방법은 있다. 소설책 보듯이 교과서와 참고서를 보면 된다. "참나. 교과서나 참고서를 소설책 보듯이 보라는 게 말이 돼요?" 하고 반박하고 싶겠지만, 소설책처럼 스토리를 만들어 교과서와 참고서를 보면 가능하다. 조각난 내용을 이어서 나만의 스토리를 만들며 공부하면 된다.

중학교 때 배우는 체세포 분열 과정을 살펴보자. 체세포 분열 과정은 핵 분열과 세포질 분열로 나뉜다.

간기		세포가 생장하고 핵물질이 두 배로 증가하는 시기이다. 핵막과 인이 뚜렷이 보인다. 세포 분열 후 다음 분열까지의 시기로 세포 주기 중 가장 길다.
핵 분열	전기	염색사가 염색체로 변하여 염색체가 나타나는 시기이다. 핵막과 인이 사라지고, 방추사가 나타난다.
	중기	염색체가 방추사에 붙어 세포 중앙에 배열된다. 세포 주기 중 가장 짧다.
	후기	염색체가 두 개의 염색분체로 나뉘어 방추사에 의해 양극으로 이동한다.
	말기	염색분체가 염색사로 풀린다. 핵막과 인이 나타나고 세포질 분열이 일어나 두 개의 딸세포가 형성된다.

위 내용을 처음 접하는 학생이라면 "저걸 다 외워야 해?"라며 한숨부터 쉴 것이다. 무턱대고 외우려고만 하면 당연히 시작하기도 전에 질린다. 줄 박박 그으면서 무턱대고 외우려고 하지 말고 즐겁게 공부하자. 자신만의 스토리를 만들어 소설책 보듯이 공부하는 것이다.

'음, 세포 분열에는 간기, 전기, 중기, 후기, 말기가 있네. 일단 중간에 쉬는 기간이라서 간기라고 하나 보다. 그리고 전기는 핵 분열이 일어나는 가장 전초전이니깐 전기, 중간에 염색체가 가운데 있으니까 중기, 중기 다음에 후기 그리고 끝나가고 마무리되는 말기인 거구나.'

'간기는 쉬는 기간이니 세포가 무슨 일을 해야 할까? 음, 먼저 분열을 준비해야겠구나. 그러니까 핵물질이 두 배로 늘지. 핵물질이 나누어져야 하니까 말이야.'

'그런데 핵물질이 뭐지? 아, DNA와 그와 관련된 단백질을 말하는 거군. 준비를 차곡차곡 잘 해야 하니깐 기간도 기네. 전기라면 일단 막 분열이 시작되는 시기이니 일단 염색사가 염색체로 되어야 하겠네! 그리고 그림을 보니 염색체 양쪽으로 나누어져야 하는구나. 그래서 핵막과 인이 없어지는구나. 중기는 염색체가 가운데 있고 분열기 중 가운데 있으니깐 중기이지. 바로 갈라지니까 주기 중 가장 짧을 수밖에 없겠군. 후기는 복제되었던 염색체가 반으로 갈라지는구나. 그러면 갈라진 염색체는 후기 때 새로 핵막과 인을 만들어 핵을 만들고, 그러고 나면 세포가 반으로 갈라지는 세포질 분열에 의하여 딸세포가 만들어지고 드디어 세포 분열 완성이군!'

이런 식으로 조각난 내용들에 인과 관계를 부여하여 자신만의 스토리를 만들어보는 것이다. 스토리를 만들어 스스로 이야기하듯이, 소설책 읽듯이 공부를 하면 즐겁게 공부할 수 있다. 만든 스토리를 친구에게 설명하듯이 이야기하면 효과 만점이다.

'왜?' 끊임없이
질문을 던지며 공부하라

"저는요, 머리가 나빠서 아무리 책을 봐도 금방 잊어먹어요. 손으로 쓰면서 공부를 해도 마찬가지에요. 전 바본가요?"

혹 누군가가 이런 질문을 한다면 "네, 당신은 바보입니다"라고 말해주고 싶다. '뭐 이런 사람이 다 있어?' 하며 화를 내겠지만, 자신의 능력을 과소평가하고 사용할 줄 모르는 사람은 바보임이 틀림없다.

거창하게 노벨상을 받겠다는 욕심이 아니라면 공부는 그리 어려운 것이 아니다. 현재 배우는 내용을 충실히 내 것으로 만들고, 내신 성적과 수학능력시험 점수를 잘 받는 정도는 누구든 할 수 있다. 머리가 좋은 사람들이 공부를 잘한다고 생각하기 쉽지만, 실제로 머리는 공부를 하는 데 아무런 문제가 되지 못한다. 오히려 절대적으로 필요한 것은 '노력'이다.

남들은 우리 형제가 머리가 아주 좋을 것이라 생각한다. 하지만 우리 형제의 별명은 '덤 앤 더머'이다. 멍청한 놈들이 학습법을 주제로 책을 썼다는 소리를 들을까 봐 숨기려고 했지만, 너무도 많은 사람이 공부는 머리가 좋아야 할 수 있는 것이라고 생각해서 진실을 밝히기 위해 과감하게 나섰다. 그럼 덤 앤 더머인 우리 형제가 어떻게 공부를 잘할 수 있었을까? 바로 끊임없이 질문하며 공부한 것이 비법이다.

중학교에 입학해 첫 과학 시간에 배우는 것이 지구과학 파트의 '대기권'이다. 교과서에는 '대기권은 대류권, 성층권, 중간권, 열권으로 나뉘는데, 대류권과 중간권은 불안정하고 성층권과 열권은 안정적이다. 여기서 기상 현상은 대류권에서만 일어난다'는 내용이 나온다.

학생들 대부분은 이 문장을 그대로 외우려고 덤빈다. 온갖 형광펜과 색연필로 도배를 하면서 외우는 학생이 있는가 하면, 책에 구멍이 날 정도로 연필로 줄을 빡빡 그으면서 외우는 학생들도 있다. 그렇게 열심히 외워도 책을 덮고 내용을 기억하려고 하면 가물가물 잘 생각이 나지 않는다. 하루가 지나면 생각조차 나지 않을 정도로 다 잊어버린다.

반면 공부를 할 줄 아는 학생은 이 문장을 보고 다음과 같은 질문을 한다.

'왜 저렇게 나눈 거지? 지 맘대로 나눈 건가?'

'왜 대류권과 중간권은 불안정해?'

'왜 기상 현상은 대류권에서만 일어나?'

그러고는 그에 대한 답을 찾기 시작한다.

'아! 온도의 변화에 따라서 나눈 거군. 대류권과 중간권은 올라갈수록 온도가 떨어지는구나. 성층권과 열권은 반대이네.'

'아! 대류권과 중간권은 온도가 위로 갈수록 낮아져서 대류 현상에 의하여 불안정한 거구나.'

'아! 대류권에는 물이 있으니까 구름 등이 생길 수 있어서 기상 현상이 나타나는 거구나.'

여기까지 답을 찾았다면 공부 좀 할 줄 아는 학생이다. 여기에 만족하지 않고 더 많은 질문을 하면 할수록 공부를 잘할 수 있다.

'근데 온도 변화는 왜 일어나는 거야?'

'아, 대류권은 점점 지면에서 멀어져 지면의 복사열을 못 받아서 그런 것이고, 성층권은 오존층이 있어 자외선에 의해 온도가 올라가는 것이군. 중간권은 다시 멀어지니 온도가 낮아지고 열권은 태양과 가까이 가니 온도가 올라고. 아하! 다 이런 이유 때문에 온도가 변하고, 이것으로 각각 대기권이 나누어지는 거구나.'

이렇게 끊임없이 질문을 던지며 찾은 답은 이해도 잘 되고 기억하기도 쉽다. 군이 외우려고 애를 쓰지 않아도 내용이 저절로 머릿속에 들어온다.

혹시 회를 좋아하는지? 회를 좋아한다면 익힌 것을 먹는 것과 날것을 먹는 차이를 어느 정도 알 것이다. 날것을 먹는 즐거움을 아는지 모르겠다. 물론 선생님이 소화하기 쉽게 익혀서 준 것을 먹어도 좋지만, 스스로 답을 찾은 날것을 먹는 재미도 쏠쏠하다. 대부분의 학생들은 어려서부터 주입식 교육을 받아 스스로 질문을 하고 답을 찾으며 공부하는 데 익숙하지 않다. 먹기 편하게 선생님들이 다듬어 익혀준 것만 받아먹다 보니 스스로 답을 찾는 방법을 익힐 기회조차 없었던 것이 사실이다.

하지만 주는 대로 그대로 받아들이기만 한다면 더 이상 발전할 수 없다. 오래 기억하기도 힘들므로 꼭 고쳐야 한다. 공부는 스스로 질문하며 해답을 찾아가면서 해야 진정으로 나의 것이 되어 기억에 오래 남는다. 그리고 더 나아가 혼자 공부하는 법을 터득할 수 있다.

공부할 때 '왜'라는 질문을 하면서 스스로 생각하는 습관을 갖도록 해야 한다. 공부를 하면 할수록, 대학교 혹은 대학원 등 상급 학교에 진학하면 할수록, 사회에 진출하여 사회생활을 하면 할수록 내게 가르쳐줄 사람은 점점 줄어든다. 중·고등학교에 다닐 때처럼 모르는 것이 있으면 언제나 물어볼 수 있는 선생님들이 주변에서 사라진다는 얘기다. 고등학교를 졸업하고 대학만 가도 더 이상 해답을 알려주는 선생님은 없다. 대학 교수님들도 학생들에게 공부하는 방향만 제시해 준다. 결국은 스스로 혼자 공부를 해야 하는 때가 온다. 그날을 위해 지금은 귀찮고 힘들더라도 스스로 '왜'라는 질문을 던지며 공부하는 습관을 들이도록 하자.

선의의 경쟁은
공부하는 데 '약'이다

어른들은 물론 어린 학생들까지도 무한경쟁에 내몰리는 세상이다. 텔레비전이나 신문을 통해 학업에 대한 부담감, 성적에 대한 스트레스를 이기지 못하고 제대로 한번 피어보지도 못한 채 극단적인 선택을 한 학생들의 이야기를 접할 때마다 마음이 씁쓸하다.

확실히 경쟁은 점점 더 치열해지고 있는 것 같다. 특목고 열풍이 불면서 중학생들이 고등학생 못지않게 입시 경쟁을 한 지는 이미 오래되었고, 이제는 초등학생들도 좋은 성적을 올리고 좋은 학교를 가기 위해 경쟁을 할 수밖에 없는 상황이 되었다.

"친구들이 다 경쟁자라 생각하니 노트 좀 빌려 달라고 하는데 선뜻 마음이 내키지 않아요."

"가끔 친구들 앞에서는 공부하지 않은 척해요. 괜히 경쟁심만 부추길까 봐……."

가장 마음을 터놓고 의지할 수 있는 친구들에게 이런 마음을 품는다는 건 슬픈 일이다. 친구들과 경쟁을 위한 경쟁을 해야 하는 상황은 모두를 힘들게 만든다. 하지만 선의의 경쟁을 한다면 친구를 단순히 경쟁자가 아닌, 함께 같은 길을 가며 서로 힘을 주고받는 멋진 동반자로 만들 수 있다. 우리 형제가 그런 것처럼…….

| 현준이가 생각하는 동생 현성이 |

내 최고의 라이벌은 박현성, 나의 동생이다. 우리는 말 그대로 선의의 경쟁자였다. 서로에게 도움이 되는 경쟁자!

내 동생이지만 이 녀석은 도대체 너무나 부지런하다. 동생은 지금 사회생활을 하고 있다. 직장생활에 적응하느라 피곤할 텐데도 주말 아침에 일어나 보면 동생은 어김없이 책상에 앉아 공부를 하고 있다. 그런 모습을 보고 있노라면 '쟤는 잠도 없나. 정말 독종이야……' 라는 생각이 절로 든다.

그런 동생은 언제나 나를 자극하는 원동력이었다. 중·고등학교 때 시험 공부를 할 때도 동생은 늘 나보다 엉덩이가 무거웠다. 한 번 앉으면 도통 일어날 생각을 하지 않는다. 그러니 나 또한 공부하다 잠시 일어나 쉬고 싶은 생각이 들어도 책을 뚫어져라 보고 있는 동생을 보면 '에이~ 씨~ 다시 책이나 봐야겠다' 라는 생각이 들어 눌러앉아

시험 성적 확실히 올려주는 쌍둥이 형제의 3step 학습법

있을 수밖에 없었다.

시험 기간에 둘이 소파에 앉아서 공부한 내용을 서로 이야기할 때면 내가 모르는 것까지 훤하게 알고 있는 동생 때문에 놀란 적도 많았다.

'언제 저렇게 공부를 많이 했지? 나도 더 열심히 해야겠군.'

언제나 동생은 나를 자극하는 선의의 경쟁자였다. 동생이 없었다면 그 긴 세월 동안 지치지 않고 공부하기 어려웠을 것이다.

| 현성이가 생각하는 형 현준이 |

내가 봐도 우리 형은 대단하다. 솔직히 요즘은 내가 더 공부를 많이 하는 것 같지만 중·고등학교 때는 형을 따라가기가 어려웠다. 형보다 공부를 잘하기 위해 부단히도 노력했지만 번번이 뒤처졌음을 인정할 수밖에 없었다. 늘 노트 필기와 정리가 완벽했고, 이상하게 같은 시간 동안 공부해도 나보다 더 많은 양을 공부하곤 했다.

'뭐야? 두 시간 일찍 태어났다고 뇌도 나보다 더 자란 거야?'

시험 기간이면 항상 형이 필기한 노트를 보느라 바빴다. 어떻게 같은 수업을 들었는데 그렇게 차이가 나는지. 학창 시절 완벽한 모범생인 형이 없었다면 아마 난 그렇게까지 공부를 잘할 수는 없었을 것이다. 학창 시절, 선생님들은 내가 놀기만 좋아한다며 걱정하셨고 늘 이렇게 말씀하셨다.

"현성이와 현준이를 구별하는 건 쉬워. 선생님이 이야기할 때 두 발 두 손 모으고 공손히 들으면 현준이고, 한쪽 다리 들고 건들거리며 듣는 아이는 현성이지. 형 없었으면 충분히 놀았을걸?"

형과 아등바등하며 공부하던 모습이 아직도 선명하다. 적어도 형에게 지기 싫어서 공부를 했고, 열심히 공부하는 형을 닮고 싶어 했기에 공부를 잘할 수 있었다고 생각한다.

우리 형제가 서로를 생각하는 것이 이렇게 다르다. 서로를 선의의 경쟁자로 생각하고, 서로의 장점을 보고 닮으려고 노력한 덕분에 지금껏 어려운 고비를 넘기며 공부를 할 수 있었다.

지금도 과외를 할 때는 한 명보다는 꼭 두 명 이상을 함께 가르치려고 한다. 한 명을 가르치는 것보다 두 명을 가르칠 때 학습 효과가 배가되기 때문이다. 서로가 선의의 경쟁자인지 모른다면 이를 가르쳐 주고, 서로를 채찍질하며 공부에 전념할 수 있도록 분위기를 만든다.

경쟁자는 절대 나의 적이 아니다. 오히려 내가 잘못된 길로 가고 있을 때 올바른 길로 잡아주는 등불 같은 존재이다. '타산지석(他山之石)'이라는 고사성어처럼 나의 경쟁자는 내가 모르는 장점을 많이 갖고 있다. 경쟁자를 친구 삼아 그 장점을 받아들이려고 노력한다면 공부를 할 때는 물론 인생을 살아가는 데 큰 도움이 될 것이다.

버디 시스템을
공부에 활용하자

최근 우연히 스쿠버다이빙을 배운 적이 있다. 이때 처음 알았는데, 스쿠버다이빙을 할 때는 항상 두 명 이상이 함께 물에 들어간다. 물론 주의해야 할 사항이나 기본적인 방법을 교육받고 물에 들어가지만 묾속에 어떤 위험이 도사리고 있을지 모른다. 그래서 혹시나 발생할 수 있는 위험에 대비해 꼭 두 명 이상이 물속에 들어가는 것이다. 이처럼 서로 짝을 지어 서로를 돌봐주는 것을 '버디 시스템(Buddy System)'이라 한다.

서로의 수호신 같은 역할을 해주는 '버디 시스템'을 공부에 적용하면 어떨까? 공부라는 큰 바닷속에서 혼자 돌아다니는 것보다 둘이 같이 다니면 아무래도 공부하기가 더 쉽고, 그릇된 길로 가는 것도 막을 수 있으므로 적극 추천할 만하다.

| 선의의 경쟁자를 버디로 선택하자 |

"버디를 만들라고요? 그럼 저는 저랑 제일 친한 친구인 봉순이와 할래요. 우린 같이 쇼핑도 하고 영화도 보고, 완전 절친(절친한 친구)이에요!"

이렇게 말하는 학생이 있다면 '버디'를 잘못 이해한 것이다. 버디는 함께 놀 친구가 아니다. 버디는 서로의 목적에 맞게 도움을 줄 수 있는 상대이어야 한다. 우리는 공부라는 목적을 달성하기 위한 버디가 필요하므로, 당연히 공부를 하는 데 도움을 줄 수 있는 친구를 버디로 만들어야 한다.

책 좀 보려고 하면 "좀 쉬었다 하자"라며 유혹하고, 좀 쉬고 나면 "야, 어제 드라마에서 나온 그 남자 완전 내 스타일이야"라며 수다를 시작하고, 책 한 장 보고 나면 "아 배고파. 컵라면 먹고 올까?"라며 너스레를 떤다. 이런 친구는 공부에 맞는 버디가 아니라 끊임없이 공부를 방해하는 적이다.

같이 공부할 버디는 나의 경쟁자여야 한다. 내가 보았을 때 나보다 공부를 더 잘하는 친구, 더 의지가 강한 친구, 또는 배울 점이 많은 친구를 버디로 만들어야 한다. 물론 버디도 내가 모르는 나의 장점을 배우고 싶어 할 것이다. 모든 사람에게는 장점이 있는 법이니깐.

버디가 같은 학교 학생이라면 더욱 좋다. 버디를 통해 학교 내의 다양한 정보를 교류할 수 있고, 같은 스케줄에 맞추어서 공부할 수 있기 때문이다. 선의의 경쟁자인 친구가 최적의 버디임을 기억하자.

| 버디와 정보를 아낌없이 주고받아라 |

공부를 할 때도 정보가 필요하다. 버디는 혼자서는 구하기 힘든 정보를 함께 교류할 수 있는 좋은 친구이다. 예를 들어 나의 버디였던 동생 현성이는 중학교 때 11반으로 뒷반이었고, 나는 앞반인 3반이었다.

다 알겠지만 학 학년에 반이 많으면 같은 과목이라도 여러 선생님이 나누어 가르치신다. 당연히 선생님마다 가르치는 방식이나 중요하다고 강조하는 것이 조금씩 달랐다. 버디와 반이 다르니 이런 정보를 교류하기가 좋았다. 시험 기간에 서로의 필기를 번갈아보며 수업 시간에 선생님께서 강조한 것을 물어보았다. 모든 사람이 아는 사실이지만 시험 문제는 그 과목을 가르치는 선생님들이 함께 출제한다. 절대 한 선생님이 전부 출제하지는 않는다.

또한 시험 기간에는 선생님들이 출제한 문제에 대한 힌트를 주는데, 이 또한 가르치는 선생님이 다르면 차이가 있다. 버디와 반이 다르다면 서로 정보를 교류하면서 더 많은 힌트를 얻을 수 있음은 당연지사. 여러 선생님이 수업에서 강조한 내용과 시험 문제에 대한 힌트를 알면 그만큼 시험에 유리하다.

혹 버디를 단순한 경쟁자로 생각해 아는 것도 모르는 척하는 속 좁은 행동을 해서는 안 된다. 버디와는 공부에 관한 한 모든 정보를 교류해야 한다. 내 것은 감추고 남의 것만 탐내서는 버디 시스템을 유지할 수 없다. 베푼 만큼 돌아오는 법이다.

| 서로 모르는 것을 묻고 배우자 |

혼자 공부하는 것을 좋아하는 학생들도 있지만 버디와 함께 공부하면 혼자서 공부할 때는 느낄 수 없는 또 다른 즐거움을 맛볼 수 있다. 버디와 함께 서로 공부한 내용을 설명하면서 혹은 서로 문제를 내고 맞혀보면서 공부를 해보자. 자칫 지루해지기 쉬운 공부를 재미있게 할 수 있다.

"친구야, 오늘 배운 에너지 보존의 법칙을 설명해볼게."

다른 사람에게 설명을 하려면 먼저 자기 자신이 완벽하게 내용을 이해하고 있어야 한다. 다 이해했다고 생각했어도 다른 사람에게 설명할 때 막히는 부분이 있다면 완벽하게 이해하지 못한 것이다.

서로 설명해주는 것뿐 아니라 서로 묻고 답을 하면서도 공부한 것을 체크할 수 있다.

"친구야, 화학 반응에서 질량 보존의 법칙이 뭐야?"

만약 이 질문에 곧바로 대답할 수 있다면 그 학생은 이 부분을 확실히 이해하고 있다고 볼 수 있다. 보통 새로운 내용을 가르치면 대부분의 학생은 '그런가 보다' 하고 넘어간다. 무슨 말인지 이해했다는 표정이다. 하지만 막상 학생에게 다시 물어보면 '그게 뭐였더라?'라는 아리송한 표정을 짓는 경우가 많다. 버디와 함께 서로 질문하고 답하면서 공부하면 알고 있다고 착각하고 넘어가는 실수를 줄일 수 있다. 질문에 답을 하면서 확실히 이해하고, 오래 기억할 수 있을 뿐만 아니라 지루하지 않게 공부할 수 있으니 일석삼조가 따로 없다.

시험을 준비하면서 가장 재미있었던 일은 나의 버디와 시험 문제를 찍어보는 것이었다.

"내일 뭐 나올까?"

"뭐 나온다고? 난 안 나올 것 같아서 공부 안 했는데. 그럼 너 설명 해봐!"

"헉! 이런 것도 공부했어?"

이런 식으로 서로 시험 문제를 예상하며 묻고 답하면서 자연스럽게 서로가 놓쳤던 부분을 찾아 공부했다. 혼자 공부할 때는 기대할 수도 없었던 것을 버디와 함께하면서 시험에서 좋은 성적을 받을 수 있었다.

| 공부도, 힘든 일도 함께하는 서로의 등불이 되자 |

버디는 나에게 많은 정보를 줄 뿐 아니라 나의 등불 같은 존재이다. 공부를 하다 스트레스를 받을 때 혹은 고민이 생겼을 때 함께 공부를 했던 버디는 나의 고민을 그 누구보다도 잘 이해해주고 도움을 줄 수 있다. 또한 공부를 하다 모르는 것이 나왔을 때 혼자 해결하려면 힘이 들어 지치기 쉬운데, 버디와 함께라면 얘기가 달라진다. 좀 더 쉽고 재미있게 문제를 해결할 수 있다.

우리 형제는 항상 같은 장소에서 공부하곤 했다. 함께 공부하기에 가장 좋은 장소는 '빈 강의실'이었다. 칠판에 모르는 문제를 적어놓고 서로의 생각을 물으면서 해결할 수 있는 방법을 찾았다. 아무리 어려운 문제도 둘이 머리를 맞대고 고민하면 해결할 수 있었다. 모르는 것을 버디와 같이 해결해냈을 때의 기분은 말로 다 표현할 수 없을 정도로 짜릿하다. 굳이 표현하자면 코감기로 막힌 코가 뻥 뚫렸을 때의 시원한 기분이라고 할까? 그런 과정을 함께하는 동안 버디와의 우정 또한 더욱 깊어진다.

공부뿐 아니라 공부를 하는 데 필요한 집중력과 끈기를 기르는 데도 버디는 많은 도움을 준다. 공부하다 딴생각이 나더라도 열심히 공부하는 버디의 모습을 보면 정신이 번쩍 들어 공부에 집중할 수 있고, 자리에서 일어나고 싶어도 버디의 반짝이는 눈빛과 책에 푹 빠져 있는 모습을 보면 다시 자리에 앉고 싶을 것이다. 또한 버디의 학습법을 옆에서 보면서 나의 학습법도 더욱 효과적으로 보완하고 발전시킬 수 있다. 우리 형제가 함께 만들어간 3step 학습법도 이처럼 서로의 학습법을 참고하여 보완하며 만든 것이다.

공부를 뛰어나게 잘했던 사람들은 "공부가 제일 쉬웠다"고 말한다. 하지만 사실 공부는 어렵다. 공부를 방해하는 유혹들이 우리 주변에 너무나도 많기 때문이다. 당장의 내 눈앞에 있는 유혹이 공부해서 성취할 미래보다 더 달콤해 보여서 조금만 방심해도 흐트러지기 쉽다. 이러한 유혹에 빠지지 않도록 도움을 줄 수 있는 사람이 바로 내 옆에 있는 버디이다. 서로 격려하고 도와주면서 공부한다면 어떤 유혹에도 흔들리지 않고 원하는 바를 성취할 수 있을 것이다.

시험 성적 확실히 올려주는 쌍둥이 형제의 3step 학습법

수업 시간에 선생님과
계속 눈을 맞추라

요즘은 많은 학생이 학교 수업을 마친 뒤 학원에 간다. 학원에서 미리 한 번 배우고, 학교에서 한 번 배우고, 시험 기간에는 학원에서 특강까지 해주므로 같은 내용을 세 번 정도 배우는 셈이다. 그런데도 항상 만족할 만한 성적을 얻지 못하는 이유는 무엇일까? 이유는 단 하나, 수업에 집중하지 않기 때문이다.

"저는 수업 시간에 잘 듣는 편인데요?"

수업은 듣는 것이 아니라 새로운 학습 내용을 받아들이는 것이다. 학생이어서 좋은 점은 학습할 내용을 미리 공부해서 이해하고 있는 사람에게 수업을 받을 수 있다는 것이다. 혼자서 공부하는 것보다 선생님의 수업을 들으면 학습 내용을 받아들이는 데 훨씬 수월하다. 그렇기 때문에 수업에 집중하면 많은 내용을 받아들이고 이해할 수 있다.

수업에 집중하는 가장 좋은 방법은 선생님과 계속 눈을 맞추는 것이다. 일단 수업을 시작하면 잠시도 선생님에게서 눈을 떼지 말자. 수업이 끝날 때까지 필기할 때를 제외하고는 끊임없이 선생님과 눈빛을 주고받을 수 있도록 노력하자.

이런 이야기를 했더니 "너무 느끼한 거 아니에요? 선생님이랑 사귀는 것도 아닌데 눈을 계속 맞추라니요?" 라고 말한 학생이 있다. 아마도 멜로드라마를 너무 많이 본 모양이다.

선생님과 눈을 맞추며 수업을 들으면 많은 것을 얻을 수 있다. 보통 학교에서는 한 반에 35~40명이 함께 수업을 듣는다. 선생님들은 대부분 칠판에 판서를 할 때 외에는 학생들을 보면서 수업을 하는데, 이때 꼭 눈을 맞추는 것이 좋다.

선생님과 눈을 맞추면 일단 딴생각이나 딴짓을 할 수 없다. 아무리 강심장이라도 선생님이 똑바로 쳐다보시는데 딴청을 부리기는 어렵다. 물론 수업에 관심이 없고 간이 배 밖으로 튀어나온 학생이라면 가능할지도 모르겠지만 말이다.

또한 눈을 계속 맞추면 선생님을 나만의 개인 교습 선생님으로 만들 수 있다. 선생님들도 수업 시간에 반응이 있어야 흥이 난다. 학생들이 어떻게든 선생님 눈을 피하려고 할 때 혼자서 초롱초롱한 눈으로 선생님을 보는 학생이 있다면, 선생님도 모르게 그 학생을 자주 바라보며 수업을 하기 마련이다. 어느 순간 나만 바라보며 수업하는 선생님을 보게 될 것이다.

그뿐이 아니다. 선생님에게 눈빛과 표정으로 내가 어느 정도 이해했는지를 전달할 수 있다. 예를 들어 선생님이 수업을 하다 나를 보았는데, 내 표정이 아리송해 보인다고 상상해보자. 그러면 선생님은 '앗! 학생들이 내 설명을 이해하지 못했구나' 하고 생각할 것이다. 선생님들은 아이들의 표정과 반응을 보고 어느 정도 이해했는지를 파악하는데, 주로 나를 보며 수업하는 선생님은 내 표정을 보고 반의 이해정도를 가늠할 수밖에 없다.

이쯤 되면 35~40명이 함께 수업을 받아도 선생님과 일대일 수업을 하는 것 같은 효과를 얻을 수 있다. 일대일 과외 선생님이 부럽지 않다. 그러니 이제부터라도 선생님과 뜨거운 눈빛을 주고받으며 수업을 듣자. 눈빛을 많이 주고받을수록 성적이 쑥쑥 오를 것이다.

학원보다
학교 수업이 먼저다

"학원에서 이미 다 배웠는데, 학교 수업 좀 안 들으면 어때요?"

"학교 선생님들보다 학원 선생님이 훨씬 잘 가르쳐요. 학교에선 수업이 너무 재미없어서 못 듣겠어요."

이런 이야기를 들을 때마다 마음이 착잡하다. 공교육이 붕괴되고 있다는 것이 단지 무성한 소문만은 아닌 것 같아서이다. 이미 학원이나 과외를 통해 다 배워 더 이상 학교에서 배울 것이 없다며 엎드려 고사를 지내고 딴짓을 하는 학생들에게 꼭 물어보고 싶은 것이 있다.

"너 만약 수능 문제 출제자가 바로 앞에서 직접 강의하고 있다면 어떻게 할래?"

당연히 대답은 "열심히 들어야죠!"일 것이다.

그렇다. 학교 선생님들은 내신 문제, 즉 학교 시험 문제를 출제하는 '출제자'이다. 학원이나 과외 선생님은 절대 학교 시험 문제를 낼 수 없다. 그들은 단지 학교 수업에 도움이 되라고 조금 더 앞서 가르쳐주고 정리해줄 뿐이다.

모든 것에는 '주'와 '부'가 있다. 학생들에게 있어 '주' 수업은 학교 수업이다. 드라마나 영화에서 아무리 조연이 뛰어나도 주연이 살지 않으면 전체 흐름이 살지 않고 완성도가 떨어지듯이, 학생들도 학교 수업을 충실히 하지 않고 학원이나 과외만 해서는 절대 공부를 잘할 수 없다.

학교 시험 출제자가 학교 선생님들이어서 학교 수업을 잘 들어야 원하는 내신 성적을 얻을 수 있다는 점도 중요한 이유지만, 그보다 더 중요한 이유가 있다. 우선 학교마다 교과서가 다르기 때문에 그 교과서를 가장 잘 가르칠 있는 분은 바로 학교 선생님이다. 아무리 학원 선생님이 날고 기는 실력을 갖추었더라도, 여러 학교의 학생들을 함께 모아놓고 가르치면서 미묘하게 다른 교과서의 내용을 완벽하게 숙지해 가르치는 데는 한계가 있다. 또한 선생님들마다 중요하게 생각하는 바가 다르기 때문에 학교에서 배우는 것을 중점으로 두는 것은 당연하다.

공부를 잘하는 학생치고 학교 수업을 게을리하는 학생은 없다. 학원에서 다 배웠다고 큰소리치는 학생들은 대부분 진도를 나간 것만으로 공부를 다 했다고 착각하는 못난이들이다. 성적이 우수한 학생들은 설령 학원에서 미리 선행 학습을 했더라도 학교 수업을 충실히 들으며 배운 내용을 확인하고, 학원에서 가르친 것과 학교 선생님이 강조하시는 것이 어떻게 다른지 하나라도 놓치지 않으려고 눈에 불을 켠다. 공부는 반복이다. 학원에서 선행 학습을 하였다면 학교에서 수업 시간에 선생님이 강조하는 내용을 중심으로 다시 한 번 정리해보도록 하자. 수업 시간에 딴청 피우고 집에 가서 공부하려 하지 말고, 수업 시간을 최대한 활용하여 공부해야 한다.

선무당이 사람을 잡는다. 무엇이 '주'인지도 모르고, '주'를 보완하는 보조적인 공부를 한 것만으로 공부를 다 했다고 생각하면 큰코다친다. 집을 지을 때 중심인 기둥을 튼튼히 박지 않으면 아무리 화려한 자재를 사용해도 금방 무너질 수 있듯이, 학교 수업을 충실히 해야 기본이 튼튼한 공부를 할 수 있다.

필기? 잘못하면 오히려 독!
필요한 것만 교과서에 쓱쓱~

　'필기는 어떻게 해야 하나? 과연 해야 하나 말아야 하나? 한다면 어떻게 해야 하나?'

　필기를 둘러싼 고민이 끝도 없다. 보통 필기에 대한 남학생과 여학생의 반응이 다르다. 남학생들은 대부분 '그런 걸 왜 하나? 참고서에 나오는 건데~'라며 귀찮아하고, 여학생들은 '필기는 나의 즐거움. 오늘도 온갖 색깔 펜으로 아름답게 필기를 해야지~' 라며 필기 자체를 즐기는 경향이 있다.

　결론부터 이야기하면 필기를 좋아하건 아니건 간에 공부를 잘하려면 꼭 필기를 해야 한다는 것이다. 하지만 필기를 하는 데도 요령이 필요하다. 간혹 선생님 말씀을 한 자도 빠뜨리지 않고 필기하는 학생이 있다. 이렇게 오직 필기에만 집중하면 얻는 것보다 잃는 것이 더 많다. 무조건 다 적다 보니 같은 내용을 반복해서 적기도 하고, 때로는 교과서에 있는 내용을 그대로 옮겨 적어 정작 무엇이 중요한지 구분하기가 쉽지 않다. 무엇보다 필기에 집중하느라 선생님의 수업 내용을 제대로 듣지 못한다는 것이 큰 손해다.

"그래도 빠짐없이 필기를 해두면 나중에 집에 가서 혼자 보며 공부할 수 있잖아요."

정말 그럴 수 있을까? 과연 그날 배운 것을 집에서 복습한 적이 있는지 가슴에 손을 얹고 생각해보자. 설령 복습을 한다 해도 수업 시간에 이해하지 못한 내용을 필기해놓은 내용을 보면서 혼자 이해하려면 시간도 많이 걸리고 이해하기도 어렵다.

수업을 듣는 목적은 새로 배우는 내용을 이해하는 데 있다. 궁금한 점이 있으면 수업을 들으며 바로바로 질문하면서 끊임없이 내용을 이해하려고 노력해야 한다. 그런데 필기를 하느라 수업 내용을 이해하지 못했다면 그것만큼 어리석은 일도 없다. 따라서 필기는 어디까지나 수업을 이해하는 데 지장이 없는 선에서 해야 한다.

또한 필기를 할 때 교과서에 있는 내용까지 할 필요는 없다. 교과서에는 나오지 않은 중요한 내용만 필기하는 것이 현명하다. "어떻게 교과서에 있는지 없는지 알아요?"라는 질문이 나올 수 있다. 간단하다. 수업을 시작하기 전에 오늘 배울 내용이 무엇인지 대충 눈으로 훑어만 봐도 알 수 있다. 설령 쉬는 시간에 말 그대로 쉬느라고 훑어보지 못했어도 괜찮다. 수업 시간 중간에 선생님이 아는 내용을 반복해서 설명할 때 혹은 수업과 관계없는 재미있는 이야기를 할 때 살짝 보기만 해도 된다.

필기는 꼭 필요한 것만 교과서에 하는 것이 좋다. 선생님께서 따로 판서를 해주지 않는 이상 노트에 필기할 필요는 없다. 필기해야 할 양이 많지 않으면 교과서에 하자. 교과서에 필기하면 여러모로 좋다. 필기한 내용과 교과서가 바로 연결되므로 공부할 때 노트를 보다가 교과서를 찾아가며 왔다 갔다 하는 시간을 줄일 수 있다. 또한 교과서만 보아도 수업 시간에 선생님이 설명해주신 내용을 볼 수 있으므로 교과서 하나로 공부를 끝내는 것이 얼마든지 가능하다.

필기는 절대로 예쁘게 할 필요가 없다. 필기는 나만 볼 것이다. 자손 대대로 내가 필기한 것을 물려주겠다든가 열심히 필기해 필기하는 방법을 책으로 내겠다는 생각이 아니라면 내가 알아볼 수 있을 정도로만 필기해도 충분하다. 너무 예쁘게 필기하려고 하면 그만큼 수업에 집중하기가 힘들 뿐이다.

한편 꼭 공부에 관련된 것만 필기를 하라는 법은 없다. 나는 필기를 하다가 어려운 내용이 나오면 '--;', 이해하기가 쉬우면 '^_^' 등 이모티콘을 그려넣기도 한다. 때론 이해가 안 돼 질문을 해야 하는데 미처 질문을 하지 못했거나 이해가 안 가는 부분은 반드시 연필같이 지울 수 있는 것으로 메모를 해놓는다. '이건 절대 이해 안 감', '무슨 소리야' 식으로 말이다.

이모티콘을 그리는 이유는 당시의 내 느낌을 메모하고 싶기 때문이다. 사람의 기억이라는 게 신기하여 그 당시의 상황을 기억해내는 것이 학습 내용을 기억하는 것보다 쉽다. 나는 당시 상황과 느낌을 기억해내서 선생님의 설명을 잘 기억해내는 편이다. 일종의 연상 작용을 활용하는 것이다.

모르는 내용에 표시를 해두는 이유는 확실히 이해하고 넘어가기 위해서이다. 수업을 들을 때 수동적으로 받아들이지 말고 '왜' 그러한 것인지 이해하고 생각하면서 적극적으로 임해야 한다. 그리고 반드시 그 질문의 답을 찾도록 한다. 이해의 폭이 넓어지고 기억에 오래 남는 것은 물론이고 나중에 혼자 공부할 수 있는 능력을 키워준다.

마지막으로 선생님이 중요한 내용이나 시험에 대해 언급한 것이 있으면 아낌없이 별표, 시험의 의미로 T(Test의 첫 자) 등을 표시하는 것은 기본이다.

복습은 필수,
예습은 선택이다

"수능 만점의 비결이 무엇입니까?"

"공부의 비결이 무엇입니까?"

각종 매스컴에서 공부를 잘하는 공신들에게 하나같이 이런 질문을 한다. 그럼 대부분의 공신들도 하나같이 활짝 웃으며 이렇게 말한다.

"교과서를 중심으로 예습과 복습을 철저히 했어요!"

이런 말을 들을 때마다 솔직히 살짝 화가 난다. 공부를 어떻게 잘할 수 있는지 물어봤는데 '교과서를 중심으로 예습과 복습'이라니. 말도 안 된다. 이건 마치 "밥 먹으니깐 어때?"라고 물었을 때 "응, 배부르지"라고 대답하는 것과 같다. 왜 공신들은 너무나도 당연해 맥 빠지는 대답을 하는 걸까? 비법을 알려주기 싫어서 뻔한 대답을 한 것일까? 그렇지는 않다. 그들 말대로 예습과 복습은 아주 중요하다.

하지만 현실적으로 예습과 복습을 모두 충실히 하기란 쉽지 않다. 사실 학교에 갔다 오면 또다시 학원에 가서 밤늦게 돌아오는 학생들은 수업을 열심히 듣는 것 자체가 힘들다. 이런 학생들에게 예습과 복습을 모두 해야 한다고 강요한다는 것은 무리다.

그렇다면 어떻게 해야 할까? 도저히 시간이 충분하지 않아 예습과 복습 중 어느 하나만을 택해야 한다면, 나는 먼저 '복습'에 충실해야 한다고 말하고 싶다. 예습까지 하면 더할 나위 없이 좋겠지만 복습만 확실히 해도 공부를 잘할 수 있다. 예습은 선택이지만 복습은 필수이다.

누구보다도 수업을 충실히 듣는 '충실이' 이야기를 해보자. 충실이는 항상 집중해서 수업을 듣기 때문에 대부분의 내용을 이해한다. 그러나 수업이 끝나면 곧바로 책을 덮어버리고 다음 시간이 돌아올 때까지 책을 펼쳐보지 않는다. 시간이 흘러 수업 시간이 돌아오고 선생님은 지난 시간에 배운 내용에 이어 진도를 나간다.

"여러분, 저번에는 여기까지 했으니 이어서 할게요. 이건 저번에 배운 거죠? 이걸 이렇게 이용하여……."

선생님은 지난번에 설명한 내용이라는데 어찌 된 일인지 충실이는 기억이 가물가물하다. 분명 지난 시간에 열심히 수업을 들어 다 이해했다고 생각했는데 왜 생각이 안 나는지 답답하다.

충실이만의 이야기는 아니다. 누구나 이런 경험을 해본 적이 있을 것이다. 천재가 아닌 이상 누구든 처음 배운 것을 한 번에 완벽히 자기 것으로 만들기란 불가능하다. 마치 소가 되새김질을 하여 질긴 풀을 완벽히 소화하듯이, 우리도 공부를 할 때 처음 배우는 것은 복습을 통해 완벽히 자신의 것으로 만들어야 한다.

복습이라고 해서 거창하게 생각할 필요는 없다. 그날 수업 시간에 배운 범위의 교과서와 필기를 다시 읽어보고 이해가 안 되었던 부분을 찾아보는 것만으로도 충분하다. 여기서 중요한 것은 '그날'이다. 바로 그날그날 복습을 해야 효과가 있다. 수업이 끝나면 100퍼센트가 머릿속에 들어 있지만 하루가 지나면 50퍼센트를 잊어먹는다. 하루가 더 지나면 남아 있던 기억의 50퍼센트가 또 날아간다. 이처럼 시간이 지날수록 머릿속에 남아 있던 내용이 사라지므로, 시간이 오래 지나면 배웠던 내용도 기억이 나지 않아 다시 보았을 때 복습을 하는 것이 아니라 처음 공부하는 느낌이 든다. 그러니 공부를 잘하고 싶다면 그날그날 꼭 복습을 하도록 하자.

"그렇군요. 복습이 중요하군요. 그렇다면 예습은 하지 말까요?"

이러한 질문이 나올 법도 한데, 나는 예습보다 복습을 강조했지 예습을 하지 말라고는 하지 않았다. 복습은 수업을 듣고 나서 항상 해야 하는 것이지만, 예습은 절대적으로 항상 해야 되는 것은 아니다. 필요할 때만 하면 된다. 사실 사교육이 지금처럼 발달하지 않아 학교 수업에만 의존했을 때는 '예습과 복습' 모두를 충실히 해야 했다. 하지만 지금은 대부분 학원에서 조금씩이라도 선행 학습을 한다. 일종의 예습을 학원에서 하는 셈이다. 따라서 예전만큼 예습의 중요성이 크지 않다.

하지만 모든 과목을 학원에서 배울 수 있는 것이 아니고, 우리 형제처럼 집안 형편이 좋지 않아 전적으로 학교 수업에 의존해 공부해야 한다면 꼭 예습을 해야 한다. 또한 어려운 내용을 공부할 때도 예습은 필수이다.

예습도 절대 거창한 것이 아니다. 대부분 처음 내용을 배울 때는 새로운 용어와 개념 때문에 수업을 쫓아가지 못하는 경우가 많은데, 이때는 교과서를 펴고 다음 시간에 배울 내용을 제목과 중요 단어 중심으로 보도록 한다. 이렇게 하는 것만으로도 수업을 따라가는 데 전혀 무리가 없다.

고등학교 때 가장 어려웠던 과학 과목은 지구과학 중에서 특히 천체 부분이었다. 너무나도 생소한 단어와 개념이 등장하여 첫 수업 시간에 도저히 따라갈 수가 없어 멍한 상태로 시간을 보내야 했다. 이래서는 안 되겠다는 생각에 다음 시간에는 새로운 용어와 개념을 한 번 읽어보고 수업에 들어갔다. 결과는 "역시 현준이는 다른데? 이걸 다 이해하고 있구나"라는 칭찬을 받았다. 그때 나는 속으로 말했다. '30분 정도 예습만 했을 뿐인데'라고. 간단한 예습이 낳은 큰 효과였다.

복습은 항상 그날그날 하고 예습은 필요할 때만 간단히 하도록 하자. 학년이 올라갈수록 배워야 할 과목이 많으므로 이것만 열심히 하기에도 시간이 모자랄 것이다.

최고가 되려면
모든 과목에 승부를 걸어라

아마 지금 중·고등학생들은 잘 모를 것이다. 내가 중·고등학교를 다녔던 10여 년 전, HOT와 함께 청소년들의 마음을 뒤흔들었던 '젝스키스'라는 인기 절정의 그룹이 있었다. 젝스키스 노래 중 "국, 영, 수, 과를 우선으로 해야 일류 대학으로 간다"라는 가사가 있었다. 교육 시스템의 문제를 비판하는 내용으로 치열한 입시 경쟁에 신음하던 많은 학생의 전폭적인 호응을 끌어냈던 노래이다.

내 경험상 이 가사는 잘못되었다고 생각한다. 내가 아는 한 일류 대학을 간 친구들 중에서 국어, 영어, 수학, 과학에만 집중했던 친구는 하나도 없다.

전교에서 1등을 하는 친구의 성적을 살펴보자. 소위 주요 과목이라 불리는 국어, 영어, 수학, 과학은 물론 사회, 국사, 도덕, 윤리 등의 암기 과목, 심지어는 예체능까지 못하는 과목이 없다. 당연하다. 국어, 영어, 수학, 과학 등은 모든 학생이 열심히 공부하는 주요 과목이어서 100점을 받는 학생 또한 많다. 하지만 기술가정, 도덕, 국사, 사회 등은 어떤가? 100점을 받는 학생들의 비율이 현저히 떨어진다. 전교 1등과 10등은 주요 과목이 아닌 암기 과목에서 결정 난다는 것을 알 수 있다.

"저는 전교 1등은 바라지도 않아요. 반에서 1, 2등만 했으면 좋겠어요."

"저는 일류 대학은 꿈도 꾸지 않아요. 서울에 있는 4년제 대학만 가도 춤을 추겠어요."

모든 과목을 다 잘해야 한다고 말하면 이렇게 반발하는 학생들이 있을 것이다. 사실 서울대를 제외하면 전 과목의 내신 점수를 반영하는 대학교는 거의 없다. 대학의 특성에 따라 중요하게 보는 내신 과목이 다르기 때문에 모든 과목을 다 잘해야 한다는 말에 고개를 갸우뚱할 수 있다.

하지만 목표는 항상 최고로 잡아야 한다. 시험 성적은 100점을 목표로, 전교 1등을 목표로, 대학은 일류 대학을 목표로 공부하는 것이 바람직하다. 그래야 자신이 갖고 있는 모든 능력과 시간을 투자해서 그 목표의 절반이라도 이룰 수 있다. 목표가 수도권의 4년제 대학이라면 그 수준에 맞추어 공부하려 들 것이고, 그렇게 공부해서는 목표를 이루기 어렵다.

시험 성적 확실히 올려주는 쌍둥이 형제의 3step 학습법

호랑이를 그리겠다고 마음먹고 열심히 노력해야 겨우 호랑이 비슷한 고양이라도 그릴 수 있는 것이 현실이다. 그러니 설령 서울에 있는 4년제 대학을 꿈꾸더라도 목표는 일류 대학으로 잡아야 한다. 그래야 비록 일류 대학은 가지 못하더라도 원래 꿈꾸었던 서울 내에 있는 4년제 대학이라도 갈 수 있다.

또 한 가지. 국어, 영어, 수학, 과학 주요 과목만 하기에도 벅찬데, 어떻게 모든 과목을 다 잘할 수 있느냐고 지레 걱정하지 말기 바란다. 생각보다 시간이 많이 걸리지 않는다. 평소 수업 시간에 졸지 말고 두 눈을 초롱초롱 빛내며 공부하고, 그날 배운 것을 한 번 훑어보기만 해도 된다. 그리고 시험 기간에 3step 학습법에 따라 공부하면 얼마든지 원하는 점수를 받을 수 있다.

한 우물 파듯이
문제집을 풀어라

　　새 학기가 되면 대부분 새로운 마음으로 공부할 계획을 세운다. 공부를 하겠다고 마음먹고 제일 먼저 하는 일은 아마도 새로운 자습서나 문제집을 사는 일일 것이다.

　　'새 학기가 되었으니 자습서를 사야지. 음, 요즘은 OOO에서 나오는 OOO가 유행이라네. 이거 하나 사고, 두산에서도 하나 나왔네. 이것도 사야지. 최소한 이 정도는 사두어야겠지?'

　　공부를 많이 하겠다는 의욕이 앞서 욕심나는 대로 참고서를 사다 보면 어느새 책장이 꼭 찬다. 여기서 그치면 그나마 다행이다. 문제집을 다 풀기도 전에 또 다른 문제집을 사고 싶은 충동이 일어난다.

　　'아! 나는 화학이 너무 어려워. 한 권 더 사서 풀어보아야겠어.'

'이 문제집은 별로야. 나한테 안 맞는 것 같아. 친구들이 많이 보는 ○○○에서 나온 문제집을 사야겠다.'

이런저런 이유로 참고서를 사다 보면 어느 순간 참고서들이 책장을 넘어 여기저기 쌓이게 되는 것을 발견할 수 있다.

'왜 이렇게 내 방에 책이 많지?'

깜짝 놀라며 책을 들춰보면 거의 본 흔적이 없다. 앞부분만 새까맣고 뒷부분은 방금 인쇄한 듯 깨끗하다. '아뿔싸!' 하고 반성하며 그때부터라도 책을 보면 그나마 괜찮은 축에 속한다. 대부분의 학생이 아무런 양심의 가책 없이 그대로 폐품 수거함에 참고서를 보내고 깨끗하게 잊어버린다.

우물을 팔 때는 한 우물을 파야 물을 얻을 가능성이 크다. 우물을 파다 물이 안 나온다고 자리를 옮겨 또 다른 우물을 파는 방식으로는 물을 얻기 어렵다. 마찬가지로 참고서를 많이 사서 옆에 두는 것만으로는 결코 공부를 잘할 수 없다. 여러 참고서를 어설프게 보는 것보다는 하나라도 확실히 보는 편이 효과적이다. 문제집을 한 권 사면 그 문제집에 실린 내용을 모두 완벽하게 내 것으로 만들 때까지 보고 또 보아야 한다. 적어도 내가 보았던 문제집에 실린 내용과 문제를 남에게 완벽하게 설명하고 가르칠 수 있어야 어디 가서 "저는 이 문제집 봤어요"라고 당당하게 말할 수 있지 않을까?

문제집뿐이 아니다. 학원을 선택할 때도 마찬가지이다. 고등학교에 올라가면 수능을 준비하면서 유명한 강사를 따라다니며 이 학원 저 학원을 옮겨 다니는 학생이 있는데, 그런 학생일수록 오히려 수능 점수가 낮은 경우가 많다. 학원을 여기저기 옮겨 다니느라 오히려 공부할 시간을 빼앗기고 쉬 피로해져 정작 수업을 잘 듣지 못하기 때문이다.

사실 한 우물만 파는 것은 쉽지 않다. 오랜 시간 열심히 땅을 파도 물길이 보일 기미가 없으면 오만 가지 잡생각이 머릿속을 어지럽힌다. '과연 물이 있기는 하는 걸까? 괜히 헛고생만 하는 거 아냐? 지금이라도 빨리 다른 곳을 파는 게 빠르지 않을까?' 등 불길한 생각이 꼬리에 꼬리를 문다.

하지만 한 우물을 파야 물을 만날 확률도 높고, 시간도 절약할 수 있다. 문제집도 한 우물을 파듯 풀어야 한다. 한 권의 문제집을 완벽히 소화한 다음 다른 문제집을 사서 풀도록 하자.

시험 성적 확실히 올려주는 쌍둥이 형제의 3step 학습법

구체적인 목표가
공부를 춤추게 한다

학생들은 하루에도 몇 번씩 '공부해라', '공부 열심히 해야 한다'는 말을 들으면서 산다. 너무 많이 들으니 '그깟 공부가 뭔데, 사방에서 공부하라는 소리를 하는 거야'라며 반발하는 학생도 많다.

왜 공부를 해야 할까? 공부를 잘하고 싶다면 그 이유를 스스로 찾아야 한다. 공부는 인내를 먹고 산다. 따라서 공부를 해야 할 분명한 이유가 없으면 아무리 공부하겠다고 마음을 굳게 먹어도 금방 지칠 수밖에 없다.

공부를 해야 하는 이유는 여러 가지가 있겠지만, 결국 그 모든 이유는 자신의 꿈과 연결되어 있다. 꿈은 곧 목표이다. 막연한 꿈, 즉 명

확하지 않은 목표는 힘이 없다. 예를 들어 '나중에 커서 훌륭한 사람이 되겠다'는 목표는 너무 추상적이어서 어디서부터 어떻게 시작해야 그 목표를 이룰 수 있는지 알기가 어렵다. 따라서 목표는 구체적일수록 좋다.

고등학교 국어선생님이셨던 김상호 선생님의 권유로 고등학교 때부터 대학교 때까지 일기를 썼다. 주로 크고 작은 목표와 그 목표를 이루기 위한 다짐을 적었는데, 지금 읽어보면 얼추 비슷하게 목표를 이루었다는 생각이 든다. 매일 일기를 쓰면서 목표를 확인하고, 무엇을 할 것인지, 어떻게 살 것인지를 다짐한 덕분이 아닐까 싶다.

대학교에 들어가 첫 학기를 보내며 선배들과 많은 이야기를 나눴다. 그 중에 같은 고등학교 선배와 대학생활에 대해 이야기를 나누면서 앞으로 대학생활을 어떻게 보내야 할지 일기 형식으로 나름 정리해놓은 것이 있다. 부끄럽지만 그때의 다짐 한 토막을 그대로 옮겨보았다.

김용석 선배님께 들은 이야기를 꼭 기억해라.
이거 볼 때마다 새로운 각오를 가지고 꿈을 잊지 말도록 하자.
기억해둬라. 평범한 삶은 평범한 사람이 사는 것.

내 대학생활을 성공으로 이끌기 위해,
<u>첫째,</u> 숙제는 내 힘으로. 이건 꼭 필수!

둘째, 동아리 활동은 너무 많이 하지 말 것. 해동검도 정도는 정해진 시간이 있으니깐 괜찮다고 한다.

셋째, 새벽 3시 정도에 자서 7시 30분에 일어나는 것을 목표로. 하루에 3~4시간만 공부해도 성공한다.

넷째, 술 많이 먹지 말 것

다섯째, 여름방학 때는 이대나 숙대에서 보내기. 교환학생으로 학점 딸 것. 서울에서 놀면서 다른 대학을 경험하는 것은 아주 좋다.

여섯째, 학교 게시판 자주 보고 다닐 것. 대학생이 되었으면 자신이 자신을 챙겨야 한다.

대학교에 입학할 당시만 하더라도 나는 우리나라 최고의 생물학도가 되는 것을 꿈꾸었다. 그렇기 때문에 미국의 과학영재 대학이라 불리는 칼텍으로 유학을 가는 것이 목표였다. 그 목표를 이루기 위한 다짐을 적어놓은 것도 있다. 다짐을 적을 때는 일어날 수 있는 경우의 수를 모두 적어서 각 경우마다 해야 할 일을 생각해놓으면 더욱 좋다. 나는 유학을 갈 경우와 국내에 머무를 경우 해야 할 일을 생각해보았다.

내 꿈은 최고의 생물학도! 그 꿈을 이루기 위해

<u>첫째.</u> 유학 코스

유학을 가려면 일단 평점은 3.8~3.9 이상. 이 정도의 학점을
받기는 힘들다. 각오해라.

─평점보다 자신의 이름이 들어간 페이퍼(논문)가 있으면 외국
에서 모셔간다. 물론 어느 학술지에 실렸냐가 중요하지만 열심
히 해서 전공을 선택하면 랩실에 들어간다. 가서 끝까지 남는
다. 그리고 내 이름을 페이퍼에 넣는다. 그럼 유학 갈 때 거의
성공.

─TOEFL 600 이상과 GRE(미국 대학원 입학 자격 시험)는 기
본. 영어 공부 무지 해야 함.

★ 가장 이상적인 코스

나는 나이가 어리다. 기껏해야 지금 만 16세. 이 어린 나이를
이용해서 학사 마치고 유학을 떠난다. 한 학기에 20학점만 들
으면 조기 졸업할 수 있다. 3년 반 정도 걸릴 것이다. 나머지
기간을 이용해서 유학 준비를 마친다. 유학 준비가 다 됐으면
미국으로 건너가 박사를 따고 국내에 돌아와야 한다.(법적으로
군대를 연기할 수 있는 나이가 27세던가?) 돌아와서 포닥(Post
Doctor : 박사 학위 취득 연구자)을 하면서 병역특례를 받는다.
공부 무지 해야 한다.

★ 카투사를 가는 코스

카투사는 3학년 7~8월에 지원한다. 그러면 그 전에 토익 점수를 따놔야 한다. 카투사 가기 전에 졸업 준비 완료. 제대 후 졸업하고 유학 떠나기. (이대로만 되면 좋지.)
카투사를 못 가면 공군을 가라. 가서 공부해도 된다.

둘째, 국내에 머무르는 케이스
어느 정도 학점만 유지. B+ 이상이면 원하는 거 어느 정도 다 할 수 있다.
취직 걱정은 하지 말고 열심히 해라. 취직 다 된다.

1학년이면 아직 무한한 가능성이 있다. 선배는 걱정 말고 재미있게 지내라고도 한다. 그러나 재수강 듣지 않도록 B+ 이상의 학점을 유지하면서. 운동 열심히 하고.
오늘 이야기, 명심해 두자!

목표가 구체적이면 무엇을 해야 할지도 그만큼 쉽게 보인다. 그러니 지금부터라도 꿈을 잘게 쪼개는 연습을 하자. 그래야 꿈을 이룰 수 있을 테니까……

선행 학습 어떻게 하면 좋을까?

공부하는 습관, 집중력, 자세까지 모든 것을 갖추었다면 이젠 성과를 기대하는 일이 남아 있다. 처음에는 내신을 따라가기도 벅찼지만 이제 어느 정도 내신이 나온다면 좀 더 앞서 가보는 것도 나쁘지 않다. 바로 '선행 학습'으로 말이다.

선행 학습을 어디까지 하느냐는 학생에 따라 차이가 많이 난다. 우리 형제는 초등학교 때 선행 학습이라고는 방학 때 어머니께서 다음 학기 수학 문제집을 사다주면 둘이 앉아 쉬엄쉬엄 풀던 것이 전부였다. 선행 학습이라고 말하기도 민망한 수준이지만 이 정도만으로도 충분히 다음 학기를 준비할 수 있었다.

하지만 특목고 가기를 원하거나 각종 경시대회에서 입상하려면 좀 더 본격적인 선행 학습이 필요하다. 설령 열심히 선행 학습을 했는데도 특목고를 못 가거나 경시대회에서 떨어졌더라도 괜찮다. 앞서 공부했던 내용은 이후 공부를 하는 데 큰 도움이 되기 때문이다.

선행 학습을 한다는 것은 기본적으로 비포장도로를 달리는 것과 같다. 반면 해당 학년이 되어 선행 학습한 내용을 다시 공부하는 것은 잘 닦아놓은 고속도로를 달리는 것에 비유할 수 있다. 그만큼 선행 학습을 하기란 쉽지 않고, 했다 하더라도 그것만으로는 완전하지 않다는 얘기다.

선행 학습에 대한 논란은 끝이 없다. 과연 선행 학습이 꼭 필요한가에 대한 논쟁부터 한다면 어디까지 하는 것이 좋은가까지 말이 많다. 사실 정답은 없다. 상황에 따라, 개개인의 특성에 따라 답이 다 달라지기 때문이다. 하지만 개인적인 경험을 바탕으로 선행 학습이 언제 필요하고, 어떻게 하는 것이 가장 효과적인지 정리해보았다.

〉〉 언제부터 시작해야 할까?

요즘엔 대부분의 학생이 선행 학습을 하는 것 같다. 중·고등학생은 말할 것도 없고 초등학생들도 일찌감치 선행 학습을 하는 경우가 많다. 서울은 특히 더 그렇다. 선행 학습을 위한 커뮤니티가 형성되어 있을 정도로 선행 학습은 선택이 아닌 필수 사항이 되어버린 지 오래다.

카이스트에 입학하고 지금까지 다양한 지역에서 다양한 아이들을 가르쳐보았는데, 서울에서 학원이나 사교육이 많이 발달한 지역은 크게 대치동, 목동, 중계동 이렇게 세 군데이다. 각 지역은 비슷하면서도 많이 다르다. 예를 들어 대치동은 과목별로 전문 사교육 기관이 발달해 있고, 중계동은 과목별이 아닌 전 과목을 가르치는 종합학원이 발달해 있는 편이다. 이들 지역은 학부모들 사이에서 커뮤니티가 발달되어 있어 비슷한 수준의 아이를 가진 부모들끼리 활발하게 정보를 교류하기도 한다.

초등학교는 주로 영재원 입학을 위한 선행 학습과 이를 바탕으로 학부모들 사이에서 커뮤니티가 형성된다. 중학교에서는 영재원 학생들과 경시대회 준비를 목적으로 한 커뮤니티가 형성되곤 한다. 고등학교에서는 중학생과 마찬가지로 대학의 가산점을 목적으로 한 경시대회 준비 커뮤니티가 생긴다. 영재원을 준비하는 초등학교 6학년이라면 수학은 공통수학을 배우고 있거나 마무리하는 단계이고, 과학은 고등학교 수준의 과학 문제집 《하이탑》을 배우고 있는 학생이 대부분이다. 이것이 서울의 선행 학습 현 상황이다. 이미 어렸을 때부터 치밀하게 선행 학습을 하고 있는 것이다.

이쯤 되면 경악할 부모님이나 학생이 많을 것으로 안다.

'우리 아이는 너무 늦었나 봐. 이 일을 어쩌지?'

'난 너무 늦은 거 아니야? 이제 시작해도 괜찮을까?'

하지만 걱정할 필요는 전혀 없다. 물론 일찍 시작한 학생과 늦게 시작한 학생은 당연히 차이가 난다. 그렇지만 나를 포함하여 학생들을 가르치는 선생님들이 보기에는 도토리 키 재기 수준이다. 선행 학습을 한 아이와 하지 않은 아이가 별반 차이가 나지 않는다는 얘기다.

다만 학생이 공부할 자세를 갖추었느냐는 매우 중요하다. 공부하겠다는 마음과 자세만 있다면 늦게 선행 학습을 시작해도 얼마든지 따라잡을 수 있다. 결코 늦지 않았으니 걱정하지 않아도 된다.

또한 이미 선행 학습을 하고 있다고 해도 안심하는 것도 금물이다. '우리 아이는 이미 준비를 하고 있으니 다행인걸' 혹은 '후후, 나는 이미 앞서 나가 있어'라고 생각하며 안심하는 부모와 학생들이 있다면 큰코다친다. 선행 학습을 했다는 것과 내용을 확실히 이해하고 있다는 것은 전혀 다르기 때문이다.

선행 학습이 필요한 시기는 딱히 정해져 있지 않다. 필요한 시기보다는 적정 시기가 존재한다. 바로 학생이 현재 배우는 것에 만족하지 못할 때 선행 학습을 시작하면 된다. '이젠 초등학교 고학년도 되었으니깐 슬슬 준비해야겠다'라는 생각이 아니라, '지금 배우는 것보다 더 많이 배우고 싶다'라는 생각이 들 때가 선행 학습을 시작할 적기이다.

〉〉 어떤 학생이 선행 학습을 하면 좋을까?

'우리 아이는 참 똑똑해. 내일부터 당장 경시대회 준비에 들어가야겠어'라고 생각하며 아이들의 손을 잡고 학원에 와서 경시대회 준비반에 등록하거나 과외 선생님을 구하는 부모가 가끔 있다. 부모의 생각만으로 선행 학습을 하는 아이만큼 불쌍한 아이도 없다. 자신의 의지와는 관계없이 부모의 뜻에 따라 앞으로만 나아가는 아이들은 선행 학습 효과를 제대로 보기 어렵다.

그렇다면 어떤 아이들에게 선행 학습이 도움이 될까? 사실 현재 배우는 학습 단계보다 훨씬 높은 과정을 미리 배우려면 어느 정도 머리가 따라주어야 한다. 같은 것을 설명했을 때 어떤 아이들은 바로 내용을 이해하고, 어떤 아이들은 몇 번을 되풀이해서 설명해도 알아듣지 못하는 경우가 있다. 머리가 좋지 않아 이해를 잘 못하는데 현재보다 몇 단계 높은 과정을 선행 학습한다는 것은 무리이기 때문이다.

하지만 선행 학습과 경시대회 준비를 많이 지도해본 선생님 입장에서 보면 머리는 그리 중요하지 않다. 물론 머리가 좋으면 그만큼 유리하겠지만, 머리보다는 공부하는 데 얼마나 시간을 많이 할애하느냐에 따라 승패가 결정된다.

선행 학습으로 우리 아이가 다른 아이들보다 조금 높은 과정을 앞서 알고 있다는 것이 다른 아이보다 머리가 좋다는 증거는 아니다. 아주 뛰어난 천재가 아니라면 학생들 아이큐는 다 고만고만하다. 머리는 좋지만 단지 기회가 없어서 실력 발휘를 하지 못하는 아이도 많다.

"우리 아이 잘되게 하려고 부모가 신경 써야 하는 건 당연한 것 아닌가요?"

"능력이 되면 그 능력을 발휘할 수 있게 부모가 이끌어주어야죠!"

100퍼센트 옳으신 말씀이다. 하지만 과연 아이들도 그렇게 생각하느냐가 중요하다. 지금 선행 학습을 하는 아이들이 자신이 원해서 하는 것인지, 선행 학습을 즐기면서 하는 것인지 아니면 억지로 하고 있는지가 중요하다.

대부분의 아이가 단지 영재원에 입학하기 위해, 경시대회에 수상하기 위해 단기적으로 선행 학습을 한다. 선행 학습을 하는 목적은 상을 받는 데 있지 않다. '가능성'이 있는 아이들에게 더 많은 기회를 주어 더 높은 학업에 정진하도록 하는 것이 목적이다. 경시대회 수상과 영재원 입학은 단지 그 과정에서 나타나는 부수적인 결과이다.

무턱대고 선행 학습을 진행하기에 앞서 목표를 분명히 정해야 한다. 중간 중간에 단기 목적으로 경시대회 수상을 잡을 수도 있지만, 장기적인 목표는 아이가 원하는 공부를 더욱 깊이 있게 하는 데 두어야 한다. 물론 이 모든 것은 아이가 스스로 원할 때에 한해서이다.

머리가 좋다고 공부를 잘하는 것은 절대 아니다. 또한 좋은 머리로 꼭 공부를 해야 하는 것도 절대 아니다. 공부가 아니더라도 아이들이 절실하게 원하는 것을 해보는 것은 아주 좋은 경험이라 생각한다.

가장 중요한 것은 아이들의 '의지'이다. 스스로의 의지 없이 부모의 등쌀에 떠밀려 앞으로 나아가는 아이들은 처음에는 잘 따라가는 것 같다가도 결국 길을 잃고 방황하기 마련이다. 왜 경시대회를 준비해야 하는지, 왜 특목고에 들어가야 하는지 자기만의 동기가 없으니 고민만 깊어지고, 갈등하느라 공부에 집중도 할 수 없다.

결국 선행 학습은 스스로 공부하겠다는 의지를 갖고 있는 학생들만이 하는 것이 좋다. 분명한 목표가 있고, 하겠다는 의지가 있는 학생이라면 선행 학습으로 날개를 달 수 있을 것이다.

〉〉 수학 선행 학습은 이렇게

학생들이 가장 많이 선행 학습을 하는 과목 중 하나가 수학이다. 수학은 단기간에 실력을 쌓을 수 없고, 한 단계 한 단계 착실하게 밟지 않으면 다음 단계로 넘어가기가 어렵다. 그래서 선행 학습을 많이 하지 않는 학생들도 수학만큼은 선행 학습을 하는 경우가 많다.

수학 선행 학습을 할 때는 몇 가지 주의해야 할 점이 있다. 수학이라고 하면 지레 겁부터 먹는 학생이 많은데, 다음에 소개하는 방법을 활용하면 조금은 재미있게, 덜 부담스럽게 선행 학습을 할 수 있을 것이다.

1. 필요한 부분만 골라서 배우기

학생이 수학에 흥미가 많고 현재 배우는 과정을 너무 쉽게 이해한다면 좀 더 진도를 나가는 것도 나쁘지 않다. 초등학생이라면 초등학교 과정부터 공부하여 끝내는 것이 중요하다. 초등학교 때 배우는 것은 곧 중학교와 이어지기 때문이다. 그래서 초등학생이라도 중학교, 고등학교 과정까지 가르쳐본 선생님께 선행 학습을 받는 것이 좋다. 각 학교 과정은 서로 유기적으로 긴밀히 연결되어 있으므로 수학 과정의 전체적인 흐름을 꿰뚫고 있는 선생님이어야 효과적으로 수학을 가르칠 수 있다.

고지식하게 처음부터 끝까지 모든 과정을 배우기보다는 필요한 부분만 우선적으로 공부하는 것도 중요하다. 초등학생은 초등학교 과정부터 끝내되 중학교 과정과 연계하여 공부해야 한다. 어차피 나중에 배우는 부분이기도 하고 중학교 과정과 연결하여 배우면 훨씬 이해하기가 수월하고 진도도 빨리 나갈 수 있다.

예를 들어 초등학교 때 나오는 '모르는 수 구하기'는 중학교로 넘어가면 그대로 일차방정식과 연결된다. 초등학교 식으로 □, △, ☆ 등을 모르는 수, 미지수로 놓고 푸는 것보다 처음부터 나중을 위하여 x, y, z 등으로 배우는 것이 훨씬 득이 된다.

중학교 과정은 무조건 7-가, 8-가, 9-가부터 우선적으로 공부하고 그 다음이 9-나에 나오는 통계와 삼각함수 및 피타고라스 정리를 공부하면 좋다. '가' 파트는 공통수학(수학 10)과 연결되고 앞으로 지속적으로 내용이 연관되지만, '나' 파트는 대부분이 기하학 파트로 고등학교 때 크게 다루지 않는다.

물론 경시대회나 구술 면접에는 다양하고 복잡한 기하학 문제가 등장하여 학생들의 실력을 시험해보는 경우가 많은데, 그럼에도 우선적으로 공부할 부분은 대수 부분인 '가' 파트이다. 중학교 과정을 진행할 때는 공통수학과 함께 공부하는 것이 좋다. '가' 부분이 공통수학과 그대로 연결되기 때문이다. 다음의 표는 각 학년별로 수학의 목차를 정리한 것이다. 중학교 수학이 고등학교 수학으로 바로 연결되고 있음을 보여준다.

시험 성적 확실히 올려주는 쌍둥이 형제의 3step 학습법

2. 풀지도 않을 어려운 문제집은 사지도 말자

중학교 때 나는 수학을 잘하고 싶어 '어려운 문제집을 사서 꼭 풀어야지'라고 생각하여 《에이급 수학》이라는 문제집을 산 적이 있다. 그 방대한 양과 고난이도 문제는 마치 나를 위해 만들어진 것 같아 신들린 듯이 한 문제도 빠짐없이 술술 풀어나갔다. 자습시간이고 쉬는 시간이고 가리지 않고 밤낮으로 문제를 푼 덕분에 수학 경시대회에서 원하는 상을 수상할 수 있었다.

미안하다! 거짓말이다! 그랬다면 얼마나 좋을까 하는 마음으로 상상한 이야기일 뿐이다. 그 문제집은 앞의 서너 페이지만 풀고 그대로 책장에 '쳐박아' 두었다. 아마 폐품 수거함에 들어가지 않았을까 싶다. 이유 없이 복잡하고 그 방대한 양에 압도당해 버렸던 것이다.

초등학교와 중학교 수학을 공부하다 보면 '이젠 기본을 배웠으니 어려운 문제 좀 풀어봐야겠다'라는 생각으로 시중의 어려운 문제집을 구해서 공부하는 경우가 있다. 절대 그러지 말기를 바란다. 시간과 돈만 낭비하는 일이다.

수학은 크게 숫자를 가지고 공부하는 대수 파트와 도형을 가지고 공부하는 기하 파트로 나눌 수 있다. 대부분의 대수 파트 문제는 어렵다고 해도 나중에 다 배우는 것을 미리 앞서 풀어보게 하는 것뿐이다. 예를 들어 《에이급 수학》 등 기타 경시대회를 준비하는 수학 문제집을 보면 수가 일정한 법칙을 가지고 나열되는 문제가 꼭 나온다. 중학생 시절 학교 대표로 나가 서울시 수학경시대회 문제를 풀었던 기억이 난다. 그림이 주어지고 좌표평면의 한 점이 마치 소용돌이처럼 일정하게 움직여 한 점으로 향하여 가게 되는데, 향하는 최종적인 점의 위치를 구하는 문제였다. 물론 선행 학습을 전혀 하지 않았던 나는 문제가 너무나 당황스러워서 손도 대지 못하였다.

하지만 1년 뒤, 과학고에 진학하여 수학1을 배우면서 그 문제가 수학1에 나오는 수열의 무한 등비급수 문제와 숫자만 다르고 매우 유사하다는 사실을 알았다. 등비급수의 개념을 조금이라도 알고 있었더라면 풀어냈을 법도 한 문제였다.

대수 파트에서 대부분의 경시대회 문제, 예상문제 또는 심화학습이라는 것은 앞으로 배울 내용을 소개하는 것과 다를 바가 없다. 괜히 어려운 문제와 방대한 양을 가지고 끙끙대기보다는 그 시간에 진도를 나가는 편이 훨씬 효율적이다.

하지만 기하 파트는 이야기가 다르다. 기하 파트는 초등학교와 중학교 이후로 크게 다루지 않기 때문이다. 그리고 기하 파트의 난이도는 현재 학생을 가르치는 나조차도 난감할 정도로 높은 경우가 많다. 문제가 어렵다기보다는 꽈배기 꼬듯이 엄청나게 꼬아서 내기 때문에 생각을 많이 해야 풀 수 있는 문제가 많다. 기하 파트는 초·중·고등학교 때만 배울 기회가 있기 때문에 이 시기에 어려운 문제를 풀어 사고 능력을 키우는 것도 좋다.

> ■ 현재 추천하는 커리큘럼
>
> 수학 진도 커리큘럼 : 《쎈 수학》 또는 《왕수학》, 《개념원리 중학수학》 → 7-가, 8-가, 9-가/9-나 → 《수학의 정석》 시리즈
>
> 수학 경시대회 커리큘럼 : 위 진도를 바탕으로 경시대회 준비
>
> 초등학교 : 《라인업》 초등학교 시리즈
>
> 중학교 : 수학 《올림피아드로 가는 지름길》 / 《하이레벨》 또는 《에이급 수학》 (고난이도 교과과정 문제)
>
> 고등학교 : 경시대회 기출 및 예상 문제집

>> 과학 선행 학습은 이렇게

과학은 차곡차곡 기초를 쌓으면서 올라가지 않으면 학년이 올라갈수록 어려운 과목이다. 과학을 효과적으로 선행 학습하려면 요령이 필요하다. 또한 물리, 화학, 생물, 지구과학 등 세부 과목에 따라 조금씩 특징이 다르므로 이를 이해하면 훨씬 더 수월하게 공부를 할 수 있을 것이다.

1. 실험과 이론을 바탕으로 공부하는 것이 최고

과학은 수학과 다르게 초등학교 1학년부터 고등학교까지 모든 내용이 유기적으로 연결되어 있다. 초등학교 과정이 중학교 과정에 그대로 나오고 중학교 과정이 고등학교 과정에 그대로 나온다. 더 나아가 대학교에서 배우는 일반 물리, 화학, 생물은 고등학교 과정에서 배운 내용과 아주 유사하다. 따라서 선행 학습을 하는 데 있어서 과학은 수학과 달리 차근차근 과정을 밟아가는 것이 좋다. 하지만 초등학생

때부터 무턱대고 진도를 나간다면 과학을 좋아하던 아이들도 흥미를 잃기 쉬우니 주의해야 한다.

초등학교 때는 과학관을 방문하는 등 체험학습과《과학동아》같은 과학 잡지나 과학 관련 책을 보면서 흥미를 느끼고 다양한 과학적 지식을 쌓도록 한다. 이러한 흥미를 과학 실험을 통해 과학 공부에 대한 열정으로 승화시킨다. 생물은 집에서 관찰하는 등의 실험이 가능하지만 물리나 화학은 어렵기 때문에 과학 학원을 다니는 것도 고려해볼 만하다. 요즘 과학 전문 학원은 실험실도 갖추고 있으므로 중학교 수준의 실험을 다 해볼 수 있다.

초등학교 때 과학을 선행 학습했다면 과학 영재원에 입학하여 과학 공부를 하는 다양한 아이들을 만나보고 정보 교류를 하는 것도 좋다. 이때 만난 친구들이 결국에는 비슷한 고등학교와 대학교에 가기 때문에 나중에 다시 만나게 된다. 또한 사회에 진출해서도 비슷한 수준의 교육과정을 밟은 친구들이 서로 자연스럽게 인적 네트워크를 형성하는 경우가 많다.

친구들과 정보 교류를 하는 것도 좋지만 친구로서 잘 지내는 것도 매우 중요하다. '공부보다 친구가 중요하다'는 점을 명심하자. 공부를 잘하는 학생일수록, 우수한 인재들이 모이는 집단일수록 친구 관계를 소홀히 하는 경우가 많기 때문이다. 특히 어릴 때는 말이다. 가끔 어린 나이임에도 불구하고 친구들과 선의의 경쟁이 아닌 질투심으로 친구를 괴롭히거나 정의롭지 못한 행동을 하는 아이들을 본다. 하지만 그런 행동은 꼭 부메랑처럼 다시 돌아온다는 점을 명심하자.

2. 경시대회를 준비하면서 이론 중심 선행 학습을

초등학교 때 실험과 체험학습 위주로 흥미를 키웠다면 중학교 때는 본격적인 과학 이론을 공부할 필요가 있다. 초등학교 때 주로 중학교 과학까지 마치고 좀 더 진도를 나간다면 공통과학까지 나갈 수 있다.

중학교 때는 진도를 계속 이어나가 경시대회를 준비하면서 자신의 실력을 체크해보도록 한다. 각종 경시대회에서 입상하면 특목고를 갈 때 많은 가산점을 얻을 수 있어 유리하다.

선행 학습을 하였다면 특목고에 가는 것이 좋다. 과학 선행 학습을 열심히 했는데 인문계에 가면 100퍼센트 활용할 수 없기 때문이다. 또한 요즘은 대부분의 학생이 경시대회를 준비하고 경시대회 출신의 학생들이 대부분 과학고에 많이 가므로, 과학고에 가고 싶다면 경시대회에 참여해 수상 경력을 쌓는 것이 좋다.

고등학교 때는 중학교 때와 마찬가지로 경시대회를 중심으로 선행 학습을 하도록 한다. 물론 경시대회는 단기적인 목적이지만, 바로 눈앞에 보이는 성과를 위주로 공부 목표를 잡고 그 성과를 통한 성취감으로 계속 공부할 수도 있기 때문이다. 그리고 최종적으로 원하는 대학에서 공부하려면 경시대회 가산점을 활용하는 것도 좋다. 포항공대와 고려대 등 대학 자체 경시대회가 있는데, 여기서 상을 받으면 가산점이 있다. 가고 싶은 대학에서 주최하는 대회에서 상을 받으면 더더욱 금상첨화이다. 또한 경시대회를 준비하면 해당 과목에 대한 자신감이 커지고 나중에도 큰 도움이 된다.

■ 현재 추천하는 커리큘럼

초등학교 과학 참고서 + 《라인업》 시리즈 → 중학교 과정 《오투》 또는 《완자》(비유와 상징) → 공통과학 《완자》(비유와 상징) → 《하이탑》 시리즈 및 문제 모음집 + 《올림피아드로 가는 지름길》 과학편
물리 : 일반 물리학 D.Halliday → 대학 물리학 Young, Hugh D.
화학 : 일반 화학 John Mcmurry → 일반 화학 Oxtoby
생물 : 일반 생물학(생명과학-개념과 현상의 이해, Campbell, Neil, A) → 일반 생물학(생명과학, Campbell, Neil, A) → 일반 생물학(생명 생물의 과학, William K. Purves)

과학은 학년별로 나누어 공부하기보다는 계속해서 꾸준히 학습해야 한다. 초등학교 과학부터 먼저 끝낸 다음 중학교 과정으로 넘어가야 하는데, 사실 초등학교 때는 참고서가 다 비슷비슷하므로 자신에게 제일 맞는 참고서를 고르면 된다. 초등학교 과정에서는 과학 관련 잡지나 독서를 통해 많은 과학적 지식을 습득해야 한다. 그 이유는 초등학교 과정의 경시대회 문제나 영재원 입시 문제들은 주로 수식적으로 푸는 문제보다는 지식의 양이나 개념을 묻는 문제가 많이 나오기 때문이다.

초등학교 과정이 끝나면 '비유와 상징'에서 나오는 《오투》나 《완자》를 보도록 한다. 초급부터 고급 문제까지 다양하게 다루고 있으며 내용 정리가 비교적 잘 되어 있는 책이다. 《오투》는 문제 중심의 수업을 받을 때 유용하고, 《완자》는 문제 풀이가 《오투》보다 자세히 나와 혼자 공부하기에 좋다. 물론 중간 중간 중학교 내신 기출 문제와 경시

대회, 영재원 입학 시험 등을 통해 자신의 실력을 체크하는 것도 중요하다. 참고로 영재원에 입학하려면 초등학생의 경우 적어도 중학교 수준의 과학 공부를 시작하고 있는 것이 좋다.

중학교 과정이 끝났다면 《완자》의 공통과학으로 고등학교 과정에 입문하도록 한다. 공통과학은 고등학교 1학년 때 배우는 과정으로 물리, 화학, 생물, 지구과학1, 2를 배우기 전 맛보기로 공부하는 샘플이라고 볼 수 있다. 기본적인 내용이지만 이후 그대로 다시 나오기 때문에 확실히 이해하고 넘어가야 한다. 가끔 조급한 마음에 이 과정을 생략하고 물리2, 화학2 등을 배우는 경우도 있으나 공통과학을 한 번쯤은 공부하여 과학의 전체적인 흐름을 파악하는 것을 추천한다.

그 다음에는 본격적으로 각 과학 과목(1 또는 2)을 《하이탑》 시리즈로 공부하면 좋다. 《하이탑》만큼 방대한 내용을 다루고 있는 참고서는 내가 알기론 없다. 특히 물리는 경시대회를 준비하는 학생이라면 꼭 보아야 할 참고서이다. 고등학교 과정으로 넘어가면 과학은 물리, 화학, 생물, 지구과학으로 분리된다. 네 과목을 모두 공부하면 좋겠지만 전부 하는 것은 시간적으로 거의 불가능에 가깝다. '선택과 집중'을 해야 한다. 선택할 때는 자신이 무엇을 좋아하는지 고려하여 선택하는 것이 좋다.

★ 과학, 어떤 과목을 선택하고 집중할 것인가

선택을 할 때는 당연히 좋아하는 과목을 우선적으로 선택해야 한다. 학생들의 선택에 대한 고민을 조금이라도 돕기 위해 과목별 특성을 정리해보았다.

● 물리

수학적 지식이 가장 필요한 과목이기도 하며, 공부해야 할 이론의 양이 둘째가라면 서러울 정도로 방대한 과목이다. 역학, 전자기, 열역학, 파동, 빛 등으로 이루어진다. 학생들이 가장 까다로워하는 부분은 역학으로, 깊은 이해와 많은 문제풀이 경험을 요구한다. 중학교 물리경시대회까지는 노력으로 되지만 고등학교 물리경시대회는 문제 난이도가 아주 높아 물리에 대한 감각이 있는 학생들이 주로 수상을 한다. 어려운 과목이지만 대학 진학 후 대부분의 자연계나 이공계 학과에서는 일반 물리학을 배우므로 물리경시를 준비하면 대학교에서도 많이 활용할 수 있다. 참고로 고등학교 과정부터는 미적분을 이용한 문제들이 등장하므로 미적분학과 병행하여 공부하면 효과적이다.

● 화학

물리와 생물의 중간적 성격을 띠며 일부 암기와 이해가 필요한 과목이다. 고등학교 화학1까지가 이해와 암기 중심이라면, 화학2부터 대학에서 배우는 일반 화학까지는 공식이 늘면서 수학적 지식과 계산 능력이 필요하다. 물리는 문제를 어렵게 내면 끝도 없이 어렵게 낼 수 있는 반면 화학은 문제가 아무리 어려워도 기본적인 내용을 충분히 깊게 이해하고 있다면 풀 수 있는 문제가 많다. 다시 말하자면 화학은 개념을 충실히 공부해야 하는 과목이다. 화학은 '화학결합, 양자역학, 유기화학, 용액, 열역학, 전기화학, 화학반응, 핵화학, 생화학' 등 다양한 주제를 다루고 있다. 이들은 얼핏 보면 절대적으로 외울 분량이 많은 것 같지만 유기적으로 긴밀한 관계를 가지고 있어 개념을 이해하면 대부분 쉽게 암기할 수 있다.

● 생물

실생활에서 가장 많이 접할 수 있는 내용이라서 쉽게 흥미를 느낄 수 있는 과목 중 하나이다. 그러나 외울 것이 너무 많다고 생각해 학생들이 꺼리는 과목이기도 하다. 생물은 화학과 성향이 가장 유사한 과목으로 화학처럼 이해를 바탕으로 외운다면 쉽게 암기할 수 있다. 경시대회에서 물리와 화학은 공식을 이용하여 다양한 문제를 푸는 능력을 테스트하는 문제가 주로 출제되는 반면(물리는 그런 문제가 99%이다), 생물은 얼마나 깊이 이해하며 그것을 응용할 수 있는지와 얼마나 많은 생물학적 지식을 가지고 있는지를 테스트하는 문제가 주로 출제된다. 생물은 '세포학, 유전학 및 유전공학, 진화학, 분류학, 생리학, 생태학' 등으로 구성되고 내용의 범위와 깊이는 끝이 없다. 따라서 생물을 잘하려면 꾸준히 생물 관련 참고서와 서적을 정독하고 다시 반복하여 공부해야 한다. 하지만 유전학과 관련돼 출제되는 문제들은 주로 계산 문제들로서 수학에 나오는 '확률과 경우의 수'를 활용해야만 쉽게 풀 수 있으므로 다양한 문제를 통해 문제 유형을 익히는 것이 중요하다.

● 지구과학

지구과학은 내용이 다양하다. 광물학부터 기상, 해양, 천문학까지 두루 내용을 포함하고 있다. 그리고 지구과학 중에서 천문학에 대해서만 시험을 보는 천문경시대회가 따로 존재한다. 천문학은 공부할수록 물리와 가까워지고 수학을 바탕으로 하므로 단지 별 보는 것을 좋아한다는 이유만으로 선택하는 것은 바람직하지 않다. 실제로 천문 경시대회는 그 수준까지 요구하지는 않기 때문에 천문경시대회로 천문학과를 간 대학생이 대학교에서 공부할 때 어려워하는 경우를 많이 보았다.

고등학교 과정의 이론을《하이탑》시리즈로 충실히 공부하였다면《하이탑》문제 모음집으로 문제를 풀어보면서 자신의 실력을 테스트하는 것도 좋겠다. 실제로 교육과정이 바뀌면서《하이탑》문제들의 경향이 개념 위주인 수능형으로 많이 바뀌었기 때문이다. 물론 개념을 이해하는 데는 많은 도움이 되지만 경시대회 수상이 목적이라면 경시대회 문제 경향과는 맞지 않으므로 《하이탑》 문제 모음집이나 기타 다른 문제집을 풀면서 경시대회를 준비해야 한다.

《하이탑》으로 충분히 고등학교 과정을 학습하였다면 대학교 교재를 이용하여 좀 더 심도 있는 공부를 하고 경시대회를 준비할 수 있다. 대학교 교과서는 대부분 고등학교 참고서와 다르게 따로 정리와 요약이 되어 있지 않으므로 처음에는 대학교 교과서로 공부하기가 어렵다. 하지만 한 번에 모든 것을 이해하려 하지 말고, 먼저 가볍게 훑어본 뒤 정독을 하면서 전체적인 흐름을 파악하고 정리해가며 내용을 공부하면 된다.

물리 관련 대학 교재로는 'Halliday'와 'Young'의 책을 추천하였는데(참고로 대학의 교재는 책 이름보다는 저자의 이름을 관용적으로 부른다), 이 두 책은 성향이 많이 다르다. 'Halliday'는 수식보다는 개념 위주로 설명한 책이다. 처음 일반 물리에 입문하는 경우 자칫 수많은 공식과 수식에 휘둘리기 쉬운데, 이 책은 언어적 표현을 수식과 함께 적절하게 조화시켜 물리 개념을 쉽게 이해할 수 있도록 구성하였기 때문에 처음 물리를 배울 때 보면 좋다. 다만 이 책은 페이지가 많고 문제도 많아 자칫 학생들이 보다가 지칠 수도 있다는 점이 흠이라면 흠이다. 그렇다고 쓸데없는 이야기로 페이지가 많아진 것은 아니다. 언어적 기술이 많다 보니 자연히 분량이 많아진 것이다. 수식을 이용하여 푸는 문제보다는 개념을 잡아주는 직관적인 문제가 많아 물리적 직관을 키우는 데 도움이 되는 책이다.

　'Young'은 'Halliday'보다 공식과 수식이 많이 등장한다. 따라서 처음 입문할 때는 어렵게 느낄 수 있다. 문제 난이도가 높아 어려운 문제를 풀고 싶어 하는 학생들이 보면 많은 도움이 될 것이다.

　화학은 'Mcmurry'와 'Oxtoby'를 추천하였는데, 이 두 책은 난이도 면에서 차이가 많이 난다. 결론적으로 말하면 Oxtoby가 Mcmurry보다 어렵다. 'Oxtoby'가 깊은 내용을 다루지만 설명을 생략하는 경향이 있기 때문이다. 반면 'Mcmurry'는 아주 기초적인 내용부터 자세히 설명하고 있으므로 고등학교 화학을 확실히 공부한 학생이라면 수월하게 볼 수 있다. 따라서 Mcmurry를 꼼꼼히 본 뒤 좀 더 깊은 내용을 공부하고자 할 때 Oxtoby를 보는 편이 좋다.

　화학경시대회를 준비할 때는 용어를 한글로 어떻게 표기했는지를 반드시 익혀야 한다. 용어의 영어 발음 및 표기법이 일반 화학과 고등학교 과정과 다르기 때문이다. 따라서 한글 표기법을 익혀두지 않으면 용어를 혼동하기 쉽다. 예를 들어 유기화학의 '알칸'은 일반 화학에서는 알케인(Alkane)으로 알켄(Alkene)과 헷갈리기 쉽다. 에테르 또한 일반 화학에서는 이써(Ether) 등으로 차이가 난다. 일반 화학에 너무 심취한 나머지 고등학교 화학 용어와 헷갈려서 경시대회에서 미끄러진다면 너무 안타깝지 않을까?

　생물은 같은 저자의 Campbel 책《생명과학 개념과 현상의 이해 (펠리컨 그림 5판)》와《생명과학(흑백 꽃 사진 8판)》을 추천한다. 지금까지는 나는 각각 다섯 번과 세 번 정도 보았는데, 볼 때마다 새롭다는 느낌이 들 정도로 방대한 내용을 담고 있다. 그만큼 생물학은 내용이 방대하다. 앞서 소개한 《개념과 현상의 이해》는 뒤 책 《생명과학》의 소개본(Introduction)이라고 할 수 있다. 분량도 두 배 정도 차이가 난다. 따라서 먼저 《개념과 현상의 이해》를 정독하여 개념과 내용을 충분히 익힌 뒤 《생명과학》을 보아야 한다. 많은 양의 생물학적 지식을 습득하고 개념을 이해하는 데는 확실히 도움이 된다. 반면 직접 문제를 풀기 위한 정리는 모자란 편이다. 따라서 이러한 내용이 필요하다면 《생명 생물의 과학(William K. Purves)》을 보는 것이 도움이 될 것이다.

〉〉 선행 학습 해야 할까? 말까?

지금까지 선행 학습에 대해 많은 이야기를 하였다. 언제, 어떤 아이들이, 어떻게 하는 것이 좋을지 참고서까지 추천하면서 소개했다. 하지만 다시 한 번 선행 학습을 '할까? 말까?'를 고민한다면, 나는 '하지 말자'는 쪽에 한 표를 던지고 싶다.

'아니, 이 사람. 여태까지 열심히 설명해놓고 하지 말라는 것은 또 뭐야?'라고 생각하겠지만 솔직한 나의 답변이다. 자칫하면 선행 학습이 아이들을 망칠 수 있기 때문이다. 선행 학습은 학생의 학습 욕구를 만족시키고 더 많은 능력을 발휘할 수 있도록 도와준다. 하지만 그만큼 위험성도 크다.

먼저 '학생의 의지와 관계없는 무리한 선행 학습'은 오히려 아이를 질리게 만들 수 있다. 아이가 무엇을 원하는지, 무엇이 적성에 맞는지를 고려하지 않고 부모의 의지로 선행 학습을 무리하게 시킨다면 아이가 공부 자체에 흥미를 잃을 수 있다.

선행 학습의 또 다른 폐해는 '오만'이다. 보통 선행 학습은 최소 한학기 이상, 많으면 몇 년씩 진도를 앞서나간다. 따라서 정작 학교에서 수업을 들을 때는 '뭐야. 다 배운 거잖아. 재미없어'라는 생각을 하기 마련이다. 이런 마음으로 학교 수업을 들으면 내신 점수를 잘 받기가 어렵다. 다 배워 아는 것 같지만 선행 학습은 굵직한 뼈대, 즉 핵심적인 내용들을 위주로 하기 때문에 대부분 세세한 부분은 그냥 넘어가는 경우가 많다. 아주 중요하지는 않지만 알고는 넘어가야 할 내용들은 지나친다는 얘기다. 또한 아무리 선행 학습을 해도 남에게 가르칠 수 있을 정도로 100퍼센트 완벽하게 이해하는 학생은 거의 없다. 결국 선행 학습으로 안다는 '오만'에 빠져 학교 수업을 등한시하는 결과를 초래한다. 앞에서도 여러 번 이야기했지만 학교 시험은 선생님들이 문제를 출제하기 때문에 수업에 충실하지 않으면 높은 점수를 얻기 어렵다.

선행 학습은 주로 진도를 나가는 데 중점을 둔다. 따라서 빠른 시간 안에 진도를 나가다 보니 주입식 교육을 하는 경우가 많다. 주입식 교육은 곧 '사고력 감퇴'로 이어진다. 스스로 생각하기보다는 선생님이 가르쳐준 내용을 아무런 생각 없이 받아들이는 나쁜 습관이 생긴다. 그러다 보면 사고하는 능력과 학습 능력이 떨어지기 마련이다. 이런 학생들은 대학은 잘 갈지 몰라도 입학한 뒤 혹은 사회에 진출해서 자신의 능력을 충분히 발휘하지 못할 가능성이 크다.

예전에 대기업 S그룹의 부장님이 이런 말씀을 한 적이 있다.

"요즘 애들은 똑똑해서 시키는 일은 잘하는데 알아서 일을 하라고 하면 잘 못해. 어쩜 그렇게 바보 같은지 스스로 일을 할 줄 몰라."

나한테 하는 소리도 아닌데 괜히 부끄러워 얼굴이 붉어졌다. 맞는 말이다. 그 부장님뿐 아니라 사회의 많은 선배가 같은 이야기를 한다. 모두 수동적인 주입식 교육을 받고 자랐기 때문이란 생각이 든다.

물론 선행 학습이 단점만 있는 것은 아니다. 장점 또한 많고, 올바로만 한다면 학생들을 발전시킬 수 있는 것도 사실이다. 그런데도 무시무시하게 선행 학습의 단점부터 늘어놓은 이유는 잘못하다가는 안 하느니만 못하기 때문이다. 선행 학습의 위험성을 미리 알고 함정에 빠지지 않도록 주의하면서 시도하기를 다시 한 번 당부하고 싶다.

'올바른 선행 학습을 할 자신이 없다면 차라리 하지 말자!'

우리 아이와 궁합이 맞는 과외 선생님은 누구?

학생이 공부에 흥미가 없거나 좀 더 심화 내용을 배우고 싶을 때, 학생이 학원 가는 것을 좋아하지 않을 때 부모들은 과외 선생님을 찾는다. 예전에는 과외가 대개 대학생들이 학비와 용돈을 버는 수단이었지만, 지금은 또 하나의 거대한 사교육 시장으로 자리를 잡은 상태이다.

하지만 과외는 학원처럼 체계화된 교육 기관이 아니기 때문에 선택하기가 쉽지 않다. 과외 선생님은 정말 다양하다. 옆집의 공부 잘하는 형이나 누나가 과외 선생님이 되기도 하고, 대학생이나 대학원생이 과외 선생님인 경우도 있다. 또한 전문적으로 과외를 하는 선생님이 있는가 하면, 학원 선생님이나 대학 교수님이 과외 활동을 하기도 한다. 비용도 천차만별이다. 저렴한 대학생 과외부터 일명 고액 과외인 유명 스타 강사 과외까지 차이가 크다.

이런 현실 속에서 우리 아이에게 딱 맞는 과외 선생님을 고르기란 하늘의 별 따기보다 어렵다. 과외는 선생님과 학생의 역량뿐 아니라 아이와의 관계가 잘 어우러져야 효과가 나기 때문이다. 그렇다면 과연 과외 선생님을 어떻게 선택해야 할까?

》 아이의 학습 수준에 맞는 과외 선생님을 선택하라

'유명한 선생님 붙여주면 우리 아이도 공부를 잘하겠지? 대치동 OO아파트에 요즘 수학 잘 가르친다고 소문난 선생님을 붙여줄까? 아니면 옆집 애 가르치던 과외 선생님 괜찮은 것 같던데……. 어떻게 그 선생님 연락처 한번 따봐?'

대부분 이런 방법으로 과외 선생님을 선택한다. 하지만 과외로 톡톡히 효과를 보려면 선생님을 선택하기 전에 아이의 학습 수준과 성격을 파악하는 것이 중요하다. 아이들의 학습 수준을 상위권, 중위권, 하위권으로 나눈다면 각 수준별로 특색이 있으므로 이를 고려해 과외 선생님을 선택하는 것이 좋다.

● 상위권 아이에게는 선행 학습을 위한 과외 선생님이 좋아

상위권 학생들이 학원을 다니면 이런 불만을 많이 터뜨린다.

"나는 질문이 없는데 아이들이 질문을 너무 많이 해서 진도를 못 나가요."

"나는 잘 모르겠는데 선생님이 진도만 나가려고 해요."

이러한 불만은 학생이 공부를 잘해서 혹은 못해서 생기는 것이 아니다. 학원의 진도 속도가 학생에게 맞지 않는 것이다.

상위권 학생들은 대부분 선행 학습을 한다. 이럴 때는 학원보다 과외가 더욱 효과적이다. 일률적으로 진도를 나가는 학원보다는 아이의 수준에 맞춰 진도를 나갈 수 있는 과외를 선택해야 진도가 맞지 않아 생기는 불만을 잠재울 수 있다.

상위권 아이들은 지금 현 교과과정에서 경시대회 대비까지 해줄 수 있는 선생님을 선택하는 것이 좋다. 한 과목의 초, 중, 고, 대학교까지 모든 교과 과정을 꿰뚫고 있는 경험 많고 학력이 높은 선생님을 선택해야 상위권 아이의 수준을 맞춰줄 수 있다. 그리고 자칫 공부하다 지친 아이들을 이끌어줄 수 있는, 아이들의 이상형이 될 수 있는 선생님을 선택해야 한다.

'나는 열심히 공부해서 꼭 저 선생님처럼 되어야지'라는 생각을 품게 만드는 선생님이라면 더할 나위 없이 좋다. 단순히 과외 선생님과 학생의 관계가 아니라 인생의 선배와 후배로 관계를 발전시킬 수 있어야 효과를 극대화할 수 있다.

구분	과외	학원
장점	개인 성향에 맞춘 교육	일정한 스케줄
	자세한 설명 가능	다양한 정보의 접근성
	학습 진도의 유동성	다양한 친구들
	시간적 유동성	선생님에 따른 효과 차이가 적음
단점	상대적으로 비싼 비용	개인적 성향과 무관한 학습
	자칫 비체계적인 수업	학습 진도의 획일화
	선생님에 따른 효과 차이 큼	시간적 비유동성

▲ 학원과 과외의 장단점 비교

● 중위권 아이에게는 동기부여를 해줄 수 있는 선생님이 최선

중위권 아이들은 대부분 공부의 원리는 알고 있다. 물론 머리도 좋다. 하지만 그들에게 부족한 것은 '노력'과 '동기'이다. 이러한 아이들은 대부분 '아, 성적은 올려야겠는데…… 공부 좀 해야겠는데…… 열심히 해야지……' 하며 스스로 다짐해놓고 다시 컴퓨터 앞에서 게임을 하거나 공부와 전혀 관계가 없는 자신만의 취미활동을 즐긴다. 즉 작심삼일의 전형적인 표본이다.

이러한 아이들에게는 '동기'를 부여해줄 수 있는 선생님이 필요하다. 남학생에게는 남자선생님을, 여학생에게는 여자선생님을 붙여주어 '이 사회가 얼마나 힘든지', '지금 선생님은 어떻게 힘들게 여기까지 왔는지', '왜 공부를 해야 하는지'를 깨우쳐주는 것이 중요하다.

예전에 슛돌이라는 아이를 상담한 적이 있다. 슛돌이는 나중에 꿈이 '축구선수'라면서 축구는 좋은데 공부는 하기 싫다고 하였다. 그래서 물어보았다.

"슛돌아, 그래서 너는 학교 대표가 될 정도로 축구를 잘해? 너희 학교에 축구부는 있어?"

"아니요……. 그냥 남들보다 잘하는 편인데요……."

"그럼 어떻게 박지성 같은 세계적인 선수가 될 건데?"

"열심히…… 하면 되겠죠. 뭐."

이런 학생들은 대부분 세상이 녹록지 않다는 것을 잘 모른다. 지금은 확실한 듯하지만 꿈이 언제든 바뀔 수 있다는 것도 알지 못한다. 왜 공부를 해야 하는지, 공부를 해야 그만큼 선택의 기회가 넓어진다는 사실을 모르는 것이다.

"숯돌아, 네가 지금 공부를 이렇게 안 한다면…… 그런데 박지성이 울고 갈 만큼 축구를 잘하는 것도 아니라면…… 나중에 이 사회를 너 혼자 살아갈 때 어떻게 살 수 있을까? 어설픈 축구 실력으로 살아가는 것이 편할까? 아니면 공부를 해서 원하는 직업을 갖고 살아가는 것이 편할까? 직업에는 귀천이 없지만 편한 것과 시간당 수입 차이는 확연히 존재한단다. 지금 당장 우리가 잘할 수 있는 것은 무엇일까? 축구로 이 세상을 살아갈 자신이 없다면 일단 지금 당장 해야 할 공부는 해놓고 축구는 나중에 취미로 하는 것이 어떨까?"

그 후 숯돌이가 책벌레로 바뀌었다는 이야기는 생략하도록 하겠다. 이처럼 중위권 아이들에게는 모범을 보여줄 수 있는, 동기를 부여해줄 수 있는 과외 선생님을 선택하는 것이 좋다.

● 하위권 아이에게는 공부의 원리를 알려주는 선생님이 적합

하위권 아이들은 중위권 아이들처럼 작심삼일인 경우도 많지만 열심히 하려고 해도 너무 오랫동안 공부를 안 해온 터라 공부의 원리, 즉 학습 방법을 모르는 경우가 많다. 어릴 때부터 스스로 공부하며 공부하는 법을 터득해야 하는데, 그 단계를 밟지 못한 채 중·고등학생이 되어버린 것이다. 몸은 다 자랐지만 실제로 학습하는 방법은 초등학생 수준에 머물러 있는 경우가 많다.

이런 아이에게는 공부의 원리, 즉 학습법을 알려줄 수 있는 선생님이 적합하다. 무턱대고 새로운 내용을 아이에게 집어넣어주는 선생님보다 아이가 공부한 내용을 혼자서 꼭꼭 씹어서 소화하는 방법을 가르쳐줄 수 있는 선생님이어야 한다. 공부의 원리를 가르쳐줄 수 있는 선생님은 물론 경험이 많은 선생님들이 좋다. 아이들을 많이 가르치다 보면 여러 아이의 학습 형태를 파악할 수 있어 학생별로 어떻게 공부를 하도록 지도해야 하는지 알고 있기 때문이다. 경험이 많은 선생님을 선택하여 아이에게 공부의 원리를 깨우쳐주도록 하자.

〉〉 과외 선생님을 선택할 때 이것만은 주의하자

과외를 시키는 학부모들을 보면 효과를 많이 보았다는 경우도 있는 반면 돈만 버렸다는 학부모도 많다. 그럼 과외는 복불복? 절대 아니다. 과외 선생님들을 선택하고 대하는 태도가 잘못되었을 뿐이다.

1. 무조건 저렴한 선생님? No!

아무래도 과외는 학원보다 비용이 많이 들기 때문에 부담스러운 것이 사실이다. 그래서 비교적 싼 선생님을 구하는 경우도 있는데, 이런 선생님들은 대부분 대학 1~2학년생들로 경험이 별로 없다. 학원 수업을 보조하기 위해 과외를 한다면 괜찮겠지만, 전적으로 과외 선생님 한 분에게 수업을 맡기는 것이라면 미숙한 선생님은 위험하다.

"우리 박 선생님은 일류대를 입학하신 분인데요"라고 자랑하는 학부모가 있는데, 공부를 잘하는 것과 공부한 것을 잘 전달하는 것은 절대 비례하지 않는다. 과외 선생님은 무조건 아이들을 가르쳐본 경험이 많은 선생님이 좋다. 문제는 이러한 선생님은 절대로 저렴하지 않다는 점이다. 자녀를 한 선생님에게 전적으로 맡기겠다면 비용이 조금 더 들더라도 경험이 풍부한 선생님을 선택하도록 하자.

과외 수업을 받는 아이들은 대부분 한창 성장하고 있는 중이므로 자기보다 나이가 많은 선생님의 행동과 말투 등에 영향을 받기 쉽다. 따라서 아이가 목표로 하는 대학에 다니는 선생님에게 수업을 받으면 당연히 그 선생님의 언행과 공부 습관을 본받아 목표하는 대학을 입학할 수 있는 가능성이 커진다.

최고의 선생님은 아이의 역할 모델이 되어줄 수 있는, 경험이 풍부한 선생님이다. 예를 들어 자녀가 과학고에 입학하여 서울대 물리학과에 가고자 한다면 같은 길을 걸어온 선생님을 붙여주는 것이 좋다.

2. 일단 과외비는 깎고 보자?

학부모들 중에는 수업료가 비싸다며 깎아 달라고 하는 분도 많다. 나를 비롯하여 내 주위 친구들도 이런 부탁을 많이 받는다. 물론 수업료를 결정할 때 어느 정도 융통성 있게 조율할 수는 있지만, 너무 과도한 수준이 아니라면 무조건 깎아 달라는 말은 하지 않는 편이 좋다. 과외 선생님들도 사람이기 때문에 자신이 제시한 수업료보다 턱없이 낮은 수업료를 받으면 열 개 가르쳐 줄 것을 여덟 개만 가르쳐줄 수도 있다. 아무래도 높은 수업료를 주는 아이에게 시간과 정성을 들이기 마련이다. 한 달에 5만 원의 차이가 수업의 질을 결정할 수도 있다.

3. 선생님은 무조건 일류대 고학력?

대전에서 과외를 할 때 학교에 이런 전단이 붙은 적이 있다.

"초등학교 5학년 과외 선생님 구합니다. 수학과 박사 과정 이상 선생님 구합니다."

초등학교 수학을 가르치는 데 수학과 박사 과정 선생님이라니! 고등학교 수학을 가르친다 해도 고등학교 수학과 대학의 수학과는 전혀 관계가 없다.

공부를 잘하고 깊이 한 것과 공부한 것을 학생들에게 잘 전달하는 것은 하늘과 땅 차이이다. 이 둘은 전혀 무관하다. 유명한 학원들의 스타 강사들이 전부 일류대 출신은 아니라는 점, 일류대 출신이 아니어도 잘 가르치는 것으로 소문난 선생님이 많다는 점을 알아주었으면 한다. 갓 입학한 서울대 1학년보다 명문대학은 아니지만 5년 이상의 과외 경험이 있는 선생님이 훨씬 잘 가르친다.

4. 선생님, 애들 잘 부탁드립니다. 저는 바빠서 이만~

과외 선생님을 대하는 학부모들의 태도도 각양각색이다. 어떤 어머니는 선생님이 방문할 때 항상 웃으면서 문을 열어주고 간단한 다과를 내오는가 하면, 또 다른 어머니는 절대로 방에서 나오지 않아 물 한 잔 얻어먹으려면 아이에게 부탁해야 하는 경우도 있다. 과연 과외 선생님은 어떤 어머니의 자녀에게 더욱 신경 쓸까? 직장을 다니는 어머니라면 아이에게 선생님이 오면 드릴 음료수나 간단한 다과 정도는 챙겨놓도록 당부하는 편이 좋다.

5. 당신은 선생, 우리는 고객~

간혹 학교 선생님이 아니라는 이유로 과외 선생님을 피고용자로 생각하는 학부모들이 있다.

"선생님, 내일은 우리 아이 시험이니 내일까지 수학 정리 다시 하도록 하세요."

"선생님, 우리 아이가 선생님과 별로 맞지 않는다고 하네요. 내일부터 그만 오도록 하세요."

실제로 이러한 어머니들이 많다. 하지만 과외 선생님은 절대로 아이와 학부모의 하수인이 아니라는 사실을 기억해주었으면 한다. 아이와 학부모가 선생님을 존중할 때 선생님은 더욱 더 아이에게 신경을 쓰고 수업도 열심히 한다.

》》 과외 선생님 100퍼센트 활용하기

과외 선생님을 100퍼센트 활용하려면 선생님을, 아이들에게 수업을 가르쳐주는 선생님만이 아닌, 인생의 선배로 만들어야 한다. 아이들의 역할 모델이 될 수 있는 선생님을 선택하여 아이가 선생님을 본받고 열심히 노력할 수 있도록 하는 것이다. 그리고 아이의 마음과 학부모의 마음을 열어 비단 공부뿐 아니라 학교생활의 조언자로서 역할도 할 수 있게 부탁한다.

"아니, 어떻게 선생님께 그런 것까지 요구해요?"

물론 무리한 면이 없지 않아 있지만 과외 선생님을 아이들의 진정한 선생님으로 대한다면 대부분의 선생님은 기꺼이 조언자로서, 상담자로서, 인생 선배로서의 역할을 맡아줄 것이다.

나는 아이들을 가르치면 아이들의 학교생활, 생활 습관, 친구 관계, 현 아이들의 진로 고민까지 모두 관심을 갖는다. 그리고 아이에게 도움이 될 만한 조언을 최대한 해주려고 노력하며, 한 달에 한두 번은 학부모와 상담을 한다.

수업이 전부는 아니다. 자녀에게 관심이 많다면 아이의 관심 분야를 과외 선생님에게도 전달할 필요가 있다. 물론 그 전에 과외 선생님께 잘해드리는 것이 중요하다.

참된 선생님들은 모두 알고 있다. 자신의 한마디가 아이들에게 어떠한 영향을 미치는지 말이다. 자신이 아이들에게 단지 수업을 가르쳐주는 선생님이기보다는 아이들이 닮고 싶어 하는 본보기라는 점을 아는 선생님들은 사랑과 정성으로 학업뿐 아니라 아이들의 고민과 생활까지 보살펴준다.

시험 성적 확실히 올려주는 쌍둥이 형제의 3step 학습법